诗意浙东 山水人间

陈伟权◎著

浙江工商大学出版社
ZHEJIANG GONGSHANG UNIVERSITY PRESS

·杭州·

图书在版编目(CIP)数据

　　诗意浙东　山水人间 / 陈伟权著 . — 杭州 ：浙江
工商大学出版社，2020.11（2021.1 重印）
　　ISBN 978-7-5178-4106-7

　　Ⅰ．①诗… Ⅱ．①陈… Ⅲ．①文化史－浙江－文集
Ⅳ．① K295.5-53

　　中国版本图书馆 CIP 数据核字 (2020) 第 174045 号

诗意浙东 山水人间
SHIYI ZHEDONG　SHANSHUI RENJIAN
陈伟权　著

责任编辑	张　玲　张　科
封面设计	林朦朦
责任印制	包建辉
出版发行	浙江工商大学出版社
	（杭州市教工路 198 号　邮政编码 310012）
	（E-mail：zjgsupress@163.com）
	（网址：http://www.zjgsupress.com）
	电话：0571-88904980，88831806（传真）
排　　版	杭州彩地电脑图文有限公司
印　　刷	浙江全能工艺美术印刷有限公司
开　　本	710 mm×1000 mm　1/16
印　　张	22
字　　数	323 千
版 印 次	2020 年 11 月第 1 版　2021 年 1 月第 2 次印刷
书　　号	ISBN 978-7-5178-4106-7
定　　价	68.00 元

自　序

在快节奏时代里，从高级干部到普通国民，依然提倡读书，坚持读书。议大事、求学问，凡是取得重大成功的，多从读书开始。但是，若要细读、精读，常为时间和精力所限。大凡有读书经验者，总是先看书本序言，了解全书内容的来龙去脉，再来选择精读篇目。而书的序言，多为名家之作，包括本人以前出过的几本散文集，难免有溢美之词。本书则由作者作序，意在让读者对全书了解得更为客观、全面。

在走过千山万水、感同身受中，最忆是江南。本书写诗意浙东，以钱塘江为界，以前有"上八府、下三府"之说。上八府位于钱塘江之东，泛称浙东，包括宁、绍、台、金、丽、温及衢州府等，下三府指杭嘉湖。相对来说，本人更熟悉浙东宁波、绍兴一带，那里有我的故乡，更有与我工作有广泛联系的大批可敬人士。他们把绿水青山建得更美，金山银山做得更大，并且积累了宝贵的精神财富。古人有智水仁山之说，又称智者乐水，仁者乐山。山水相融，孕育了中华儿女。描述浙东山水风物人事的这些篇什在近十年里见诸各种报刊上，现在把它们搜集起来，做了一番遴选，结集出版。

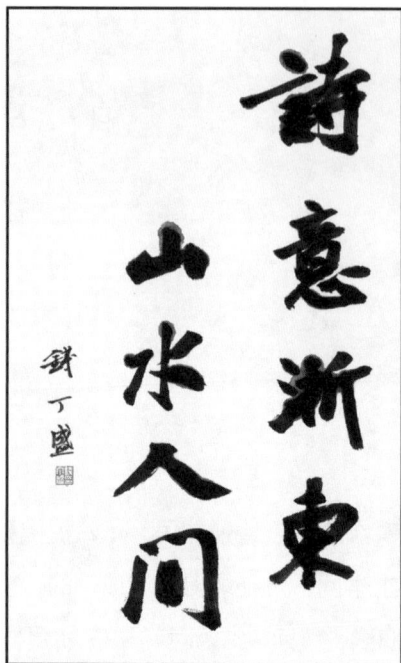

钱丁盛题书

这对本人来说，也算是对所写文字的整理和回顾。书中写到的人事，在当时当地有过表彰，如今对后人更是激励和纪念。至于广大读者，本人祈盼通过这些文字为人们陶冶情操、引发正能量，尽点绵薄之力。

为此，简述本书的几个特点。

首先，突出人文性。有位朋友到过世界许多地方，感到天下山水都差不多，社会上也有许多人士对从前到过的地方都已淡忘，后来再去，才说原来早已来过。究其原因，对那里的特色个性了解不多。如今人们追求、享受美好生活，而旅游成了享受生活的重要标志，要想真正享受到山水之乐，不至于脑中空白一片，就要了解与当地山水有关的生动故事，乃至所蕴含的优秀文化。本书着重挖掘文化的影响力，不局限于名胜古迹，更注意每事每地的文化底蕴，力求写出有血有肉的细节。真实鲜活是作品的生命，唯有如此，才能让人记忆深刻，具有经久的生命力。

其次，注重知识性。这知识多指社会科学，包括历史知识、社会知识、文化掌故等，也含有"世事洞明皆学问，人情练达即文章"之意。人们在阅读过程中，潜移默化地吸收和积累了各方面的知识和常识，从而开阔了视野，增长了才干。本书所写的多种知识有别于志书文字，与实体有机结合显得丰满扎实，提升了山水人文的美誉度。

再次，加强可读性。有位宁波高校老师说读我的文章是享受，这当然是溢美之词，人贵有自知之明！还是宁波市作家协会的一位朋友的评价更为中肯些，他说从纯文学的视角，显得文学性不足，说我写的是文化之书。我一直崇尚纪实文学，综合性杂志上我写的是专访和特稿，是广义上的散文。20 世纪 50 年代胡乔木主持国家新闻出版总署，倡议并举办了一家寓指导性于可读性之中的杂志《新观察》，并以观点新锐、图文并茂赢得众多读者。改革开放后，我在这家杂志上发表过几篇专稿，在社会上有过影响。后来，浙江省有本中英文合排的外宣杂志《文化交流》，发行到 150 多个国家和地区。我曾作为该杂志的特约撰稿人，5 年中发表了 14 万余字的文稿，在思想性和可读性的融洽上，适应了中外读者的阅读习惯，本书就收录了我在《文化交流》上发表的多篇文章。

与可读性相关的是，本书还注重文风质朴。写好有内容、有感情的作品，不必全靠华丽的辞藻，如同烹制新鲜的蔬菜、鱼虾不一定要放很多作料。鲁迅先生就提倡白描手法，强调"有真意，去粉饰，少做作，勿卖弄"。读者阅读本书或许也会有这种感受。

书中收录的文章基本上是此前未结集出版的。其中有两三篇因读者厚爱，这次也编入书中，如《王阳明和瑞云楼》。因为本人以前收录个人书中的文章，不再重复出版，但考虑到多种因素，为便于读者了解拙作《茶风》一书，书后设"附录"，收录了两篇《茶风》书评。事物总是有两重性，撇开其中溢美之词，可见评论者的真知灼见。

世界万象如同厚书，书中有微缩的世界。本书所记地域风貌、青山绿水，记录着这方土地的厚重历史。这一方山山水水、枝枝叶叶，还有人心的温暖、故乡的印记，可见浙东的诗意与风雅。

所以这些念兹在兹，跃然纸上，只有让这些山水风物活在人间，种种地方文化才能薪火相传。

以上作为本书开场白，希望能够为尚不了解浙东的年轻人，或者对浙东感兴趣的外地人开启一扇了解浙东的窗口。

2020 年 7 月 1 日

目　录

二　史迹新观 ─────────────────────────

三　茶事绵延 ─────────────────────────

四　美丽乡村

五　凡人传奇

六　名家行踪 ————————————

七　文脉传承 ————————————

（八） 故里情怀 ————————————————

（九） 附 录 ————————————————

一

山水有说

河姆渡文化探源与井头山遗址

在井头山遗址出土大量贝壳和其他重要文物，展示了丰富的远古海洋文化，表明先民开发海洋寻梦源头。而井头山遗址的发掘地就在浙江省宁波市余姚市三七市镇。在带"市"字的三重地名中，三七市镇因古代农历三、五、七、十人们赶集而得名。

井头山遗址出土的文物

2020年5月30日，井头山遗址考古成果经全国一批著名考古专家论证之后，由新华社及各地新闻机构公开报道，从最原始的海洋文化遗址中寻到了河姆渡文化之祖，也就是说，找到了河姆渡文化的源头，引起社会多方关注，连在外工作的当地人也引以为豪——"那里是我外婆家！""那里是我的家乡！"同年9月24日，国家文物局召开"考古中国"重大项目重要工作会议，认定河北、浙江、山西、湖北、陕西5地共5项重要考古成果。浙江余姚井头山遗址即为其中之一。专家在会上点评时指出，井头山遗址的发掘是中国史前考古的重大突破，对研究中国海洋文化起源、海洋环境变迁研究具有重大价值。

　　因为三七市镇是"中国杨梅之乡"余姚的杨梅原产地,我们一行人与省考古研究所井头山遗址发掘项目负责人约好,避开杨梅红熟、人车拥挤的日子,选择初夏时节,造访井头山遗址考古现场。

　　进入遗址工地现场,可见为防止淤泥塌方而围成"钢墙铁壁"的15米×50米的整个钢结构考古发掘基坑,里面10多个5米×10米的发掘单元——探方整齐地排列在深深的基坑里,在现场可领略这次考古发掘的艰难险阻,使人惊叹不已!据专家评说,考古发掘的特殊地质环境和基坑的做法,与"广东'南海1号'沉船"上岸考古清理、四川江口沉银遗址围堰排水一样,是首次在文化层超大埋深的沿海滩涂发掘,同为考古发掘的经典范例。

　　2017年10月,国家文物局批准井头山遗址的发掘。2018年3月,杭州东通岩土科技有限公司中标了这个钢结构围护基坑施工项目,这个项目国内还没有哪家同行曾接手过。考古基坑不像一般的基坑,为了保护遗址现场和其中的文物,既不能运用大型机械施工,也不能灌注水泥或混凝土等有腐蚀性的材料,围护结构不能封闭,基坑底部深达10米又无法封底,基坑暴露时间较长,钢板要防锈蚀,对长期稳定性也要求更高。

　　河姆渡文化由神秘的原始海洋文化延续而来。

　　井头山遗址文物遗存埋藏已达8000年,比闻名中外的河姆渡遗址和田螺山遗址还早1000多年,比出现了早期国家形态的良渚文化更早3000年。所以,名不见经传的井头山遗址,难免让普通民众疑惑,真的有8000年吗?

　　但是,发掘考古是门科学,在科学面前,让人不得不信。当年河姆渡遗址用碳-14测定年份,指示年代如同加油站里汽车加油,检测年代逐年上升,到7000年时,出现正负50年的误差,这就是我们讲河姆渡文化有7000年左右历史的依据。井头山遗址出土的样品,经北京大学、日本东京大学、美国贝塔实验室、南京大学等进行测年,得出的结果都是距今8000年上下,最早的数据达到距今8300年左右。这就为7000年左右的河姆渡农耕文明、干栏式建筑从年代上提供了源头,而且那里与河姆渡遗址相距不到10公里。

　　人类社会从200万年前的旧石器时代,发展到1万多年前的新石器时代,开始逐渐出现原始的农耕文明。人们习惯性的印象是，原始社会先民从事的是采集、渔猎经济，而对海洋生态和海洋渔猎经济的研究囿于条件而有所忽略。井头山遗址开了原始海洋经济的先河。井头山遗址挖掘现场泥土中夹杂着大量贝壳，工地用房的长廊上堆着装满贝壳碎片的塑料筐，陈列室里专门摆放着贝壳食物遗存，那里堪称远古贝壳世界，它属于考古学说的贝丘遗址。贝丘，《辞海》的解释是古代沿海地区或湖滨居住的人们遗留的贝壳堆积。而在辽东半岛、山东半岛、福建和日本东京附近出土的贝丘遗址存在于较浅地表，多数距今四五千年，最长的也只有 6000 年左右。井头山的贝壳遗址为至今在江、浙、沪地带唯一发现，埋在地表 7—10 米深处，它既具有贝丘遗址的特色，更含有 8000 年海洋文化的丰富内涵。

井头山遗址出土的还有稻谷遗存，它为河姆渡文化栽培稻的成熟发展提供了一定的基础。在井头山考古工地上，从事植物研究多年的浙江省文物考古研究所科技考古室主任郑云飞研究员揭示了这个奥秘。他说，他把从发掘中出土的 2 升文化层泥土淘洗处理后，花 2 天时间，找到了 2600 个小穗轴。小穗轴是稻谷与稻秆小枝梗的连接部位，野生稻会自然脱粒，而人类的栽培稻则不会。在标本中，一些小穗轴还和稻壳连在一起，说明这些稻谷应该不是野生稻，而是不会自然脱粒的栽培稻。这为研究稻作农业起源提供了更多佐证。

井头山遗址考古领队孙国平研究员认为，从基坑里的地下古村落文化层堆积，可以想象当时这里是个海岸渔村，先民住在海边的山脚下。如果海面上涨，他们就往山上退；如果海面下降，就往山下走。村子的东边就已经是当时的海面了。

井头山地处姚江流域。姚江发源于四明山区，在宁波市区注入甬江，汇入东海。在井头山先民生活的年代，南北两山之间不是平原，而是小海湾。孙国平又说："我之前去北欧的挪威，看过当地的峡湾，其实 8000 年前，井头山的周边地形，也像一处峡湾。而现在宁波的平原地带，当时则是一个海湾，可以叫它'古宁波湾'。后来海水上升，淤泥沉积加快，才最终在距今 5000 年前后形成了现在的宁绍平原。"

本书作者（左）与省考古队领队孙国平（右）在
井头山遗址现场

在这样的自然环境下，先民们显然得靠海吃海。在库房里，考古人员还用有机玻璃罩罩住了一件形似小土墩的特殊文物，揭开后可醒目地看到上面是类似芦苇之类的植物材料编织成的日常生活器物，从它的形状看，很可能是古人盛海贝的篓子、筐子。而在走廊上，我们也同样看到这样的带芦苇类编织材料的一个较大"土墩"。孙国平推测认为，它可能是用于滩涂浅水区捕鱼的鱼罩，鱼被先民罩住后，就容易抓住了。

从钢结构发掘基坑里，我们看到了土层里夹杂着一层层的贝壳。而在考古工地工作用房门外的走廊上，一排排装满各类贝壳的塑料箱摆了三四层高。而在两大间库房里，各种海生贝类的贝壳摆了"好几桌"，其中最多的是牡蛎，特别是那些巨大的牡蛎壳，大的足足有餐桌上的菜盆子那么大。

除牡蛎之外，还看到了蚶、螺、蛏、蛤等沿海贝类的壳体。从大批贝类遗存中，我们似乎看到宁波人爱吃海鲜的缘起。奉化的蚶子、长街的蛏子、西店的蛎黄，都可以从井头山遗址里找到源头。就拿牡蛎来说，可以生吃，可以烹食。

如今，开展首次考古工作的井头山遗址发掘面积虽只有750平方米（只占了整个村落遗址的十分之一不到），但众多的地下文物反映了贝丘遗址在沿海的特色，陈列室里有烧制食物的、生活用的、劳动操作的，包括陶质炊具、船桨等木质生产生活用具，其精巧的设计，达到了不可思议的地步。井头山遗址在沿海地区年代之早、埋藏之深、信息量之大，使宁波的人文历史在河姆渡文化的基础上一下子又向前延伸了1000多年，有8000年人文历史的宁波，让人感悟到宁波是一个向海而生的城市，其生存、生产和生活从未曾离开海洋。井头山的海洋文化是河姆渡文化的发源地，佐证了国内利用海洋资源最早的历史。

华夏第一井

河姆渡遗址上有口木桩竖井，在破译"井"字悬案中，彰显水文化元素魅力，令人叹为观止，人称华夏第一井。

"井"字悬案得从汉字的造法结构说起。古人把汉字的造法归纳为六种，称"六书"，即象形、形声、会意、指事、转注、假借。其中，转注和假借重在用字方法。汉字在几千年的使用中，变得越来越抽象和符号化，但依然可知是以象形、形声为主。"井"字的造字为象形，既非上下结构，也非左右结构，这种结构的"井"字由象形而来，笔画简单，却存在几千年的悬案。

悬案出自《周易·象辞》，定义"木上有水，井"。2000多年来，东汉许慎著的《说文解字》是公认的权威，对"井"的诠释与《周易·象辞》并不一致。而宋代大学问家朱熹，联系象辞中对井的象形也说不到根底上。古代还有段玉裁、司马彪、晋灼等将"木上有水"解释成井台、辘轳打水用的木桶等，这仍让人感到牵强附会。更有人把"井"字掺杂入《周易》中的卜卦因素，更显得扑朔迷离，以致众说纷纭，莫衷一是，故成悬案。

《周易·象辞》中"木上有水"的破译，不妨从年代着手来探秘。《周易》相传为周公所系之辞，也有说为秦汉时作品，距今为两三千年之间。如果再上溯到距今三四千年之间，乃是殷商呈现的甲骨文年代，对"井"的造字有形可象，象形的井字仍然难解"木上有水"。再次上溯到四五千年之前，那时已有新石器时代晚期的河姆渡文化，由距今7000年农耕文明发展到5000多年，出现了饮水用井。河姆渡遗址出土的第二个文化层距今为 5600 年左右，那里的木桩竖井出土却在 1973 年，要是在古代就被发现，也许早已破译悬案。

说来当代人有幸，可以在河姆渡遗址上目睹这口木桩竖井。竖井的实际水面为 4 平方米。四边形的木桩边长约 2 米，各边打有 21—40 个木桩，密密麻麻，形成相当于后来石砌的井壁；4 个转角处的 4 根木桩比其他的要粗壮扎实；四边木桩的上部，各横着一段更粗的圆木，并利用榫卯结构，形成一个四方形的井字内框，承受和支撑着四边井壁的压力，以防止四边竖着的木桩向里塌陷，四边木桩和横着的圆木是竖井的关键部位。在竖井外围还筑有一道椭圆形木桩栅栏，刚出土时 28 根围成的椭圆形面积达到 28 平方米，包括椭圆形中心的 4 平方米井面。这椭圆形高出地面，相当于井台。构建木桩竖井，在当时的条件下，事先要有周密计划，要用上大批木材，用现在的话来说，是个相当重要的工程。

从木桩竖井看，水与木紧密相依，《周易·象辞》"木上有水，井"已见端倪，但对"木上有水"的诠释，或者说破译，还应另辟思路。对"上"字的理解一般指高处，是与下相对的登高位置。其实在古汉语中，"上"还有另一种意义，即上乘、上等，质量高的。《韩非子·内储说左上》中就有："有能徙此南门之外者，赐之上田、上宅。"这里的上田、上宅显然是指质地、质量，即好田、好房。"木上有水"，意在用木桩建成的饮水工程，汇聚了上乘的一泓清水，《释文》中"清"与"井"谐音同义，这就成为上等饮用水，称之为井。

探秘《周易·象辞》对井的诠释，按当时的历史地理条件，华夏大地绝对不至于只有河姆渡一处木桩竖井，但至今全国发现的农耕文明时代的遗址中又仅此一处。先民为避免江河湖泊水污染侵蚀而积极改善饮水，重视饮用清洁井水。这深刻内涵，又从另一视角，以生动典型的事例，表明长江流域与黄河流域一样，同为中华文明的发祥地。

在全国重点文物保护单位余姚河姆渡土地上，木桩竖井以其年代之早、构建之奇、水质之优，堪称华夏第一井。

四明山上四窗岩

　　四窗岩有好风景、好故事。它是莽莽四明山地名的出处，古今闻名，只因山高路险，从前人们很少涉足。如今有公路通到大岩下水库边，再徒步到大岚镇大俞山下稍事休息，再登攀，经那里去探索神秘洞府，比以前方便得多。

　　记得四窗岩有古诗，诗云："七十峰峦起碧空，巍然石顶四窗通。光分日月玲珑处，气吐烟云远近中。"听向导介绍，顿时觉得不虚此行。据说，唐代才子曹唐，以写游仙诗出名，他以刘阮遇仙为题材，写有一组游仙诗共五首，收录在《全唐诗》中，诗前有跋："四明、天台初为一山，同谓天台，刘、阮遇仙之迹在今石窗，其后分为四明。人但知刘、阮入天台，不知实在四明也！"从这段话可知，唐代之前有关天台山的诗文踪迹，好多落在四明山。刘、阮遇仙的故事，最早见诸南北朝时的笔记小说《幽明录》，北宋《太平广记》中也有记载。讲的是刘晨、阮肇上山采药迷路，在溪边遇上两位绝色女郎，把刘、阮带到山上洞中，拿出胡麻饭、山羊脯招待，并结为夫妻。

四明山上四窗岩

曹唐诗述："碧沙洞里乾坤别，红树枝头日月长。"半年后，刘、阮辞别仙女，诗记："花当洞口应长在，水到人间永不回。"返归故里时，在剡县，刘、阮不见亲朋故旧，问及一儿童，说到曾经听前人说过，先祖上山迷路、没有回家的事，原来此儿童已为七世之孙。刘、阮重回洞中仙府，其时"桃花流水依然在，不见当时劝酒人"。历代诗人对此多有吟咏。大诗人李白写《梦游天姥吟留别》，其中所云"洞天石扉，訇然中开"，实指四窗岩。

四窗岩观红枫

四窗岩漂流

四窗岩位于高山之巅，十分险峻，从溪边沿着石级而上，见岩石山色犹如国画。人在国画山水中登高，不到一个小时，即可目睹四窗岩。它是那样奇特：山顶一座方长形的悬崖，异常巨大，高约 30 米，长约 50 米，岩壁如刀削似的平齐光滑，寸草不生，岩壁腰部一连排着 4 个洞窗，洞洞相通，全部朝东。太阳光照射洞内，金光闪闪。四窗岩如此诱人。即使是常人所说，看景不如听景，也要上山去登攀。

四窗岩又与相近的屏风岩相对应，那里有"四明山心"的摩崖石刻。前人观四明群峰，诗称"蜿蜒四明山，淡淡青莲花"。四窗岩地处"莲心"。唐代诗人刘长卿、陆龟蒙、皮日休等为其写诗以记，如刘长卿诗称"苍崖依立天，履石如履屋。玲珑开窗牖，落落明四目"。

它山堰奠定宁波发展之基

宁波古称明州，州治最早设在现在的鄞江镇，那里有古今闻名的它山堰水利工程。

人们长期习惯称那里为小溪鄞江桥。唐代之前称小溪镇，鄞江镇为后人所称。那里作为明州州治、鄞县县治，长达 600 多年，其间鄞县县治两度迁移。自 821 年明州州治迁至三江口后，鄞县县治迁回小溪，直到 88 年后的 909 年县治再迁回三江口。而后，州治和县治长期合在一地。但在县治迁回小溪之后，鄞县县令王元暐组织民众、建造了千古流芳的它山堰。

由它山堰孕育的水文化，是宁波城市发展的历史之根。

它山堰是我国著名的水利建筑工程，建于唐太和七年（833），与四川都江堰、山西郑国渠、广西灵渠齐名，并称为我国古代四大水利工程。众所周知，水是生命之源，古人傍山依水而居，得以生息繁衍，小溪鄞江桥为四明锁钥，"小溪北临鄞江，地形卑隘，经准奏朝廷，州治迁至三江口"。当时在三江口"筑子城，周长四百二十丈，南端建谯楼（今海曙楼址），北端建州衙（今中山公园）"。但经年之后，州治人口增多，纵然三江口近海、平旷，却淡水不足，限制了地方的发展。此时正是鄞县县治迁回小溪之后，县令王元暐建造它山堰，既为小溪鄞西一带解除旱涝之患、咸潮之苦，也有引流四明山淡水入州治之利。

王元暐在开建它山堰之前，先部署"疏浚小江湖，开掘南塘河"，这小江湖为引流的淡水入州治之前的蓄水之湖，然后经南塘河入宁波城。其时县令心里自有谋略，建造它山堰的水利工程，举鄞县之力资金仍显不足，开发小江湖、南塘河，有利于以水治州，繁荣州治，也有利于争取资金。此举果然应验，王县令呈报函文到府衙，府尹将公文批复，下拨银数千两，又得到两浙路衙署下拨数千两皇银。

王县令把它山堰开工定在当年十月初十，那天正是他的生日，他把下属的生日礼金一概用于工程开工。他考虑清除小溪一带的旱涝灾害，构建的起点要高，主要在于阻咸水和引流，工程使江河截然分二，堰上之水，平时七分入河，三分入江，涝时七分入江，三分入河；江潮咸水上涨时，咸潮则到它山堰大坝受阻为上，足以保证坝上淡水引流。据传筑坝之前，农历八月潮汛期间，王县令命下属准备数十袋砻糠，在平水潭让倾倒的砻糠随潮水浮游、沿江而下，凭沿江两岸残粘的砻糠，可观察到潮位的高低，为阻挡咸潮、构建它山堰堰坝高度提供准确依据。

四明山集雨面积广，淡水资源丰富，它山堰建成后，既解决了鄞西平原24万顷"田不可稼、人渴于饮"的问题，更重要的在于引淡水入城。《宁波市志》记："月湖，引蓄它山堰水，从望京门入湖，旧为城区主要水源。""日湖，四明山水自它山入南门潴于湖中，为城区水源。"宁波城区居民有了生活用水、消防用水，这都得益于它山堰的淡水供给。宋代著名学者楼钥有诗："它山堰头足奇观，百万雷霆声不断。谁把并州快剪刀，平剪波澜成两段。"1973年，在西班牙国际水利大坝工程会议上，我国水利专家张光斗教授特别介绍它山堰的建筑规模、水利功能和在水利史上的作用，得到各国水利专家的好评，并由此引起世界上对我国水利工程的关注。

它山堰比起齐名的都江堰来，其气势恢宏稍逊一筹。它山堰古坝长不过114米，但在科学结构和艺术上内涵十分丰富。王县令利用自然地理，因地制宜、科学布局。它山堰一带地势西北高，东南低，选择它山峡谷，在两山相距最近处建造古坝后，更注重其系列配套设施，它山堰不远处有回沙闸、官池塘、洪水湾、唐家堰、行春矸等；到清末民国初年，已有"九矸五堰十八塘"之称，在地势高低落差中，保证引流淡水成功。

1200多年来，以它山堰为代表形成的水文化丰富多彩，包含建筑文化、商贸文化和以王元暐为形象的水神文化。

　　漫步它山堰古坝，可见巨型的石条，每条足有数吨重，静置在坝上，顶部有石孔，那是船舶系杆绳或插桅杆所用。历史上与它山堰配套建造的矸、闸更需要大量石材。鄞西留有大批石宕，乃是建筑文化的遗迹。鄞西的梅园石，石质细腻，以适宜雕刻著称，远销日本。而以光溪宕、天塌宕、毛家宕为代表采石遗迹，和梅园石齐名，只是其承担的是建筑石料，那粗犷的巨型石条无须多加雕琢，就可用于堰坝塘矸和桥梁，成了宁波有名的小溪石。

　　商贸文化则以庙会形式出现，在鄞江古镇上长盛不衰。农历三月三、六月六、十月十均有庙会。三月三和十月十分别是纪念王县令夫人和王县令的生日，六月六庙会又称稻花会，始于回沙闸附近，每年由民众义务淘沙，以防它山坝泥沙淤积，义务淘沙之日正是水稻扬花之时。每次庙会，四方商贾民众云集，从它山堰中迎出王元暐县令塑像，穿街走巷，演戏敬神，更有经商买卖的分地段有序经营，市面上有山货竹木、时令水果、花色糕点、四季服饰、农用器具、日用家具、少儿玩具等。

　　无论是庙会形成的商贸，还是由石料堆砌的建筑，源头都出自它山堰的阻咸、蓄淡和引水之功。人们由此对王元暐县令感恩戴德，奉若神明，祈求风调雨顺、旱涝丰收。皇上得知，敕赐在它山堰上建遗德庙，又称它山庙。庙内大殿正中为王县令坐像，左右两旁分立"十兄弟建堰"纪念人像。十兄弟职业各异，为建成它山堰留有美好神奇的传说。它山庙里神像和别处庙宇的菩萨迥然不同。

　　尊王元暐为神，在它山庙前端立有片石留香亭，亭内碑石记有王元暐治水功德。它山庙是水神缘起，在浙东各地以它山庙为源头，拜谒王元暐的庙宇殿堂之多，经考证不少于30处，在新昌县沙溪开口岩村有它山庙，在余姚、宁海、慈溪等地以它山命名的不止1处，如余姚城南有它山庙，梁弄斤岭有它山寺等。

　　由它山堰演绎的水文化，启迪后人为官当学王元暐，造福万民后人敬。

　　它山堰于1988年1月被国务院公布为第三批全国重点文物保护单位。

（原载《文化交流》2014年第11期，文字有改动）

吴越文化史上的闪光篇章

宁渡古港口立有"海上茶路启航地纪事碑",镌刻着"甬为茶港"的历史记忆。2006 年 4 月国内外著名专家学者及茶人会集宁波,举行"海上茶路国际论坛",认定宁波为海上茶路启航地。此后组建的宁波东亚茶文化研究中心,深入探索海上茶路,提出"甬为茶港",与"杭为茶都"相呼应,"甬为茶港"是宁波申报世界文化遗产"海上丝绸之路"的子项目,甬港是中国大运河的入海口。

吴越文化是根基

吴越之地的宁波,港口由河港延伸到海港。宁波春秋时为越国句章港,唐宋时为明州港,元代为庆元港,明清时期为宁波港,直至当今形成宁波—舟山港口群。名称虽有变动,但港口承载的文化乃一脉所系。吴越文化史上记有越人"善以航海",养成了人们涉足大海、励精图治的人文精神。曾经有人怀疑,在科学不发达的古代,前人能否在海上踏着狂风巨浪航行,而 1997 年一则新闻足以使人消除疑窦。那年宁波市宁海县有位农民吴连宝,用竹筏从宁波茶港外出发,在波谷浪峰中颠簸 24 天,漂流到韩国仁川。这一壮举演绎了现代人用原始工具和原始手段与远古历史对话,见证了两三千年前的航海史实。

越国经典《越绝书》就记有越人的习性:"水引而山处,以船为车,以楫为马,往若飘风,去则难从。"船为航海的必要条件,当时越人的造船技术也很高,所造之船，据《史记·货殖列传》称为"扁舟"或"轻舟"。《越绝书》又记有越国和吴国都有"船宫"。越国沿海的交通便捷畅通，而且人们还扬帆远航向外海发展。1976年在宁波鄞州区出土的铜钺，其正面镌印的图案，被业界人士认定在航运史上有重要价值，是不可多得的珍贵文物。图案下方以边框线为舟船，船上四个泛舟者头上为风帆图案。浙江省社会科学院历史研究所所长林华东研究员在《中国风帆探源》中认为"这正是原始的风帆"。

宋代神舟复原模型

当时宁波、舟山一带为越国甬句东，人们之间联系多依靠海上船只，地理环境孕育了当地越人踏平万千海浪的好水性。因为甬句东是太平洋东海西岸的浅水大陆架，那里岛屿棋布，港湾众多，显得"海定则波宁"。公元前482年，越国趁吴王夫差远赴北方和晋君相会于黄池之时，派范蠡率领越军渡海北上，驶入淮水，切断了吴王的归路。再看越王灭吴5年后，即公元前468年，越国都城由会稽迁往琅邪（今山东）。越王迁都之行渡海有"戈船三百艘"，可见两三千年前海上交通已相当发达。

漫漫岁月中，茶叶由物质层面形成精神元素，由茶的经济沉积了茶文化，尤其是茶禅一味。茶圣陆羽出身佛门，他在吴越之地撰写出世界上第一部茶书《茶经》。与浙东谢安后代皎然以茶会友，交往甚笃，在把中华茶文化由经验形态提升到理性认识上功不可没。茶与宗教结缘，让茶由僧人扩大到达官、墨客、商贾中间。五代十国时期的吴越国，钱镠建都杭州，治国有方，鼓励农桑，发展经济，兴佛重教，人民安宁。茶文化依托农业、商业、宗教得以长足发展。吴越王钱俶派遣使者，带上钱俶的亲笔书信、越窑青瓷等礼品，去高丽搜集佛典教籍，又请高丽僧人到吴越弘法。高丽王族、僧人义通接受明州知州、钱俶之子钱惟治之请，在明州宝云寺弘教 20 年，逝后葬于明州育王山。宋代，是浙江茶与茶文化的鼎盛时期，南宋建都临安，当时北方陆路受阻，明州是南宋的门户，海路对外交往频繁，茶港声望也随之日高。

越地自古茶事多

宁波茶港营运茶叶最早。其中宁波辖地四明山余姚地界为绿茶之源。汉仙人丹丘子示余姚人虞洪以"大茗"，那里汉魏六朝已有见诸文字茶事，又有四明山麓河姆渡遗址上的原始茶遗迹，还有田螺山遗址 6000 年前的古茶树根。余姚地跨四明山和宁绍平原，平原上江河纵横，紧邻越国句章港，港口由河港逐渐走向海港。茶叶营运也向港口延伸，以茶兴港。宋元时期设市舶司，主管宁绍台三地茶盐，浙东茶盐办事机构均设在明州。据宁波港志记载，宁波港口出运的主要有茶叶、棉花和瓷器。甬为茶港的历史甚早，这为唐宋元明清港口万商云集奠定了基础。

茶港营运茶叶之多，还在于地域优势。邻近茶港的浙江主要山脉，极宜种茶。茶叶通过水陆两路向宁波港进发。尤其是宁波境内的四明山，到清初"令开海贸易"，名茶"贡熙"成为珠茶的前身，此后浙东各县出产的珠茶从港口向外运销。在未出现火车、汽车的年代，宁波茶港既有水路优势，又处中国海岸线中段地区，故而外省的茶叶也竞相从宁波茶港出口。鸦片战争后，宁波、广州、福州、厦门、上海同为通商口岸，然宁波茶叶出口最多，以 1894 年为例，宁波为 162 千担，厦门为 29 千担，广州仅 12 千担。（《近代中国茶业之发展》）

茶港汇集的茶叶、茶具品质最好。巍巍四明山，滔滔东海水。"甬为茶港"处于其间，出产优质名茶。专家研究分析，北纬 30° 左右多产名茶。中国十大名茶产在北纬 30±1° 之内的，就有西湖龙井、君山银针、黄山毛峰、蒙顶甘露、庐山云雾、祁门红茶。四明山脉也在北纬 30° 左右，早在汉魏六朝时就产名优茶，陆羽《茶经》鉴定"越州上"的茶叶，其代表是产在"余姚县瀑布泉岭，曰仙茗"。仙茗在唐代已列为名茶，并传播到日本。此地更有精美茶具传为至宝。越窑青瓷茶具，晶莹美观，陆羽在与同时代全国其他名窑出产的茶具比较后，赞扬越窑青瓷茶具"类冰""类玉"。

海上茶路开拓贸易之路

茶港连接国内沿海众多市场。海运对开拓国内沿海的市场有极大的帮助，用现在的话讲是扩大内需。宁波海岸线曲折，沿海岸线的小港口星罗棋布，有石浦港、胡陈港、大嵩港、梅山港、穿山港等。如穿山港西北端的柴桥，早有"小宁波"之称，《镇海县志》记"柴桥茶市，外洋邻省来此设庄购茶，其盛时销额可达二三十万缗"。宁波海岸线上的其他港口与宁波港相互辉映，形成众星捧月之势。位于古港口遗址东岸的庆安会馆、安澜会馆，曾是南北贸易河海联运的管理之地，也是商人办公、聚会联络感情的场所。清代同治以后，南来北往的船帮商人达到鼎盛，据民国《鄞县通志》记载："甬埠通商要以清代咸（丰）、同（治）间为最盛，是时国际因初辟商埠，交通频繁，国内则太平军起，各省梗塞，惟甬埠巍然独存，与沪埠交通不绝，故邑之废著鬻财者，舟楫所至。北达燕、鲁，南抵闽、粤，西迄西川。鄂、皖、赣诸省之物产，亦由甬埠集散，且仿元人成法，重兴海运，故南、北号盛极一时。"在宁波船帮商人贸易过程中，少不了茶港中量多质优的茶叶交往。

茶港开拓国际贸易，形成三条航线：其一，北上高丽，途经楚州、登州、接渤海航路经多个岛屿达乌骨城至高丽；其二，东渡日本，从东海至日本肥前值嘉岛、入博多津；其三为南洋航线，由宁波港经温州、福州、广州，再由广州向南通向若干支线，向东南和西南的分别通往东南亚诸国、东

海上茶路启碇港公园

北非和波斯湾及地中海沿岸。茶港使茶叶源源不断输往日本、朝鲜等东亚各国，据徐兢《宣和奉使高丽图经》载，宋代茶叶也是对高丽输出的大宗货物，高丽人饮茶成风，茶具"金花鸟盏、翡色小瓯、银炉汤鼎"，

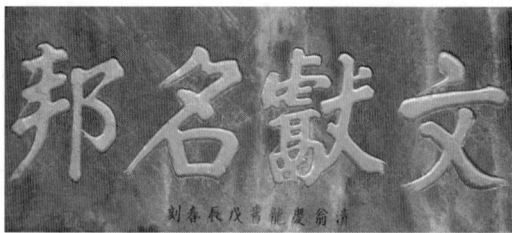

余姚"文献名邦"碑石

均为中国饮茶习俗。18世纪欧洲人对中国茶叶情有独钟，用白银购买茶叶，以茶港著称的宁波港口与广州、福州、上海等沿海港口输出大批茶叶。来自海洋大国的英国商人，在海外贸易中赚得的银子，大部分流进了中国，当时中国集聚了世界上最多的银两。一个英国奸商给英国政府出了主意，用鸦片易茶。于是毒品鸦片在晚清朝野蔓延，屡禁不止，由此出现了钦差林则徐虎门销烟的举动，而后英国政府发动了侵略中国的鸦片战争。

　　茶港还向国际开拓劳务市场。19世纪后期，地处西亚的格鲁吉亚还未产茶，茶商巴巴夫奉命引种茶树到格鲁吉亚，前期用了七八年时间，未能成功，后来他到宁波考察茶厂，认为宁波的茶叶最好，茶工种茶、制茶的技术最精，双方达成协议，由宁波茶厂刘竣周率领10名宁波种茶技工，于1893年从宁波茶港启程，随带数千公斤茶籽和数万株茶苗，于同年11月到达格鲁吉亚巴统，上岸后在巴统近郊开辟茶园80公顷，试建茶厂。3年后茶叶技工合同期满回国，刘竣周又返回宁波，再聘请12名茶叶技工带去茶树种子，扩大茶园面积至150公顷，建立了上规模的制茶工厂。格鲁吉亚茶叶博物馆、宁波海上茶路启航地纪事碑对20多位宁波茶叶技工远涉重洋种茶之事均有褒扬。

　　"甬为茶港"的历史发轫于2500年前越国故土，历经秦汉、三国两晋南北朝，发展于唐宋，繁荣在元明清时期。茶叶、茶具、茶港、海上茶路构成了中外友好交流的桥梁，成就吴越文化史上光照千秋的篇章。

　　　　　　　　　　　（原载《文化交流》2013年第7期，文字有改动）

佛教东传宁波招宝山遗迹之谜

招宝山摩崖石刻之谜

宁波甬江出海口北岸有座招宝山，山中旖旎的自然风光和丰富的人文景观汇集。1984 年，当地人们在勘察山中风景时，发现山体南侧有摩崖石刻，横排着的 6 个标志符号，说字不像字，似画并非画，如作咒符看，也难解其意；符号全长近 7 米，均高约 1.2 米，且笔画清晰，但镌刻于哪个朝代，无从查考。曾有人考证 6 个大字为印度古老的兰查体，译音为"唵嘛呢叭咪哞"。

佛教从古印度传入中国，后来或因境外人士来华学佛取经，又或因华人出洋传经，在我国与境外交往中，传至东南亚国家和地区。前者有日本高僧最澄，后者有我国的鉴真大师。是否有佛教从航海传入中国呢？招宝山的佛教遗迹启示，佛教中的密宗有可能从海上传入，而宁波则是其输入的港口。本文提出这一论点，即密宗由宁波古港口东传，纵然并非妄说，且囿于史料，暂不说这是唯一，但至少也可以说是传入的途径之一。曹厚德先生多年前提出："此石刻对研究招宝山历史及当时佛教流传情况有一定参考价值。"在研究佛教的交往史中，高僧和专家将会更加深入研究。

密宗由航海东传之说

目前史学界普遍认为，佛教密宗由中亚传入黄河流域，但也不排除经航海由水路从长江流域传入的可能。

佛教由古印度传入中国的途径，主要通过冰天雪地的帕米尔高原、大小雪山和沙漠地带。《高僧传》卷十四说，僧人们"忘形殉道，委命弘法"，但路途遥远艰险。另外还有一条路线，从航海水上输入我国，20世纪90年代，湖南省传来的消息也佐证了由水上输入的史实。

1999年5月，《文汇报》报道湖南省"岳阳市君山摩崖石刻鉴定会"发表了一篇题为《湘发现我国最早梵文石刻 改写了佛教密宗东传路线》的文章，据鉴定会专家介绍，君山石刻约为公元5世纪所刻。刻字为古梵文，5—7世纪流行于印度。其刻石时间早于河南龙门石窟的梵文石刻。

"此石刻位于君山南麓龙口东侧崖壁，长1.7米，宽1米，阴刻人字九法。所刻二字字迹清晰，中以直线相隔。据专家考证，二字均表吉祥，属咒语，左字汉字标写为'唵'，它代表宇宙、月亮、佛的三生等，是佛教最具神秘意义的字，印度不论什么教徒，凡诵经均先念此字；右字汉字标写为'吽'，表示强调，说所请诸神都请到了。""专家认为，这个发现进一步确证当时佛教密宗在洞庭湖区盛行。同时它可能改写佛教密宗东传路线。"

新华社消息说改写密宗东传路线说的是"可能"，从今天来看，也许当时岳阳市鉴定会上，未能找到密宗东传的航海登陆口岸，如今在宁波古代的港口码头附近、甬江出海口的招宝山摩崖石刻向人们昭示密宗遗迹，由当年的"可能"一说可以趋向"肯定"。

密宗登陆甬江口的依据

招宝山佛教遗迹是密宗由航海水路传入中华大地的有力佐证。它在宁波登

陆,沿着长江流域向西传播,着重有以下五方面的依据和理由:

其一,东南佛国包孕了佛教密宗之地。密宗于我国南北朝时期,在古印度产生,同时也开始传入中国,到唐代最为兴盛。由水上传入这一支,习惯于把东海说成南海,普陀山为南海观世音的道场,也是这种说法所致。自古有"浙西山水浙东佛"的说法,这也许成了密宗东传登陆的向往之地。浙西富春山水与桂林山水、三峡山水并列,为我国三大山水胜地之一,《富春山居图》乃国之瑰宝。而浙东佛教更有"东南佛国"之称,"南朝四百八十寺,多少楼台烟雨中",宁波天童寺、阿育王寺、雪窦寺、普陀山及天台山等古刹全国著名,留有佛教胜迹,从古阿育王寺到密宗输入,自有其源远流长的传统。但是长期以来,东南佛国彰显的是禅宗,对于密宗的研究甚少。招宝山的摩崖石刻提示了我们,密宗在东南佛国也有其一定的地位。

其二,浙东自古有舟楫之利,便于航海。从河姆渡的河港到现代宁波舟山的海港,在这漫长的发展演变过程中,据史料记述,宁波造船业历来发达。从原始社会到战国末年,我们勤劳勇敢的祖先,在不断提高生产力的岁月中,制造出许多船只及航行工具。越王勾践(?—前465)谈越人习性时说:"水行而山处,以船为车,以楫为马,往若飘风,去则难从。"春秋战国时代,南方多水上作战,浙东一带越人造船技术极高。公元前482年,越国乘吴王夫差远赴北方和晋君相会在黄池之际,派范蠡和舍庸率领越国海军沿海北上,驶入淮水,以断吴王归路。公元前473年,越灭吴后,范蠡害怕勾践忌他功高,偕西施隐居宁波东钱湖后,又从越国浮海逃至齐国(山东);越国灭吴后,都城从会稽迁往琅邪(今山东),琅邪是当时航海的一个重要港口,越国迁都时有"死士八千人,戈船三百只"。可见当时甬句东(浙东)海上交通已发端,时至唐宋明清,浙东以现在宁波为出海口,那里的造船业已相当发达,海运来往频繁,从招宝山所在的甬江口出海有大船,宁波造的有北宋神舟,往来于朝鲜半岛。发达的造船业保障了航海安全,引来密宗东传,这在情理之中。

其三,甬江口为密宗东传提供了优越的地理环境。甬江口的招宝山有"浙东门户""宁波屏障"之称。古往今来,海上交通发达,凭借帆船就可与东南亚各国和国内南北通航。"其广也，东达高丽、日本，南达琉球交趾，西连吴会，一瞬可航，北抵登莱，片帆直指。"自唐代开始，随着海上茶路启航地的开辟，海内外人士认识到浙东海定波宁，港口不冻不淤。以至鸦片战争前夕，英国人也经过 6 个月的调查，把宁波列为五口通商口岸之一，甬江口和后来的上海吴淞口一样，在上海还没有开埠之前，明州（宁波）港不仅使商贸繁华，也为僧人传经学佛提供了方便。

其四，密宗东传与僧人航海经历相关。我国佛教注重由中亚路线传入的研究，这也许是受唐玄奘向西方取经的影响所致。密宗作为佛教的八大宗派之一，与天台宗、禅宗、律宗等并列，历史上出现过许多高僧，值得关注的是这些高僧及其弟子多有航海经历。中国密宗在唐代正式建立，其中印度高僧善无畏（637—735）先在南印度海滨研习密宗，后由水路搭乘商船游历中国，传授密宗，得到唐玄宗的信任。南印度高僧金刚智（671—741）经泛海抵洛阳，此后金刚智的弟子不空秉承遗命，率弟子僧俗 37 人乘昆明舶于唐天宝六年（747）航海来弘扬密法，此后密宗弟子纷纷来到中国。试想，近海的印度南部高僧及其弟子，不可能放弃水路，舍近求远，穿越印度北部走高山沙漠来中国传教。这从一个侧面反映了密宗东传的僧人行踪、路线。

其五，密宗与茶联系密切。密宗僧人饮食要符合佛教规戒，既要能消除疲劳又要补充"过午不食"的营养。茶叶中的各种营养成分，有提神生津的药理功能，这自然使茶成为密宗僧人最理想的平和饮料。西藏佛教多系密宗，从海上传入，僧人沿路多会带去茶叶，包括浙东绿茶。宁波是绿茶主产区，茶叶品质高，为密宗僧人一路西行包括去西藏带去好茶提供了方便，至今西藏人嗜好品茶已成风俗，西藏人均茶叶年消费突破 3 千克，在全国处于领先地位。

浅释密宗六字真言

以宁波为主的东南佛国，佛教底蕴丰富，这与宁波为海上茶路启航地密切相关。根据宁波的地理优势、航海工具及人文茶事，我们对招宝山的佛教遗迹大致可做以下描述：

招宝山摩崖石刻的密宗六字真言，又称六字大明咒，密宗最迟在唐代中期，在东南佛国中已有一定地位，后来不及禅宗五大派之一的曹洞宗，分析有两个原因：一是中国密宗在唐代正式建立，日益兴盛，在西藏生根，一般称喇嘛教，中原地区到宋辽时代则日趋衰落，不为人们所重视；二是禅宗势力最大，全国寺院十有八九属于禅宗范畴，而且密宗的有关教义也逐渐融合在禅宗之中，至今密宗在各地影响不大。招宝山的密宗六字真言启示我们应做进一步探讨，为此，也有必要把六字真言的内容做一浅解。

密宗六字真言的梵文"唵嘛呢叭咪吽"，分别代表观世音的"佛部心""宝部心""莲花部心"和"金刚部心"，六字真言中包容了观世音菩萨微妙的本性，可成就佛的最高境界。其大意为身心一致，专意于佛，慈悲为怀，大彻大悟，可消除人生的烦恼与障碍，达到清净明智、纯洁无瑕。

密宗又称密教，为释迦牟尼对自己亲属说的秘密真言。佛教认为，坚持长期吟诵六字真言会有感应，借助茶的功用，更可以领悟六字真言的丰富内涵，达到只可意会难以言传的功效。

（本文在写作过程中，曾得到宁波七塔寺已故定昌法师及其弟子的帮助，特此致谢）

（原载《茶禅东传宁波缘——第五届世界禅茶交流大会文集》，竺济法编，
中国农业出版社 2010 年版）

石步古村杨梅红

　　漫步在石步古村，可见榴花红、枇杷黄，却一小时内遇不上三五人，古村一片静悄悄。只有在杨梅季节例外，因那里的荸荠种杨梅风味别致，宁波、杭州、上海的来车相拥、行人云集，与时下古村旅游多有不一样处。在明、清两代石步村分别撰有《石步志》。从《石步志》中探寻古韵今风，意趣盎然!

石步山遐思

　　聚族群居山之隈，白云深处竹篱开。

　　前江估客乘潮返，后海鱼盐入市来。

　　这首选自《石步志》的竹枝词为里人叶兆翔所写，记述石步地处锦绣的宁绍平原上丘陵地带，古系慈溪县西乡，今属余姚市东部，归属三七市镇，谓翠屏山的四明山余脉，其中有许多小山。石步山就是其中之一，漫山翠竹葱茏，山麓清溪澄碧，从前没造小桥，只有整齐排列的10多个石墩，厚重而高出水面，供行人跨越清溪前往杜湖岭和五磊山。有人认为石步地名由此而来。更令人称奇的是石步山有巨岩石壁突兀，伸到清溪边上，石壁上刻有观音，书有"正大光明"字样。溪边的野芹、野荬白衬托翠竹林边石刻佛像，让人发古人之幽情，思叶氏太婆之传奇。

宋时，出生石步的叶氏太婆因传奇人生，直到 1935 年还有后人为她在东钱湖修葺墓园。事情还得从南宋时说起。小康王赵构建都临安后，在南宋历史车轮滚动的 150 多年中，朝中官员多为浙东人氏，有"满朝朱紫贵，尽是四明人"之说。而为宁波人津津乐道的"一门三宰相，世代两封王"，讲的是史浩、史弥远和史嵩之三人先后在朝为相，在错综复杂的局面中执掌朝政，其中史浩还主持为岳飞申冤平反。而这四明史氏的先祖正是叶氏太婆。

据县志、宗谱所记：石步始祖叶世儒，字道传，"官四明教授"，北宋庆历年间从处州松阳迁至石步。后来鄞江、鸣鹤、马渚等地的叶姓人氏都源出石步。一天叶世儒到友人史成家中，见到其子史简，年方 10 岁，"行止端方，从容至前，长揖而侍"，就将自己的孙女婚配给史简。

其孙女 19 岁时，嫁予史简，这就是叶氏太婆。夫妇相处 6 年后，育有弱子幼女，不料丈夫史简早丧，儿子身亡。寡妇孤女备尝艰辛，叶氏没多久生下遗腹子史诏。叶氏出身书香门第，千方百计培育史诏成才。史诏生有 5 个儿子，其中长子史仲之子史浩，考中进士，由余姚县尉累官至南宋丞相。史氏家族后人中的史弥远、史嵩之又执掌朝纲。叶氏太婆寿至 85 岁，南宋大儒朱熹为她写有《冀国夫人叶太君》祭文，颂其生平，积善行德，昭示后人。

石步村现在的地域，和旧志上记的大体一致，周边多旅游文化胜迹，东边靠近田螺山遗址、古县城慈城，南边 20 分钟车程可达河姆渡遗址博物馆，西边是有名的羊角田，今称大霖山，北边紧连低平的杜湖岭，毗连五磊寺和鸣鹤古镇，古村古韵处于浓重的文化氛围中。

故泽黄公潭

今日石步村包括张湖溪、西川岙、相四房、上义庄、窑山等自然村落。而中心村石步大溪宽绰，小溪隐隐。小溪穿村而过，溪边由鹅卵石铺成村道，溪坑多处盖上有孔隙的水泥板，后来又规划另辟绕村车道。村中当年溪坑堪与宁海县前童古村的小溪媲美，至今仍可听到水泥板下水流叮咚，溪边人家还引溪

石步村农家新居

水从旁建流动水池，以供家庭洗涤方便。溪坑的上端和下端仍可从草木掩映中寻到溪水野趣。

石步古村曲径北高南低，在村东南的黄公潭，与河姆渡关系密切。河姆渡原称黄墓渡，因秦末汉初夏黄公终老之地而得名。当时黄公活动在姚东地带，史书所记黄公是有名的商山四皓之一。有一年大旱，黄公为村民解干旱之急，指点他们认准石步水源挖潭。《石步志》上记："适逢禾苗枯槁，居民束手无策。"黄公手指一小潭，说"此潭可以开浚"，他和村民一起挖土，"至五六尺许，源泉涌出"顿成大潭，水质"清澈寒冽异常"，"自后干旱无虑，人蒙其赐，遂名曰黄公潭"。

2000年后，黄公潭水文地质变化，淤泥沉积，当时石步村民还没有自来水，天又大旱。村民叶良通知道黄公潭的来历，记得从前潭水冬天冒热气，夏天冰凉，脚浸潭水难以耐久。于是，叶良通个人出资，用挖掘机清淤10多天，挖出大批淤泥，泥中还有不少瓦罐器皿，黄公潭泉涌重现。而后，村民又自动筹款，装自来水管，建造房子，开全镇建造自来水厂先河。10多年后，黄公潭的水质保护问题，依然值得关注。近期，杨梅苑住家也出资稍加修葺，潭水流经渠道，滋润两旁苗木，穿越农庄，入江通海。

"石步地势高阜，不通潮汐，东南有潭，通百谷之源，隐隐伏流。"志书记录治水千古美谈。

安雅堂纪事

乐善好施是中华民族的传统美德。进入石步古村，在文化礼堂旁的欢乐大舞台前，有可供千人看戏的场地，亭榭台阁，粉墙黛瓦，一派古韵新风。每年有批村民出资日夜演戏，有几年会连续上演七八天。古村早时人才辈出、好事多多，留存的古宅，佐证着村人的善举故事。

清代道光年间，乡绅叶俊秀偕儿子叶封、叶仁建安雅堂，嘱后代不忘善举。县志记载，现在称为石步村的上义庄，原谓"叶氏安雅堂义庄"，在道光十一年（1832），里人叶氏继承先辈之志，捐银60300两建庄1所，置田1400亩，山16亩。如今的安雅堂，虽是余姚市文物保护点，但房屋岌岌可危，只有台门、石窗依旧。村上有"上义庄牌楼，三进堂门楼"俗谚，据村里老人回忆牌楼气势恢宏，可惜如今却未留遗迹，只有石步三进堂尚在。三进堂墙上还贴有官报。

古村留有翁文灏的足迹，所存诗文耐人寻味。鄞县高桥人翁文灏曾任国民政府的行政院长。在历史风雨消散，大浪淘沙后，翁文灏的另一个身份是我国第一代著名地质学家，毛泽东称其是"有爱国心的国民党军政人员"。他于1908年考上官费留学比利时，先后攻读铁路工科、地质岩石学，曾主持周口店北京猿人头盖骨发掘工作，在陈布雷一再敦请下答应主持清华大学校务，以半年为限。其间资助贫困生吴晗成才，推荐梅贻琦出任清华大学校长。翁文灏在好友陈布雷自杀后，提交了辞呈书，出国游历，于1951年从法国回到祖国，参加新中国建设。他晚年长居北京，依然魂牵梦绕江南故土，以浓厚的思乡怀旧之情，回忆母亲，回忆石步。

翁文灏7岁丧生母，后母叶秀芬是石步人，知书达礼，待他如己出。翁文灏曾说后母是他一生中影响非常重大的两个人之一。1965年，他写了《少年回忆·石步》诗，记述外婆家的回忆：

佳境慈溪到外家，山容树色美难加。水从石出真清澈，步逐坡登见曲斜。

安雅堂名存往迹，沧桑世变待新芽。犹留故泽昭然在，雅堂款宾谊可夸。

诗中前四句写外婆家山容树色，村中低坡曲径，石出水清；后四句写人文情意，有安雅堂古宅、黄公潭故泽以及外婆家的盛情款待。

叶家大屋的记忆

有人感慨石步村民置身宝山不识宝。拿以窑得名的窑山来说，晋砖、古陶比比皆是。晋砖上汉隶字体清晰，村民从陶瓷碎片中拾得韩瓶，捡回家用来腌制咸菜。这韩瓶是韩世忠、梁红玉抗金得胜用来犒劳将士的酒坛，每瓶有两三斤酒的容量，是窑山深处的文物瑰宝。

余姚石步村叶家大屋

当然，石步村民也并非一无所知，说起叶家大屋，几乎是妇幼皆知。大屋坐北朝南，三面有台门，两层楼重檐，围墙高耸，比屋顶还高，正屋三间两弄，侧屋厢房多间，内有前后两个天井，墙头、梁枋多有传统的砖雕木刻，为麒麟、龙凤等吉祥图画。据悉，叶家大屋建于清代道光年间，叶氏一度家道败落，转卖给王姓人家，所以叶家大屋在当地又有王家大屋之称。中法战争时，大屋主人后代叶生阳替山东货主运货到宁波，货船在镇海外被法国军舰劫持。后来叶生阳通过在法国处任翻译的安雅堂叶姓人氏疏通，货船得以放还。从此叶生阳深得山东货主信任，并把独养女儿婚嫁给他。叶生阳继承岳父家遗产，叶氏再度中兴，将大屋从王姓人家赎回。

抗日战争时期，大屋也是新四军三五支队同志的落脚点。人们只知道以梁弄为中心的四明山，为全国19个抗日根据地之一，却鲜少知道当年谭启龙、何克希带领的抗日队伍，从浦东渡过杭州湾上岸，到达三北地界，先在鸣鹤、石步驻足，其后革命势力逐步向四明山发展，然后过姚江，经车厩，再由杜徐岙走向梁弄。从1942年至三五支队北撤，叶家大屋曾是慈西（丈亭）区委所在地，钱忆群、朱敏、项耿等众多革命先辈都在大屋住过。1945 年 3 月,在石步祠堂召开慈溪县抗日民主政府成立大会,宣布谢仁安为县长,大屋一度成了县府的办公地。

作为时代的痕迹、历史的见证,如今叶家大屋已是余姚市文物保护点。叶氏在石步已无后人,在外的房主若能将其捐献给国家,也许大屋的历史价值更能增辉。

杨梅王国亦迷人

当地流传着古人老话:"坐黄山,睏石步,再要快活祝家渡。"黄山村今为江北区辖地,石步和祝家渡都在三七市镇。在以农为主的年代,这些村庄少有旱涝灾害,又有优质土壤,农活相对轻松,有条件的村人还走向外面的世界。黄山村在清代已有人赴日本,去日本的人又早又多,而石步、祝家渡人与上海等大城市更有缘分。石步有土特产的优势,如杨梅、西瓜、竹笋等,与外面有经济往来,其中尤以杨梅为最。

余姚杨梅中国红。在上海、杭州等城市一些地摊上的下乘杨梅,常打着余姚杨梅的名义招客,与石步相连的横河地方,1978 年由余姚划入慈溪,所以也有打慈溪杨梅牌子的。

杨梅"其形如水杨,而味似梅,故名"。《本草纲目》

石步村的杨梅

中所记只是个大概,一时一地只食一种杨梅,甜中带酸,往往难以比较杨梅优劣,其实,不同产地,不同品种,滋味各异。据《浙江省农业志》记,全省有 64 个杨梅品牌,其中"优质品种,首推荸荠种,其原产地在三七市镇石步村张湖溪"。"在村的老鹰尖,呈现一片古杨梅林。"杨梅时节,"红实缀青枝,烂漫照前坞"。品尝杨梅，欢歌笑语荡漾在林间。1983年，产在石步的8229号单株果实，经宁波市组织专家品味评审打分，名列第一。对此，上海《新民晚报》登出杨梅王的图片新闻。

优质杨梅树品种四季常绿，树结名果，既具生态效益，又有经济效益。江南地区的气候最适宜杨梅树生长。荸荠种杨梅还适宜种在瘠薄的土地上，由此成为扶贫山区的举措之一。据石步村民张训林反映，余姚的杨梅苗畅销云南、贵州、江西、福建、江苏等地，一年以春秋两季移植杨梅苗为宜。由于市场看好，到石步采购杨梅苗的人很多，张训林父子两人2016年春季销售的杨梅苗，销售额达20多万元。

目前，余姚、慈溪两地杨梅种植面积近9万亩。地跨余姚三七市、丈亭和慈溪横河的优质荸荠种杨梅上市，设有杨梅王国观光景点，可供游客领略平可正写的杨梅诗境界："五月杨梅已满林，初疑一颗值千金。味方河朔葡萄重，色比泸南荔子深。"如今，余姚杨梅被誉为中国红，其可爱的自然色彩为全球注目。空运保鲜杨梅到法国的餐桌上，一颗紫红色的杨梅浸入盛满白葡萄酒的玻璃杯中，赏色品味，赏心悦目。一颗杨梅价值一二美元！

石步古村藏古韵，杨梅王国亦迷人。

（原载《文学月报》2017年第8期，文字有改动）

南山茶场入画来

奉化以溪口蒋氏故里、佛教名山雪窦山名扬海内外。如今，奉化已成为宁波市辖区之一，并将山水引入城市。在城市与乡村田园交融中，奉化区尚田镇奉茶山庄脱颖而出，呈现一派可与国外葡萄庄园比肩的别致与美丽。

悠然南山

"采菊东篱下，悠然见南山。"晋代陶渊明笔下的南山，悠然恍惚。奉化有一南山茶场，此南山非彼南山，但同样可睹靓丽风光，这似同杏花村。唐代杜牧有诗："借问酒家何处有？牧童遥指杏花村。"但这杏花村在哪里呢？又

奉化尚田南山茶场俯瞰

莫衷一是。20世纪90年代，全国有19个杏花村地名，经考古专家、地方志权威认定，山西汾阳进入前六名。然而汾阳自知"证据"对"争抢"无助，那里地处北方，"清明时节雨纷纷，路上行人欲断魂"没有这种可能，杜牧又未到过汾阳。他们干脆退出角逐，闷声做酒，埋头实干，却生产出十大名酒之一的杏花村汾酒。南山茶场的南山，恰有汾阳杏花村类似的经历。2012年，南山茶场被评为"全国30家最美茶园"之一。

南山茶场海拔在500—600米之间，从杨家堰村拔地而起，曲曲弯弯的盘山公路穿越竹海到山庄驻地，直觉高峻陡峭，云雾在脚下飘忽。

认识那里的美丽生态，得讲一个真实的故事。10年前，有位在德国的中文工作者，与德国的环保专家结婚成家，在华探亲时，随行的2岁小孩一直感冒未愈。丈夫以为与空气有关，几经周折来到南山茶场借住。人到山中，小孩子就活蹦乱跳，身体康复。这消息一经传开，境外人士以寻茶、访茶为由，常来南山。

说南山茶场空气新鲜，不光凭人的主观感受。据世界卫生组织公布的清新空气标准，每立方厘米空气中要含有1000—1500个负氧离子。负氧离子以每立方厘米计，若在500个左右，能满足健康人生活需要，若不到200个，人就会陷入亚健康以致得病，而南山茶场的负氧离子平均则在5000个以上。

宁波奉化尚田南山茶场一景

南山茶场上的奉茶山庄，不但是养生宝地，而且风光秀丽，峰峦幽谷纵横，茶山间种樱花、桂花、水蜜桃、板栗、银杏等，山顶又有可钓鱼的两个天池。繁花杂树长在山腰的竹海之上，春有花，夏有青，秋有果，冬有雪。浙江散文学会创作基地、浙江省摄影家协会创作基地都落户在这里，前来南山接洽休养度假的单位与个人更是络绎不绝。

神农奉茶

　　人们见过茶却并不一定认识茶。茶的大俗大雅属性，从"柴米油盐酱醋茶"到"琴棋书画诗酒茶"可见一斑。现代科学证实，科学饮茶，既有利于身体健康，又有利于心理健康。如今人们对饮茶越来越讲究，一杯好茶，从产地、品种、采摘到加工、储藏、冲泡等多个环节都大有学问。南山茶场场长方谷龙顺势而为且有创新举措，既重视品牌建设，又着眼于全面提高茶叶品质。在南山茶场，许多人每年付上一定的资金，就可以拥有自己的私家茶园，并且不必操心茶园管理，出产的"奉化曲毫"名茶会有专业人员为你加工、包装，打上专属印记后可送货上门。认养"私家茶园"的主人若有兴趣，还可以随时带上亲朋好友，在私家茶园里体验采茶乐趣，见证自己茶叶生产全过程。至今已有15家企业认养了40多亩茶园。闲暇时间，私家茶园主人带上家人到茶园度假，提升生态幸福感，众人皆赞许在那里品茶为"天补、地补、心补"。

　　茶的高雅品位还在于其文化意义，以茶会友、以茶敬客、以茶养廉、以茶自省等，这在南山茶场发挥得淋漓尽致。奉化茶文化节多年在南山茶场开幕，文化节期间高朋云集，有关传统文化的节目纷呈，太极、民歌在茶山演示，舞龙队在茶山起舞，人们争相观赏。2018年4月14日，当宁波茶文化促进会会

南山茶场举办舞龙活动

长郭正伟宣布奉化茶文化节开幕时，神龙奉茶，全场轰动，12支舞龙队在细雨中起舞。每条龙由近10人组成，舞龙人或清一色女子，或清一色男生，龙有黄色、青色、紫色、白色等，每条龙以一色为主，配上多种色彩，瞠目张颔。龙身环曲10米左右，或扭或跳或仰或跪或摇等多种姿势，威风凛然，以示祈求平安和吉祥。

龙是中华民族传统文化的象征。龙最早作为先民图腾、传说中的一种神异动物，能走、能飞、能游，有鳞有角，又有不同的爪，它身上保留了原始氏族社会中被吞并掉的那些部落的图腾痕迹，是多种动物的集合，象征部落间的和睦团结，蕴含着天人合一的宇宙观。

南山群龙舞动，茶山为之增色。奉化是文化部命名的"中国民间艺术（布龙）之乡"，发迹于南山山麓条宅村。传说有西方国家的黑龙，曾飞到南山一带作恶，被中华神龙斗败而逃，南山山麓留下了神龙造化之处。奉化布龙国家级非遗传承人陈行国，及其家族在条宅以制龙、舞龙为生，他制作的"龙"曾经舞到国外。

2017年3月，奉化有一支由800学生组成的舞龙队出访英国。2018年5月5日、6日，条宅村布龙队应韩国大邱广域市市长邀请，参加韩国"2018大邱多彩庆典"广场布龙表演、巡游等。这是韩国重要的国际性文化艺术节庆活动，条宅村布龙队在大邱，与俄罗斯、日本、泰国、柬埔寨等国家人士参与文化交流，令观众大开眼界。

感恩自然

奉茶山庄依托南山茶场，挖掘茶文化内涵，在茶的产业链衍生出"茶+"模式，如"茶+香猪""茶+鱼塘""茶+宠物""茶+林蛙""茶+土鸡"。以"茶+香猪"来说，茶香猪引种世界长寿之乡巴马香猪，用茶叶拌饲料喂养长大。猪肉切片与米饭和着煮，那饭香与茶香猪肉的香味浑然一体，为时下难得品尝的美味。更值得一书的是"奉茶山庄特供酒"，素式篾盒外包装上点缀着片片竹叶，上面扎上红色中国结，内置两节天然毛竹桶，每桶有 500 克"原生态竹酒"。这档特供酒的加工也鲜为人知：当毛笋长成数丈高的嫩竹时，人工注入上乘白酒于生长中的竹竿中若干节，密封后等到第二年毛竹长成时，砍下毛竹，切成有酒的几节毛竹桶，酒在毛竹中醇化一年，清香可口。

奉茶山庄富有乡土味，美在舌尖味蕾，更有四季风情。对热爱生命、追求幸福的人们来说，称得上诗意栖居。一般山庄冬季少人，奉化山庄却吸引了众多常年奔波在外的商务人士，约上三五家亲朋好友，清静入住，玩上几天，睡在山

德国友人在南山茶场采茶

水间，住在人情里。告别喧闹的市井，雪夜在山庄室内，围着小红炉煮茶玩牌，也是一种生活情趣。到了秋高气爽时节，那里步行登山人员众多，汽车上山走弯道要花 20 分钟，而步行古道上山也不过 30 分钟而已。当然山路陡坡人会走得头冒热气，汗水淋漓，攀登到山庄喝上绿茶或红茶，那种劳顿之后的享受、惬意几乎难以言传。待到夏日炎炎，山上气温比山下低 4℃—7℃，常有家人来到这避暑，凉爽宜人，夏夜山庄屋顶，备有吊篮、躺椅，置身天低山高的乡野，仰卧眺望星空，群星拱月，人若天上居。时至春茶上市，游人踏青上山品茶。朝看日出，暮披晚霞，是很多游客向往的活动。奉茶山庄的入住房间也与众不同，陈设古朴、幽雅，窗外春的气息涌入室内，插入瓶中的杜鹃花开红艳艳，弯虬的茶枝上嫩叶绿莹莹，一目了然的原生态。

放眼奉茶山庄，地处东海之滨，象山港近在咫尺；南山巍巍，寓意高寿。奉茶山庄的美丽佳境，如今又成了人们健身减肥的康养之地。无论是年长的，还是年轻的，聚餐时总是祝词连连，"寿比南山，福如东海"出现的频率最高。

（原载《文化交流》2018 年第 7 期，文字有更动）

浙东大竹海的英烈记忆

一

春笋上市之后，宁波市民争相品尝其鲜美，从相互比较中，总为大雷山的黄泥拱毛笋所折服。大雷山毛笋如今已成为品牌，那里 5 万亩竹林连片，已成为四明山的一大自然景观，加上蕴藏的人文故事，令游客印象更深。大雷山地处四明山脉中，今属宁波市海曙区横街镇辖地。横街镇由横街镇、云洲乡和爱中乡合并，原云洲乡所在地大雷村立有吕云洲烈士纪念碑，由原浙江省委书记薛驹题词，两乡的地名今后会记入史志。据云洲乡原中心小学校长

吕云洲烈士画像（袁瑞新据原照所画）

陈洋飞介绍，至今那里仍有 4 个自然村组成的行政村，也称云洲村，为纪念在其中马联村附近山上牺牲的吕云洲烈士。以云洲、爱中为乡名沿用了半个多世纪，云洲、爱中两位烈士的品格和精神，穿越时空，仍是后人的楷模。

吕云洲烈士的牺牲过程，连他的亲姐吕月先也不知其详，仅知他在当年部

队北撤后留在四明山，被叛徒告密而牺牲。吕月先退休前曾和我共事，当我介绍到她的弟弟云洲牺牲后的部分史实时，我仿佛看到她颤抖的心，不忍再讲下去。后来我以《青石岩下的秘密》为题，有过记叙。今重述记忆。

二

1945 年冬天，天寒地冻，北风怒号。

四明山上的大雷乡有位山民，急匆匆地从山外回村。他脸色铁青，慌慌张张的，自己家还没回，就急忙奔东家走西家，向人们悄悄耳语。听了他带来的消息，人们脸上都显出惊惶不安的神色。

原来，吕云洲同志被敌人杀害，他的头颅挂在鄞县"清乡"委员会门前。3 天前，他还在村里和山民亲切地商议钱粮的事呀！

"吕叔叔，多好的人哪！"村西的小宝流泪了。别看小宝只有 12 岁，可挺懂事。前天夜里，吕叔叔还对小宝的爸爸说："游击队员从山外籴来的米，你一家四口尽管吃好了。"要不是吕叔叔接济，在这寒冬腊月时节，穷山窝里的小宝一家可又要离乡背井去讨饭呢！

村里年纪大的人，都深深地怀念吕云洲同志。吕云洲被害时只有 22 岁。吕云洲生长在上海，7 岁进上海育才学校读书。日寇侵占上海后，他家那爿参店惨淡经营，很不景气。吕云洲受到革命思想的熏陶，听过共产党员为了人民的解放事业英勇奋斗的事迹，因此他向往共产党。后来他找到了党组织，入了党。1944 年，党组织知道吕云洲的

浙东大竹海

家乡在四明山麓的余姚市陆埠镇东江沿村，就派他到四明山来从事革命活动。

在四明山，吕云洲住的是深山密林的草棚，平日里青菜淡饭也难以为继，由于阴湿，他长了一身的疥疮，四明山的生活与上海大城市的生活相比要苦得多，可是他从不叫苦，一天到晚总是乐呵呵的，把自己住的草棚叫"公馆"。他中等身材，剃个光头，说话幽默风趣，性格开朗。开始他住在小宝家里，村里几个孩子很快就跟他熟悉了，总是围着他转。吕云洲教孩子们认字写字，给他们讲上海的新鲜事，这都是山里孩子从未听到过的。吕云洲对他们说，等革命胜利了，就带他们到上海，坐着小汽车跑遍全上海，那会更有趣呢。

可是，吕云洲同志被杀害了，孩子们永远见不到他了。

正当大家沉痛地回忆吕云洲的往事时，特派员陈爱中同志来到村里。他心急火燎地告诉村民，赶快隐蔽，否则会招来杀身之祸。

原来，吕云洲和陈爱中都住在骑马坡的"公馆"里，吕云洲是特派员机关的党支部副书记。当时，战士们的生活用钱和粮食都贮藏在山中群众家里，机关里只有一本清册，上面记有钱、粮的数目和收藏钱、粮的群众姓名。若清册落到敌人手里，不仅贮藏的钱、粮要被敌人抢去，有关的群众也要受连累。

陈爱中记得，3天前，"公馆"里的几位同志随他到鄞西平原去接转关系，吕云洲一个人留守"公馆"。平时，他那本清册放在枕头下边，那天清晨起床，他还拿出清册，合计了一下，说在大坪地村还有300斤米。想不到，当陈爱中回山时，战友被害，"公馆"被毁。陈爱中忍住悲痛，在"公馆"的角角落落寻找那几页清册，可是始终没有找到。这真叫人放心不下。群众已经隐蔽起来，党组织一直在解清册之谜。

一次，有个战士从敌人那里抓到一个"舌头"，他交代了吕云洲同志被害的经过。

自陈爱中外出后，骑马坡山上的"公馆"被一个特务发现，他连夜去宁波向国民党鄞县县党部常委、鄞西"清乡"委员会主任汪焕章报告。汪焕章立即率领80多名匪徒，带了5挺机枪，还纠集了乡公所和"清乡"委员会的特务共100余人，连夜跑了70多里路，在农历十二月十一拂晓前，分3路包围了骑马坡上的"公馆"。

匪军不知道"公馆"的底细，他们怕死，不敢走近，就派了一个勤务兵向"公馆"靠拢，以探虚实。那匪徒靠近"公馆"，拨开"公馆"用来挡风的柴枝，从柴枝洞缝里窥测"公馆"内情形。这时，吕云洲从睡梦中醒来，听到外面有动静，立刻起床，手中紧握驳壳枪，他定睛一看，柴枝缝里，一双贼眼正向他投来卑怯的目光。吕云洲知道是匪兵，举起驳壳枪，对准"眼睛"就是一枪，"砰"的一声，匪兵应声倒下。吕云洲断定情况不妙，跃身冲出"公馆"，一面抵抗来匪，一面向"公馆"的后山岗撤退。

敌人的 5 挺机枪和几十支步枪一齐向吕云洲撤退的方向射去。"清乡"委员会的特务们扯开喉咙大喊："缴枪不杀！""捉活的！"吕云洲一边撤退，一边射击。最后，他的子弹打光了，又迅速拔出手榴弹，正当他打开保险盖，钩住弦圈，准备向扑来的敌人掷去的一刹那，一颗子弹打中了他。他虽然身受重伤，但脑子很清楚，他知道自己无法突围出去，掷手榴弹也力不从心，而敌人正像饿狼一样向自己扑来。自己的性命无关紧要，危险的是身上还藏着党的文件和有关钱、粮的清册。趁着天色灰蒙，有柴草掩蔽，吕云洲把文件、清册塞到长满青苔的岩石下，然后挣扎着匍匐前进了一段路程，咬紧牙，从山的陡坡上滚了下去！

吕云洲滚到山坡下，终因流血过多，光荣牺牲。

凶恶的敌人扑到了吕云洲身边，除了一支打光了子弹的驳壳枪，从他身上搜不出一点东西。他们惨无人道地把他的头割下，挂在"清乡"委员会门前，威吓群众。

过了好些天，不见敌人来搜查钱、粮。特派员陈爱中同志和隐蔽起来的群众估计，一定是吕云洲同志牺牲前把文件和清册埋掉了，保住了党的机密和群众的安全。当时，大家集体编了一首马灯调小曲来歌颂吕云洲同志的一生。

过了不久，小宝等几个孩子上山砍柴，在洒着斑斑血迹的青石岩下找到了文件和清册。他们双手捧着，把它交给了陈爱中同志。

当地人民为纪念这位革命烈士，把吕云洲战斗过的那个地方命名为"云洲乡"。

云洲纪念碑

三

吕云洲牺牲时年仅22岁，还未成家，而他的家世、家风和对后代亲友的影响深远。

吕云洲出生在余姚市陆埠镇东江沿村，那里背靠四明山，村在宽阔的姚江东边，村名由此而来。村里早年只有几十户人家，却是鱼米之乡，夏天有抓不完的鱼虾，那小虾很嫩，用开水一烫即可食，江里还可抓到鳗鱼。秋天，金黄色的稻谷遍地。在没有公路，火车又少的时代，人们出行多靠坐船，东江沿河畔每天都有去余姚、宁波的小轮船，当时叫小火轮。若要去上海，先到宁波甬江码头乘大轮船，傍晚上船睡一夜，到天亮时就抵达上海黄浦江边的十六铺码头。正因为水路交通较便利，东江沿村有不少人到上海打拼创业，吕云洲的父亲吕维仁就是其中之一。

当年吕维仁在上海靠近市中心的石门一路开设了一家专售人参的商店，店名为宜昌参号。他诚信经商，经营有方，积蓄了一定数量的资金，在家乡买了土地盖了楼房，成为当地的富裕人家。吕维仁的思想也较为开放，认识到知识的重要性，儿女在上海从小受到良好的教育。吕云洲的母亲袁秀英主要在乡下管理家务。在四明山上的革命同志经常到她家活动，袁秀英总是提供后勤保障，并支持儿子参加革命活动。

吕云洲在兄弟中排行老三。大哥吕玉庭为人仗义豪爽，帮助穷人，同情和支持新四军游击队员，和母亲袁秀英一起，经常安排革命同志在家吃饭、休息。中华人民共和国成立后，他的不少朋友成了余姚和宁波的行政干部，也成了几个弟弟参加革命的领路人。二哥吕荣庭毕业于浙江大学化学系，毕业后在湖州化工厂工作，系离休干部。吕云洲的一位弟弟吕春庭后改名吕磊，曾在宁波专区民政局任职，后到上虞工作，也是一位离休干部。云洲的另一位弟弟叫吕楠庭，早年参加革命活动，后随解放军赴大西南，后来到重庆市文化局工作，直至离休。吕云洲还有位侄儿叫吕建中，一直在上海重型机器厂任处长，工作到退休。

吕云洲有位姐姐吕月先，她是一位优秀教师，早年在上海教会学校读书，有良好的文化素养。中华人民共和国成立后一直在家乡担任小学教师。以前，教师每年暑假农忙要参加夏收夏种，当时她已50多岁，仍冒酷暑下田劳作。吕月先共有4个儿子，父母为四个儿子取的名字寓意吉祥，连起来为"中、华、新、生"。长子袁瑞中20世纪50年代去苏联留学，毕业回国后在广西桂林植物研究所任情报室主任、副研究员，毕生从事生物研究，撰写、编译论文上百篇，荣获广西多项生物学研究成果奖；二子袁瑞华，毕生服务在青田县水文站；三子袁瑞新毕业于浙江美术学院，为昆明大学副教授，当地著名画家；幼子袁瑞生很会读书，从事财税工作。

吕云洲亲友和后人从未沾一点烈士的光，他们凭着自身努力，奉献在祖国大地。他们的这份赤子之情应可告慰长眠在樟村四明山烈士陵园的吕云洲烈士了。

樟村四明山烈士陵园

钱湖山水多名泉

美丽的东钱湖

　　高山有好水，平地有好花。这句谚语是人们生活的经验之谈。但也有例外之地。秋日阳光明媚，我去东钱湖度假区韩岭小学做茶文化教育调查，当地的周成国校长、徐枫校长介绍好茶须配用的好泉，还推荐我去看青雷寺的好水，这时，我方知地处宁波东乡的东钱湖既有好花，更有好泉。

　　青雷寺位于高钱村，坐落湖边平旷之处。听说以前称清泰庵。1980 年有人出资重修。寺院占地 20 亩，建筑面积 2500 平方米，天王殿、大雄宝殿建筑雄伟，十分气派。

　　进入寺院，见左侧偌大的杜英树下，有口泉井，水质清冽，周成国校长等人见旁有水瓢，便舀水直饮，并介绍此生水近于市场上的纯净水。联想到时下人们讲究饮用水，常在汽车后备厢内放塑料桶，旅途中见有好水，顺便打上一两桶，取回家中饮用。此泉井若为游客所知，游客势必竞相舀水回家。对于这泉井，人们仅知水质好，连周校长也不知其名，仅知道青雷寺中有好水。也许是东钱湖泉井太多，不计其名。近查史料，这方井历史上有称清泰井的，因井在清泰庵旁，这容易理解，但记述更为详细的称青雷寺中的泉井为"高闳井"，文字记载如下："在高钱清泰庵内，水深，清冽味甘，相传凿井时得瓦卄镌有'高闳'二字，故名。现在青雷寺下，深度不足四米，但水清见底，在杜英树下，直饮此水不泻，夏日饮者无数。"

青雷寺所在的青雷山，山势不高，井又在平旷之地，这好泉水和许多名山大川的名泉有所不同。我又想到东钱湖度假区东南布满好水好泉：下水、上水一带有圣井、陈家井、冷水井、永兴井，陶公山下有梅泉、瑞井，韩岭街上有小沙井。而山势较高的福泉山有近3000亩茶山，山顶有龙潭、山麓有大慈井，都是泡茶的好水。"水为茶之母。"东钱湖有座美丽的茶山，以泉为山名，又加上福字，称为福泉山，有山有茶有水有故事，有风景，更耐人寻味！

东钱湖茶山多名泉

陆羽《茶经》中对泡茶的水质做了评定，"其水，用山水上，江水中，井水下"。东钱湖周围低丘山陵，江南地区对山泉多称为"井"，这和陆羽所说井的概念不同。如在四明山上丹水赤水风景区柿林村那口井，历来有"一个村，一口井，一个姓"的美谈，其山泉之水也称井水。东钱湖的水，清冽甘醇，从福泉山龙潭到青雷寺高阅井，皆为人们称道。这与整个东钱湖的整体山水相关。

东钱湖为浙江第一大淡水湖，烟波浩渺。郭沫若赞美其有"西子风光，太湖气魄"。早在唐天宝年间，疏浚东钱湖，筑坝抬高水面，增加库容，废田5000多亩为湖，赋税由湖外受益田亩加缴，至今1200余年来，沉积了丰富的淡水资源。此外，周围山群也有丰富的地下水资源，这为众多泉井提供了取之不竭的优质泉水，加之东钱湖开辟成旅游度假区，山水生态得到很好的保护，保证了东钱湖山峦有足够的好水优势。

茶和水都有灵性。水是生命之源，它们总是默默无闻造福于人类。旅游度假到东钱湖的游客，都会亲近山水风光中的好水。

东钱湖观音塑像

（原载《海上茶路》2017年第4期，文字有改动）

天下玉苑奇观

　　在闻名中外的河姆渡文化遗址附近，有杭甬高速公路的大隐道口，在那里远眺，青山藏着琉璃瓦的玉佛塔，指示着大隐镇上天下玉苑的方位。"玉苑"意味着玉石荟萃，何况又号称"天下"，这吸引许多人想去实地看看。2002年"五一"劳动节长假期间，天下玉苑试开放，每天有上万游客光临！

　　人们进玉苑门，可谓满眼风光看不尽。它有秀湖、凤凰台、南天坛、西隐禅寺等景区，共20多个景点。山水灵气簇拥着玉石精品，天下玉苑气势宏伟。我们从万千人头攒动中，将游客略作分类。

　　第一类人群为观赏山水风光的。大隐镇地处宁波和余姚两地中段，两地去那里分别为半小时车程。大隐人文景观渊薮，又在北纬30°附近，使人浮想联翩。据《纽约时报》《朝日新闻》等传媒报道，埃及金字塔、巴比伦空中花园、西藏拉萨布达拉宫、长江三峡、黄山、钱江潮等举世闻名的人文古迹和自然奇观，都处于北纬30°及其附近，国际上一些地理、自然、旅游等学科专家归纳为"神奇的北纬30°"。听游客谈论大隐，也有耐人寻思之处，中国道教把天下好地方分为三十六洞天七十二福地，四明山为第九洞天；其中大隐、梨洲、茭湖被列为四明山的三大福地。越王勾践在大隐筑句章城，至今仍有城山渡地名佐证。秦末夏黄公为拒汉高祖刘邦招纳，遁入商山，为著名的"商山四皓"之一；后来他却上了吕后的当，帮吕后之子继嗣皇位；事后夏黄公离开京城，隐居大隐。前人诗称："此乃四明真福地，当年曾隐夏黄公。"夏黄公葬于当地覆船山，河姆渡地名也由黄墓渡谐音演绎而来。

天下玉苑位于余姚大隐镇

　　著名的山水诗人谢灵运，人称谢康乐，驻足大隐，常约文友游览四明山。过去有谢山庙、康乐庙，后来改为学校。今人也许在寻觅、在思索，前人为何对大隐情有独钟。唐代以后，贺知章、谢朓、王安石、曾巩、王说、杜醇等近千名文人学士涉足这块风水宝地，留下诗词墨迹。大隐早有"广德湖口、武陵桥埭、十里幽谷桃源"之称！

　　第二类人群为品赏玉石文化的。天下玉苑构筑的多处主景，全是精美罕见的玉雕作品。这是由一批著名的特级工艺大师历尽艰辛，匠心独运，精配白玉、绿玉、墨玉、青玉等，以山水、人物、花草、动物等为素材精雕而成，其中有传世精品 3 件，国宝 8 件。那里的九龙玉石，比北京故宫博物院珍宝馆的"大禹治水图"大玉雕还重，"大禹治水图"玉雕为 2.5 吨左右，而九龙玉石竟有 30 吨。玉苑内有多种巨型玉石雕刻，行家们观赏后无不啧啧称奇。

　　曾有"天下之美玉为先"之说。玉石文化是中华民族文化的基石之一。玉石没有真假之分，只有优劣之别（以塑料制品冒充玉石当作别论）。我国雕玉的历史，远的可追溯到新石器时代，到了商代，玉已成为贵族的佩饰。殷墟妇好墓出土的近 600 件玉器，在造型上具有高度的写实性和丰富的想象力。玉还有医疗保健作用，在《神农本草》《唐本草》《本草纲目》中都有详细著述。

武则天、康熙、乾隆、慈禧等都以高寿而终，他们生活中以玉为枕也是其高寿缘由之一。

第三类人群为烧香拜佛的。他们把天下玉苑称为玉佛寺。确实，天下玉苑里所有的佛像都用玉石雕刻。这在价值和文化内涵上都超过以往建造的佛像。妈祖玉像重达2.8吨，文殊玉像重达1.8吨。西隐禅寺旁还有更大的巨型卧佛。大批佛像也可说是采玉之灵气，融佛之教理。"佛"为梵语音译，意为觉悟者，也是佛理通彻觉悟者的尊称。西隐禅寺建筑取我国南北建筑之长，既具有北方的浑厚庄重，又具有南方的玲珑剔透，在人们的心目中，玉的高尚和坚贞与佛教的神秘和庄严，在天下玉苑，恰到好处地融为一体。

南天坛以1:1克隆了北京天坛，又为天下玉苑一绝。北京天坛是封建皇帝祈求风调雨顺、国泰民安的场所，又称天坛祈年殿。天坛至今仍然是北京一大名胜，对于没有机会到北京，或者到北京又没有时间去天坛的，可到天下玉苑看与北京天坛一模一样的南天坛。

第四类人群可称读书郎。天下玉苑地域宽广，山清水秀，对于长居斗室或都市喧嚣中生活的青少年来说，到林中休憩，和同学商讨作业，其效果远比一天到晚死捧书本要好。而大隐镇上出过多位贤士，在这钟灵毓秀的玉苑中，有孝子园景点。莘莘学子在气爽神清的环境中，也许会铭记父母养育之恩，立振兴中华之志。大隐为有名的董孝子故事发源地，汉代董黯事母尽孝。母有病，

余姚大隐镇景观

大隐镇的浙东风情

常复发，生病时思饮故里大隐溪水，可是路程长，溪水难得。董黯就在外婆家大隐永昌潭旁建一陋室，天天担溪水以供母亲。其母饮水后病体好转。从此慈母孝子传为美谈，大隐早有董孝子墓遗迹。"慈溪"之名由此而来，后来又以"慈溪"为县名。宋代神童汪洙是大隐汪家水磨村人（今章山村），他所著的《神童诗》流传甚广，从前几乎家喻户晓。《神童诗》中许多诗句，好记易背，如"少小须勤学，文章可立身""学问勤中得，萤窗万卷书""朝为田舍郎，暮登天子堂。将相本无种，男儿当自强"。

天下玉苑游客成千上万，远不止以上四类人士。无论是哪一类旅行者，总会有共同的体验：要有细细品赏的耐心，要有充足的时间游览。如果下午三时后，匆匆而到，要参观总面积达 2460 亩的天下玉苑，势必为时间所限而留下遗憾。这好比上北京故宫参观，半天紧凑，一天刚好，切忌一两个小时。也好比进西湖茶馆品茶，泡上一杯，慢悠悠的，足可品味半天，千万不要为解渴一饮而尽，即刻就走。

（原载 2002 年 4 月《宁波机关动态·茶座》，文字有改动）

二

史迹新观

风情萧王庙

每年来溪口雪窦山风景区观光的中外游客有 1500 万人次以上。在坐车临近溪口时，白云、大道，天地开阔、气势不凡。远眺青山隐隐，近见果木葱茏，绿树掩映民居，那里就是奉化区萧王庙街道。

奉化萧王庙

5A 级风景区、"全球生态 500 佳"之一的滕头村就坐落在萧王庙街道属地。在萧王庙 76.6 平方公里的土地上，分布着"七山一水二分田"，生态山水，富饶物产，淳朴民风，别具魅力。

古镇新韵

奉化水道以溪口武岭头为界，上称剡源、剡溪，下谓剡江，直通奉化江到宁波出海。剡江横贯萧王庙街道、碧绿纯净，两岸山水遗存着千古乡愁，又奏

萧王庙古戏台

响时代生态乐章。

说起乡愁，先不说建于北宋年间的萧王庙，江畔大埠头就有众多话题。萧王庙街道古称泉口，在交通多靠水运的古代，那里的大埠头是枢纽码头，古代"泉"与"钱"通用，寓意商业兴隆。

剡源山民现在还以当地村口竹排直通萧王庙自炫。竹木柴炭缸瓮从山乡运出来，大米、棉花、药材、南货从山外运进去。大埠头村至今仍留有"上街头、下街头"地名，江畔三块石碑刻石和村中砖雕木刻建筑，诉述着昔日繁华。村中明净寺遗迹犹存，这里曾是僧尼和善男信女由大埠上岸，再去雪窦寺的借宿之地。

江畔大埠头之北，从前建有化肥厂，后因污染环境而停办。在深化治水、加强生态文明建设中，这 500 多亩大埠工业区正积极转型，引进一些无污染、效能高的企业。

溪口镇的民国文化也在萧王庙街道延伸，此地多有蒋介石的亲眷朋友，其妹蒋瑞莲就婚嫁在后竺。后竺村文化礼堂有竺梅先的巨幅照片和生平介绍。竺梅先 1889 年 10 月出生在后竺，从小就给乡绅家放牛，13 岁时到上海做学徒谋生，在五金杂货店干活，勤奋诚恳，又把省吃俭用积攒下来的钱交学费读夜校，辛亥革命时加入同盟会，参加光复上海之役。1927 年后，弃政从商，接手民丰、华丰两家造纸厂，经他精心打理，资本总额快速翻倍增长，成为国内纸业界"龙头老大"。当 1931 年"九一八"事变的消息传来，竺梅先深怀爱国之心，在当年 9 月 29 日的《申报》头版联名刊登《全国同胞公鉴》，呼吁抗日，捐献巨款购买抗战飞机；创办伤兵医院，救护伤员 4000 余人。

当年上海沦陷，大批灾童无家可归、流浪街头。竺梅先在宁波旅沪同乡会的支持下，到家乡创办"奉化国际灾童教养院"，挑起 600 多名灾童的教养重担。他自任院长，由师范毕业的夫人徐锦华任副院长，开办小学、初中教育，这一办就是 6 年。陶行知也到教养院，带着刚出的《战时教育》一书，做"生活即教育，社会即学校"的抗日救亡讲座。当时江浙一带风雨不顺，田园荒芜，百姓饥寒交迫。600 多名灾童加上教职工的吃穿用度全由竺梅先支付，他把民丰、华丰两家造纸厂和宁绍轮船公司的股票，全部抵押给银行，以维持教养院开支。在兵荒马乱年月，购粮极为困难，竺梅先四处奔波，积劳成疾，于 1942 年 5 月 30 日在永康购粮路上，吐血身亡。行前他还向夫人徐锦华嘱咐，"一定要把孩子们好好扶养下去，直到他们能自立为止"。此后，徐锦华苦撑到 1943 年秋，后来有许多人从军报国。2015 年在纪念世界反法西斯战争暨中国抗日战争胜利 70 周年时，一批健在的灾童相聚奉化，追记往事，其中抗战老兵焦涧坤与 30 多位同学参加浙四军浙东游击纵队，教师孙佩名带着 20 多位同学去苏北投奔新四军。抗战时期竺梅先、徐锦华偕同 600 名灾童到奉化国际灾童教养院，此事在村中传为佳话。

2016 年 3 月，宁波市历史文化名城名镇遗产保护促进会议就在青云村举行。目前，青云村已入选中国传统村落、国家美丽乡村示范村、浙江省历史文化名村。青云村古朴、整洁，有相邻的多条清澈河道映衬。有一条称外婆溪，给四方游子留下多少乡情记忆！外婆桥下，曾经清流遭污，河道断头，如今河道开通，与外江相连，清溪活水汩汩流淌。据街道的舒先生介绍，萧王庙的每条江河都可游泳，更不用说滕头村优越的生态环境。

千年古镇，新韵悠悠！

桃乡风物

"游过三关六码头，吃过奉化芋艿头。"这句流传在浙东一带的民谚有各种解释，其中最受认可的是指人们走过地方的多少，以吃过奉化芋艿头为标志，只有吃过奉化芋艿头，那才能称得上见多识广。那么奉化芋艿头又有什么特别之处？从芋艿头最有名的产地萧王庙街道几个专业村可探奥秘。"奉化芋艿头，前葛牌岭头。"前葛、牌岭头两个专业村盛产芋艿头，此外，还有罗家、同山岙、石桥等。1996 年，萧王庙被国务院发展研究中心、中国农学会、中国特产报联合命名为"中国芋艿头之乡"。

萧王庙产的芋艿头，大的单个重 1 公斤左右，不长芋艿籽，形如球状，外表棕黄，顶端呈粉红色，个大皮薄，肉粉无筋，糯滑可口，含有人体所需的多种氨基酸，营养丰富，既是蔬菜，又是粮食。其煮食有多种方法，烘煮、生烤、热炒、白切、做糊、烧汤、煮冻均可；若用烘蒸，其香扑鼻；若煮汤烧羹，爽滑似银耳，糯如汤团。

不仅仅貌不惊人的芋艿头惹人喜爱，萧王庙出产的水蜜桃更是舌尖美味。2016 年 3 月，奉化整合桃花节和水蜜桃节两大节庆，合成地域特色更为浓郁的"奉化水蜜桃文化节"，文化节每年从 3 月开始到 8 月止，结合乡村旅游，举办水蜜桃系列活动。早在 1990 年，那里的林家村村民自发组织耕人书会，成了"浙江农民书法第一村"，村边的王家山 3000 亩桃林连片，每年桃花盛开时举办桃花笔会，后又改为桃花节，20 多年来，从未间断。耕人书会展示的作品多有桃文化。2016 年 3 月 26 日奉化水蜜桃文化节开幕前一天下午，《在那桃花盛开的地方》演唱者蒋大为、词作者邬大为、曲作者铁源在林家村举行记者见面会。30 多年后三人首次相聚，讲述这首歌曲背后的故事。蒋大为表示，他自 1984 年春晚演唱这首歌一夜成名后，也曾经来过奉化唱过这首歌，特别是后来知道这首歌唱的就是奉化，感触就更深了。2015 年 4 月 29 日晚，他在央视 3 套《非常 6+1》特别节目之《非常星发布》上透露，当年激发《在那桃花盛开的地方》词作者创作灵感的"小战士"是奉化溪口人。蒋大为又说，奉化是蒋氏故里，他自己也姓蒋，觉得自己和奉化很有缘分。词作者邬大为祖籍奉化，2015 年夏天重新踏上家乡的土地时，被家乡的美景深深吸引，说这里跟歌词意境非常吻合，"桃树倒映在明净的水面，桃林怀抱着秀丽的村庄"。他说非常感谢为这首歌提供创作素材的奉化"小战士"，没有他就没有这首歌。邬大为在现场还欣然提笔写下：我心中最美的花是桃花，我心中最亲的地方是奉化。并且，在纸上写下：《在那桃花盛开的地方》唱的就是奉化。曲作者铁源表示，自己是第一次到奉化，这里虽不是他的家乡，但作为桃花的故乡，这里的一切都非常美好。1980年末，邬大为把歌词交到他手中后，他先是用邓丽君歌曲找的流行乐音调为这首歌谱了曲，但试唱后，感觉唱不出战士博大的情怀，为了更好地表现出战士的情怀和阳刚之气，唱了很多民歌找感觉，最终形成了现在这首《在那桃花盛开的地方》。这首歌传唱开后，在当时全国青年最喜爱的歌曲投票中，成为获奖的六首歌曲之一，获选的还有同是铁源作曲的《十五的月亮》。

三人在记者见面会后，还一同来到林家村桃花山上赏桃花留影。

同期，奉化市人大常委会第32次会议确定桃花为奉化市花，《在那桃花盛开的地方》为奉化市歌。

"中国水蜜桃之乡"奉化于2016年3月23日，被中国民间文艺家协会命名为"中国桃文化之乡"，并获批准建立"中国桃文化研究基地"。鉴于每年水蜜桃上市时，萧王庙街道游客云集，为适应市场需求，2016年萧王庙新建水蜜桃市场，占地近20亩，设施齐全，服务周到。据悉这里是目前华东最大的桃子交易市场。品尝熟透的水蜜桃不必用刀削皮，也不必剥皮，只要用食指和拇指轻轻撕下桃皮，入口汁多味甜鲜美，有的人还用吸管插入桃肉中，吮吸桃汁，其味同样美不可言，可真切体会到奉化水蜜桃的美誉：琼浆玉露，瑶池珍品。

今昔民风

萧王庙街道常住3.5万人口，这里传承着淳朴民风，村民们齐心协力共建美丽乡村。

说起2003年设置萧王庙街道还挺有意思。那里地名古称泉口，后又长期叫萧镇，当时为什么人们赞成改称萧王庙呢？可称王的，又是哪位名人？其实庙神原不过是个七品芝麻官，王是元人所封。北宋天僖年间有个叫萧世显的奉化县令，廉洁为公、勤政为民，率领百姓治水筑堤、建坝抗旱、治蝗重农，深受百姓信任和敬仰，百姓还为萧世显建了庙宇。元惠宗时萧世显又被追封为绥宁王。庙宇几经修缮，如今的萧王庙建筑宏伟，为浙江省重点文物保护单位，多年来，弘扬着"官爱民、民尊官"的人间正气。

那里的棠云山区秀竹如海，山中多古桥、廊桥，见证着山民的勤劳朴实，山民一生选择一件事，认真做好一件事，拥有充实无悔的人生。如八旬老人袁恒通，一辈子手工制造竹纸，其竹纸在修复古籍中为其他纸张无法代替，日本修复古籍的权威冈兴造评价这棠云竹纸胜宣纸。目前，棠云古法造纸技艺已入选浙江省非物质文化遗产。奉化区也扶持建设非遗传承基地。

棠云茶亭凝聚着传统文化的精髓。百年来，岁岁施茶，年年不断，见证了茶文化可雅可俗。高雅作品浩如烟海，俗文章写在大地，寻觅难得。据当地高龄老人回忆，清末民初，古廊桥桥头，庙门口就有茶亭，山民在这山乡过往要道上为行人施茶，1949 年后更是从不间断。施茶一般年景从端午开始，到重阳前后天气转凉为止；有的年景热天时间长（掘毛笋期间天已比较热），茶亭老人就提前供应茶水，用六月霜、金银花等清暑解毒中草药煮茶。过往行人汗流浃背，到茶亭歇脚，喝茶后吁一口气，顿时手脚轻松，赞不绝口，如茶亭楹联"毋忘有爱捐志士，可敬无酬值班人"。

棠云茶亭为路人供茶，由茶引来文明风尚。据记载，1975 年，上海退休工人江善林回乡，把古廊桥右边的茶亭迁到廊桥左边，建造两间茶室，路边开有窗户，上写"棠云茶亭"四个大字，靠窗放着茶桶、搪瓷杯，伸手可及，用来舀茶，他亲自到棠云茶亭义务烧开水，免费为路人供应凉茶，附近村庄中的老人也自觉加入这个义务活动中去。40 多年来，接班人连续不断：1987 年，带头的江善林逝世，由棠云车站站长柳自康接任；柳自康调离棠云后，由当地供销社退休职工江圣祥接手操持茶亭；江圣祥逝世后，由热心公益的村民袁通义接管。2005 年 9 月，宁波市政府文明办授予棠云茶亭"文明之星"称号。此后，由江长义负责茶亭管理。他说，茶亭烧水，大家自愿报名，积极性高。像袁月英、张定心等好多人义务烧茶时间都在 15 年以上，今年 84 岁的张定心被他们再三劝阻。义务烧水的人多了就按年份分村安排。今年编成 5 组，每组 2 人，每组服务 1 周，轮流往返。轮到值班的老人每天清晨 4 点半就到茶亭"上班"，过去每天要烧 500 公斤左右开水，为过往的到山外种田的山民、企业工人、在校学生施茶，如今天凉时可少些，即便如此每天也要烧 100 多公斤。茶亭十分讲究清洁卫生，接受少量捐款，用于改善设施，账目上墙公布，也有表彰寓意！从 1975 年至今，先后近 200 位老人到棠云茶亭义务烧茶。民间施茶，茶和天下，弘扬着善举和美德。

而今，浙江医药高等专科学校、诺德安达学校、宁波市职业技术学院奉化校区、奉化中学陆续迁址到萧王庙。在征集土地过程中，人们顾大局，识大体，树新风。正如村民所说，建学校对当地短期看不到有多大好处，还要舍得奉献，但从长远来看，学校里人才聚集，有利于推进经济文化全面发展。据当地街道同志介绍，在整个拆建和征地过程中，没有碰到钉子户，也没有上访户，其间，要迁移 301 处坟墓，也由相关人家自觉迁移他处。

千年古镇，醉美桃园的新格局正在形成。走进萧王庙，美在眼里、歌在耳里、甜在嘴里、乐在心里，这里堪称是宜居宜业的好地方！

（原载《文化交流》2017 年第 7 期，《宁波同乡》第 593 期，文字有改动）

中国大运河畔的丈亭风情

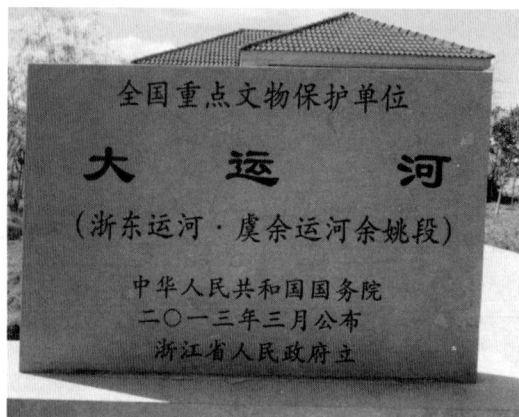

中国大运河宁波段界石

中国大运河经宁波入海前一段又称浙东运河。浙东运河水面宽阔、鹭鸟翩翩。运河边上丈亭古镇水绕山连，运河遗韵映衬着美丽乡镇。

人心凝聚地

"江分三派白，山拱万峰青。"据夏侯曾先《会稽地志》所记，此有"石矶十七八丈，上筑方丈室"，有亭长迎往处理人事，"丈亭"由此得名。夏侯曾先是陈、隋间人，由此可推算丈亭至少有1400多年历史。镇上鲻山遗址与河姆渡遗址隔江相望，佐证六七千年时，先民已创原始文明，演绎吴越春秋，筑就千年古镇。浙东运河西来，到丈亭一段称为姚江，一水分为两流，俗称三江口。潮涨潮落，万舟竞发，宋代有人写《长相思》词描述："南山明，北山明，中有长亭号丈亭，沙边供送迎！东江清，西江清，海上潮来两岸平，行人分棹行。"

古代官吏调任、学子赶考、僧人事佛、商人赶市，总是驻足丈亭，更有文人墨客寄情山水，在丈亭留下众多诗词。大诗人陆游写丈亭的诗至今脍炙人口："姚江乘潮潮始生，长亭却趁落潮行。参差邻舫一时发，卧听满江柔橹声。"

水文地质变化，江畔石矶已没，但渡口亭子仍在。20世纪50年代，宁波建起姚江大闸，咸潮也不再倒灌丈亭。江边古街依旧，遗韵尤存。丈亭老街史迹陈列室保留了大量人文实物，诉说着曾为水陆交界地重镇的历史过往。如今与老街垂直的

大运河畔丈亭古渡口

丈亭新街，全长3公里，与镇北古集市渔溪相接，有渔溪茶亭，为余姚市内唯一的明代建筑，被列为文物保护单位，与三江口古亭，共同传承运河文化，新街一派繁荣。

文化支撑着丈亭一方热土。三江社区祝贺罗国连九十大寿堪称一例。在社区多功能厅举办的生日歌舞晚会上，社区群众纷纷祝贺罗国连被评为"先进家庭藏报示范户"。罗老集报学习当年镇领导徐星浩的遗风，徐星浩集报6.3万份，今由其女儿珍藏。罗国连集报9万份，内容涉及20世纪初的《时事新报》、抗日战争时期的《救亡旬报》，还有港、澳地区和海外报纸。有一年罗老夫妇旅游港澳，不去游览场所，却走访了香港十七家报社，后经澳门回程，机场扣住了他携带的大捆报纸，经反复说明是集报所为，机场领导受感动，予以放行。罗国连集报更在于用报，他在三江社区街边设置报架，把订阅的9种报纸陈列其中，供过往行人随手阅报，还在附近挂出9种小黑板报，定期更换，介绍时事新政、公民道德、古今奇闻、丈亭古诗等。老人集报还注重按专题和系统分类，

国庆节那日的《人民日报》，从 1949 年 10 月 1 日到 2011 年 10 月 1 日，一应齐全，一天不缺，从中可见中华人民共和国前进的风雨历程。2020 年 10 月 31 日，笔者重访罗老，他虽年已 98 岁，但精神矍铄，思维清晰，仍每日读报、集报。在运河岸边的热土上，丈亭当地有 3 万余人口，更有外地人口 2 万余人，共同铸就丈亭的金名片，丈亭镇先后被评为"全国环境优美乡镇"、"全国经济千强乡镇"、省"文明镇"、省"卫生镇"、省"生态镇"和省"森林城镇"。

福盈三江声

浙东运河之北的丘陵山地，从行政区域看，东起三七市，经丈亭镇由西至凤山、西北至横河，这一带的丘陵山地都出产优质杨梅。1995 年，余姚市被国务院经济发展中心、农业部等单位联合命名为"中国杨梅之乡"，余姚杨梅的主产区之一在丈亭，种植面积 2.1 万亩，占山林总面积近一半，常年杨梅产量 650 万公斤，其面积和产量居全国乡镇之首。

6 月下旬，杨梅红熟，丈亭镇举行"三江之声"杨梅文化系列活动。从 1987 至 2012 年，"三江之声"已举办 26 届。

杨梅年年有，岁岁出新韵。围绕着杨梅的文化系列活动，有杨梅歌舞、观光旅游、杨梅擂台赛和专家论坛等，内容丰富，生动地反映了杨梅的悠久历史。早在 7000 年的河姆渡遗址上，已有野生杨梅遗存，史料表明余姚杨梅栽培始于三国，后经嫁接，当地培育的荸荠种杨梅汁多味甘。苏东坡任杭州刺史时，好游山玩水，乘运河之舟到过半是明州半是越州的丈亭，赞许说"吴越杨梅赛荔枝"。杨贵妃喜欢吃新鲜荔枝，唐明皇传令送公文的驿站，为她飞马转运荔枝，曾有"一骑红尘妃子笑，无人知是荔枝来"的慨叹！前人心仪杨梅有诗赞许："若使太真知此味，荔枝焉能到长安。"为有效保护这一传统名果，余姚杨梅申请原产地保护成功。

现今世界流行天然绿色食品，杨梅被空港运到法国巴黎。一颗杨梅置于白兰地玻璃杯中，消费者既可观赏杨梅红艳可爱，又可品尝天然鲜汁，这一颗杨梅价格1美元。国内许多人都尝过杨梅，但较少见过杨梅风光。因此，慕名上杨梅山观光的游客众多，使"三江之声"分外热闹。"红实缀青枝，烂漫照前坞"，"绿荫翳翳连山市，丹实累累照路隅"，山上观光随手可采杨梅，这是城里人难以想象的乐趣。丈亭的杨梅文化形成良性循环，有杨梅观光景点50多个，规模景点34个，形成了8条杨梅旅游黄金路线。"三江之声"举办时，还开展杨梅擂台赛，评选杨梅大王，杨梅文化系列活动带动科技，助推经济。古代客从运河来，现代交通便利来人更多，经杭州湾跨海大桥，上海到丈亭也不到两个半小时车程，杨梅时节，沪、杭、甬大批来客云集。

"三江之声"活动期间，丈亭社会各界邀请客人上门，构建了招商引资的平台。丈亭企业的工业产品以五金机械、塑料制品、园林工具、汽车零部件为主，五金件和园林工具远销欧美等地。当地政府打开的"园区经济"之路，受到外商和台商的青睐。目前，丈亭是余姚台资企业三大集聚地之一，仅外资、台资企业就有35家。

"三江之声"涌动文化热流，像运河水波拍岸，激励着人们创业创新，似镇上福龙山蛟龙腾飞，若凤凰山凤凰翱翔。

浙东大运河宁波段斗门新闸

山水一方人

　　运河流经丈亭，积淀三江口文明，延伸到福龙山和凤凰山，所到之处出过许多闻人。王莘安为宁波帮中重量级人物，在沪从事钱业，致富不忘乡里，在兴学、施医、修桥、铺路、疏浚河道等方面造福当地。王莘安还多次出资支持著名教育家陈谦夫办学。在20世纪初受西风东渐影响，陈谦夫在当地办起3所小学，后来又和同盟会元老陈训正合力创办宁波效实中学，两度出任效实中学校长，为该校跻身国内一流中学打下基础。陈谦夫又通过民国名流陈布雷，筹办慈湖中学，并成为首任慈湖中学校长。他历经艰辛、终身致力教育。抗日战争期间，丈亭胡绳系受陈谦夫临危之托，接过慈湖中学校长重担，在日寇轰炸过的废墟上重建慈湖中学。陈谦夫、胡绳系等丈亭人，亲手培养了一批批革命志士和科技人才，也使丈亭境内重教成风，文化教育设施健全，镇文化站、广播电视站与12个村级文化活动中心联成网络，有各类图书室64个，藏书近4万册，各类文化专业户44家，有音乐、美术、摄影和文学创作等骨干35人。

　　如今，丈亭已是浙江省的教育强镇，镇上有余姚市第三中学、丈亭镇中学，两校都在凤凰山麓。莘莘学子勤学苦练，"凤凰山下凤凰儿，文采才彰羽翼齐"。镇中学进校门处有一个古"法"字，学校加强法制教育，为宁波市法制教育先进单位。丈亭镇中心小学自1928年创办以来，一直实践陈谦夫的教育思想，"国之本在民，民之本在教育，教育者国之兴衰强弱所由焉"。学校校址几经变更，校貌校风与时俱进，被列为宁波市文明示范学校。镇上还有8所幼儿园。丈亭镇的教育经费有保证，2011年教育经费2858万元，占财政总支出25%，比上年增加7%。

　　潮起潮落三江口，古镇丈亭传遗风。丈亭深厚的文化底蕴，是凝聚人心的纽带，是惠及民生、提升幸福指数的根本，也是提高人们文化素养的基础。

（原载《文化交流》2012年第7期，文字有改动）

运河流淌倾诉史上异彩

——中国大运河浙东运河宁波段侧记

　　中国大运河，和巴拿马运河、苏伊士运河一样，其特点之一是由内河航道连接大海，沟通全球。位于中国大运河最南端的浙东运河，地跨杭州、绍兴和宁波三市，流经锦绣的宁绍平原，至明州（宁波）港与外海连接，成为历史上内外贸易的黄金水道。那里是中国大运河与海上丝绸之路的交汇点，在大运河宁波段附近有重要遗产62项，其中世界文化遗产3处，全国文物保护单位6处。

　　所谓运河，一般指人工开凿的水上航道，有别于从深山峡谷奔流而出的自然江河。禹疏九河，终老于会稽；春秋越国时浙东运河开端；运河上的饮马桥，昭示秦始皇屯兵渚山，饮马河畔，这才有马渚地名传呼至今。历史上浙东运河的航道，在宁波境内，包括马渚斗门、丈亭三江口等河段，海上丝绸之路的端点——宁波三江口庆安会馆，通称"两段一点"。

　　京杭大运河流到杭州拱宸桥后，过钱塘江，至今日杭州滨江区西兴镇，则转入浙东运河水系，穿过越山鉴水到曹娥江；由虞余运河连入曹娥江和姚江，长长的运河水道上，建有多个闸门船坝、渡口码头。在余姚市马渚镇斗门村，至今浙东运河遗迹宛然。斗门是古代对水利设施的称呼。斗门老闸、斗门新闸及相邻的升船机见证了浙东运河的历史。斗门自古建闸，屡圮屡建。史载斗门老闸在宋代嘉泰年间（1201—1204）建造，称陡门闸，清代时改建为斗门闸，1952年在原址上修建爱国增产闸，闸口控制水位，闸旁有河岸坡道，可以想象历史上用人力、畜力拉着过往船只通过老闸的繁忙景象。当时中原地区陆路中断，钱塘江大潮又难建立港口，海船要把物资运到临安，都得依靠明州港并通过浙东运河，足见浙东运河的历史地位。后来，又同在斗门村，建造斗门新闸和升船机设施，船闸控制旱涝水位，船机升降代替古老的人力、畜力拉船过坝。人们尊重历史，新老船闸并存，见证古老水利兴革。宁波市人民政府划定大运河遗产区，竖有石条界桩，遗产区内立有"全国重点文物保护单位中国大运河浙东运河虞余段"记事碑。

运河流经余姚通济桥，那里的余姚老城有三江拱卫双城的独特风貌。运河沿线的诸多文化古迹形成浙东大运河"诗画山水"的黄金旅游带。

运河流淌到丈亭慈江段，起点丈亭镇为姚江和慈江交汇处。在古代这江边十七八丈的石矶上，造有一丈见方的亭室，作为老尉廨宇（古代军令尉的住所），所以称为丈亭。从前，人们东去宁波或慈城，西去余姚、杭州甚至京城，都要经过丈亭，往来物资也由丈亭上岸，依偎着运河的丈亭老街，街道不宽，弄堂交错，一排排明清时代的房屋，青瓦木排门，可见运河航运的商贸历史遗迹。如今，"中国杨梅之乡"余姚杨梅的集散地也在丈亭，每年夏至前后，运河岸边丘陵地带呈现百里杨梅长廊，那"红实缀青枝"的美景，前人诗称"五月杨梅已满林，初疑一颗值千金。味方河朔葡萄重，色比泸南荔枝深"。

在三江口，西来的运河，一水向东偏南入姚江东去，一水向东偏北入慈江东去，尤其是慈江一段，由人工开凿，流经古县城慈城。

南宋大诗人陆游有《发丈亭》诗："姚江乘潮潮始生，长亭却趁落潮行。"这说明乘船要依潮涨潮落而定，而且涨潮来势凶猛，舟行受阻。由此，当时明州地方官吴潜组织人力，利用原来的沟、渠和沼泽开凿慈江。宋淳祐六年（1246），开通了丈亭—慈江—中大河航道，使来往船只可避走姚江自然河道，改走相对安全的河道慈江；慈江流淌到慈城夹田桥附近的刹仔港，也由西向东一分为二，同丈亭三江口一样，分流注入运河航道和姚江。

开通慈江航道应当记功吴潜，这位来自"中国状元之乡"安徽休宁县的状元，45岁和64岁两度到明州主政，治水有功。当时慈江畔为古越句章之地，曾是慈溪县千年县治，今属宁波市江北区慈城镇，运河流淌滋润慈城，也为慈城的人文景观增色，古城单进士出身就有 518 人。吴潜兴水利，又在宁波城区平桥建立了测量城内城外运河水位高低的"水则碑"。当水位超过碑上"平"字，表明运河有水患得开闸泄流，"水则碑"相当于当代的水文监测站，这古老的水则碑如今还立在月湖一隅。志书称许吴潜"功不在禹下"。

浙东运河宁波段，人工塘河与自然江河并行、结合，复线运行，呈现三江口景象，著名的就有三处：丈亭三江口、慈江上的夹田桥刹子港三江口和繁华的宁波三江口。运河流淌到慈江刹子港分流，一水往镇海长石中大河，一水又入姚江经过迂回曲折的人工塘河，流淌到宁波三江口，那里地处江厦街、岸东有庆安会馆，正是浙东运河所指的"两段一点"的点之所在。

站在庆安会馆门口，看运河流淌出海，江面宽绰，水波不兴，岸树似云，高楼林立。江厦街自古就是万商云集之地，码头繁忙，更有许多造船厂，制造出海大舟。唐宋时期福建商人在贸易交往中，把妈祖信仰带到宁波，妈祖在宁波因宋徽宗敕赐，而由区域性海神晋升到全国性海神。庆安会馆有供奉海神妈祖天后宫遗迹，为大运河航运管理的遗存。会馆聚集南北商人，东出大洋，西连江淮，转运南北，港通天下，在此人们可领略俗谚所说的"游遍天下，不如宁波江厦"。

踏进庆安会馆大门，与门外现代化的港口城市面貌俨然不同，馆内黛瓦青墙，一瓦一砖，无不充满着历史的味道。两厢的 10 多个展厅、展室，反映浙东运河和宁波港城历史风貌，一切都显得古朴、厚重、幽雅、文明，还有精美绝伦的两个古戏台，为全国罕见。

岁月悠悠，江水浮沉。宁波三江口、庆安会馆，汇聚了浙东运河历史的记忆。这里是中国大运河与海上丝绸之路的交会处，河海联运使不少海外客商进入内陆，也使内地无数外销商品通过宁波出口。而今，我们要继续做好"保护、传承、利用"三篇文章，让这一世界文化遗产活起来，亮起来！

大岭古道大岭茶

一

我们到鄞州区瞻岐地界，高速公路穿越的隧道一个又一个，最长的竟有2000多米。瞻岐背山面海，紧邻北仑港区。在没有公路没有汽车的年代，那里的人去宁波，要翻越大岭，再赶上夜航船，需整整一天一夜，第二天早上才能到达。前人无法想象的是，如今瞻岐到宁波，不过40分钟车程。

隧道之上，大岭古道依旧，在瞻岐山中逶迤。《瞻岐史略》记述，大岭还"是一条文化岭"。宽约2米左右的古道上，前人留下的足迹有精光洁滑的鹅卵石为凭，这如同民谚倾诉的那样："瞻岐大岭，赫赫有名"。

瞻岐地名的来历，有不同传说。据当地杨氏宗谱的文字记载，张世杰和文天祥、陆秀夫并称宋代三杰。张世杰屯兵镇海时，曾带其长子福一，骑马翻越关山险隘的大岭，到过大岭之南观海。张世杰殉国后，为避元人追捕，长子福一之子禄二到大岭之南隐居，并从母姓，改姓杨。至今岐西村有杨姓聚居，其中后人杨勇曾任慈溪市委书记。当年其子孙不忘先祖遗德，瞻仰爱国精魂，见贤思齐地，名称作"瞻齐"，后又寓意岐山，从此长称瞻岐。

二

从大岭南麓慧日寺开始，古道上多有人文名胜，如振古寺、大岭庵、东山亭、众乐亭和护驾亭等。不到 5 公里的大岭，北首通往天童、宁波，南道连接慧日寺。天童寺名扬国内外，慧日寺却鲜为人知。慧日寺最早称广修寺，建于后晋天福五年（940），因天童寺与大岭山道相通，天童一僧人到岭下结茅为庐、独自修行，1000 多年来，此寺屡毁屡建。1997 年春，台湾慧济寺性海法师，获知其幼年出家之地瞻岐慧日寺旧址尚存，同年亲赴大陆实地考察后决心重续前缘，捐资人民币 1500 万元，劈山修溪，动工兴建慧日寺。如今慧日寺的传喜法师生于上海，发迹后遁入佛门，引来四方众多善男信女，寺庙香火缭绕。

如今上大岭的健身古道从慧日寺上去，还有汽车可直达众乐亭的茶山。今日的大岭林木茂盛、生机盎然，人们步行在绿色幽静的古道上，自有一番健身舒适的感受；若坐车去看茶山，一路上可见重重叠叠峰峦、高高低低山谷、弯弯曲曲车路，经过一片绿海波涛，到众乐亭前与大岭古道相连处，又见另一番风光：起伏高低的梯田种上大批茶树，上接天际，下连深谷，汽车在层层梯田中穿行，人在峰峦茶谷中起伏，仿佛坐过山车似的。

大岭众乐亭至今留有古道遗迹，并设有路标，还标出各段古道的小名。这些小名听来又雅又俗，如古道延伸高走之地，名谓"风割耳朵"，可见寒冬腊月气温之低。而在众乐亭前或俯视或仰览，大片梯田茶山都在云雾漫漫之中，海拔 500 多米的山峦幽谷，正是生长茶叶的优越环境。

由众乐亭下行延伸的一段古道，叫"马吃水潭"。这里会让人联想到南宋知名将领张世杰带长子福一到瞻岐一事。一天，张世杰父子骑马过大岭，踏勘瞻岐，归途中到"马吃水潭"，在路边休息时，张世杰告诫长子福一，此地枕山襟海，是国之战略要塞，可作栖息隐居之地。后来，张世杰赴闽广，殉国于南海崖山，长子福一返回浙东，福一公之子禄一迁移到奉化杨村、禄二公埋名隐居于瞻岐大岭南麓今岐西村。

面对风景秀丽的茶山，众乐亭前抚今忆昔话乡愁。这里是大岭古道上的歇脚地，亭后有宝峰庵，为过往行人供应茶水，自光绪二十二年（1896）由瞻岐谢姓、周姓、杨姓等赞助资金，提供地基，在庵前建造众乐亭。南来北往的旅客经翻山越岭一路劳累，到众乐亭歇脚一阵，喝茶解渴。好事传颂千古，到了2013年春，瞻岐周月潮先生捐资10万元，在原址拆毁重建众乐亭。当今众乐亭的功用已和昔日方便肩挑背驮的南来北往过客不同，那里将以茶文化为契机，让尘封的记忆"活"起来，为新时代人们开拓慢生活享受之乐。

三

鄞州区大岭农业发展有限公司周世海走上古道种茶，大岭古道重新焕发生机。周世海自己爱茶，从事茶业。他越深入了解茶事，越感到茶事的学问和技术博大精深，一个人不可能什么都会，于是他从宏观上和微观上双管齐下，在筹划茶叶创业上迈开大步，例如开发大岭高山低谷的290亩茶山；又在茶叶品牌、加工上虚心向行家学习。茶学博士吴颖、三山玉叶老总鲁孟军都是他虚心请教的茶友。在处理大大小小茶事中，周世海都诚信守约。见过周世海的人，从他方正的脸庞、恳切的言辞和他的敬业精神上，仿佛看到宁波商人的优良品质——聪明、精明、更高明。

周世海对茶叶种植、加工的科学技术有自知之明，谈不上精通，只能说是略知一二，有发言权而已，所以他十分重视科技人才，吸纳了茶叶科技人员到他企业服务，借智力、借脑袋是周世海开创茶业的法宝。

茶经济要上去，茶品牌要打响，必须依靠两只翅膀：一是茶科技，二是茶文化。重视茶文化的软实力，也是周世海宏观上的着力点。太白山脉郁郁葱葱，由此向南伸展，到大岭地貌突兀隆起后，平缓伸向大海，如今，大岭地块紧依梅山经济开发区，是一块生态净土，最宜种茶。瞻岐镇早在20世纪80年代就是鄞州的茶叶基地，1987年实施千亩茶园建设工程，全镇拥有茶园面积2400亩（《瞻岐史略》），茶叶亩产超150公斤。周世海是土生土长在大岭山麓瞻岐南一村人。他对开发大岭茶山情有独钟，并打响了甬茗大岭茶叶品牌。

2019 年 1 月，鄞州区开拓茶叶品牌建设，成立太白滴翠茶叶专业合作社，合作社成员以三家著名茶企为骨干——甬茗大岭周世海、塘溪堇山茶艺场王孟华、金鹅湖柯青农场俞柯青。这三家都为当地名茶高手，同年在第九届全国名优绿茶评比中，太白滴翠荣获"中绿杯"两金一银。

名茶新秀太白滴翠能荣获金奖胜在注重内在品质，其坚实的基础来自鄞州大岭农业发展有限公司。太白滴翠的茶品牌——甬茗大岭茶，如同他的主人周世海，在茶界负有盛誉。甬茗大岭早在 2012 年荣获全国名优绿茶"中绿杯"金奖。2013 年又获"中茶杯"全国名优绿茶评比特等奖。同年，周世海的企业又被列为浙江名茶厂。2017 年，周世海经营的茶山，经上级有关部门验收，成为创建农业标准化的示范基地。

周世海因开发瞻岐镇大岭茶山而闻名，并被推选为鄞州太白滴翠茶叶专业合作社理事长。

大岭古道的交通运输功能已退出历史舞台，如今已成为当代人健身、户外徒步的绝佳去处。其中茶是话题，茶是纽带，勾起乡愁绵绵。从前瞻岐人与外界往来，依靠扁担，从大岭挑进挑出，挑出一担食盐、金橘，挑进一担南货、布匹，一路上挑担人络绎不绝，成了大岭的一道景致。山中东山亭有两副柱对，一副写青山中若虎如狮的巨岩和龙潭泉水："大泽龙吟春作雨，前溪虎啸夜生风。"另一副写岭上行人风景："好担一肩斜日归，可携两袖清风来。"从 20 世纪 80 年代开始，大岭南侧开发了大批茶园，如今经周世海与他的公司同人深度开发，商标为太白滴翠和甬茗大岭的茶叶，包括正宗白茶，还有绿茶、红茶，在荣获"中绿杯"金奖后，2019 年送往世界茶联合会参评的茶样又获金奖。2020 年 7 月，太白滴翠再获"中绿杯"特金奖。

弘扬大岭茶风，用茶把健身、旅游、休闲恰到好处地结合起来，大岭古道大岭茶将谱写新篇章。

（原载《宁波同乡》第 607 期、《茶韵》2016 年第 3 期，文字有改动）

临港松岙 凤凰来仪

横跨海湾的象山港大桥建成以来，临港的奉化区松岙镇、依托港、桥、路的便捷，大道、青天、海湾、生态，浑然一体，规划中的"滨海田园、岙里小镇、海上西湖、浙江三亚"引人关注。松岙儿女从前浴血奋斗的品格，如今在海陆统筹开发海洋经济中延续。

缅怀特殊纪念馆

在海山相依的岙里小镇，松涛起伏，密林深处，芝兰丛生，芳香四溢。松岙镇上有座"卓兰芳烈士纪念馆"。纪念馆由三部分组成：立有卓兰芳铜像的院子、革命斗争史陈列室、卓兰芳故居。纪念馆管理员李先生给我们介绍了烈士生平。

卓兰芳的父亲卓慈钵是当地私塾的教书先生，家境清贫，老年得子，1900年卓兰芳出生在故居，他从小聪颖，14岁考入省立四中。父亲将家里6亩多薄产卖掉一半供他上学。卓兰芳17岁时因指摘学校教育，参加社会主义青年团被开除学籍，在鄞县、奉化、镇海等地以教书为业，他带领学联的党团员到工厂组织工会，开展爱国运动。1925年卓兰芳转为中共党员，他回家乡又以松溪小学校长身份，发动群众反对地方劣绅。1926年5月建立中共松岙支部，他兼任书记，并组织成立松岙农民协会；在推动和支持北伐战争中，任中共鄞奉部委书记（沙文汉任组织委员）。他出席过中国共产党第五次全国代表大会，1928年5月任中共浙江省委书记，领导浙东、浙西及杭嘉湖地区党的工作，开展全省革命斗争。1930年9月他在杭州江干被捕，身陷囹圄，坚贞不屈，同年10月5日在浙东陆军监狱英勇就义。

　　卓兰芳纪念馆，总面积数倍于相邻的卓兰芳故居，院子里设有古铜色的卓兰芳头像，四周簇拥着茂密整齐的冬青树，两间陈列室里图文并茂地展示着20世纪20年代奉化东部、鄞县东部如火如荼的农民运动。在卓兰芳领导下，农民协会与土豪劣绅汪成仁、卓慈沛做斗争，勒令他们交出霸占海涂的契约，联合攻打盐局和税关。在纪念馆一侧还展示百年前地方风物，有生活起居家具，也有龙刀、铁叉、三角戟等道具。

卓兰芳纪念馆内景

　　卓兰芳故居和卓兰芳纪念馆相依，那是三间老式平屋，左右两间分别为灶间与卧室，中间为卓兰芳任松溪小学校长时的办公之地，房内的桌椅板凳照旧。修葺的故居保持原貌，门口不到三尺宽的铺路鹅卵石圆润光亮，先烈在石径上留下无数足迹，这是先烈推进历史的铺路石，永远令人缅怀！

　　松岙镇有70多平方公里，常住人口至今只有1.8万，人烟稀少却人杰地灵，早在 20 世纪二三十年代，就涌现出一批著名烈士。卓恺泽与卓兰芳为省立四中的同乡同学，在家乡与裘古怀烈士一起创办了松溪图书馆。卓恺泽考入北京大学预科后当上校学生会干部，1924 年被选为中共北京地委候补委员，曾被北京地委认定为"宣传工作最佳和对马列主义有相当了解的同志之一"。他协助赵世炎编辑《政治周刊》，协助恽代英编辑《中国青年》杂志，与萧三一起编写《从空想社会主义到科学社会主义》讲义，曾担任团北京地委书记、团湖北省委书记和团浙江省委书记，1928 年英勇就义。卓兰芳、卓恺泽、裘古怀、蒋昌林、卓崇德、陈英盛、卓子英、卓新民等一批先烈精神传承千秋！

21 世纪的松岙群峰逶迤，山若翡翠，多有近于原始的自然风光。外来考察人员，对此印象犹深："松岙最大的优势是生态，具有留得住人的城镇化基础。"

五百号船坞

布袋弥勒出生奉化，象山港水域像个弥勒肩背的大布袋。2014 年 7 月 19 日，奉化出现奇特的"日晕"现象，那天正迎接尼泊尔蓝毗尼的天冠弥勒像正式"入住"奉化。民间传说天呈祥瑞，从科学的视角看，也可能是与良好的生态有关。

松岙位于象山港布袋口位置，有深水良港优势。20 世纪 70 年代初，那里建成浙江船厂，制造外海巨轮，最大的可达 10 万吨级，从厂区直接下水出海。80 万平方米的偌大厂区，乘汽车走马式地参观，至少也得用个把小时。2012 年 4 月，这家造船企业自主设计海工船交付船东，打破了海工船前期设计多为欧美、新加坡公司垄断的局面，与国外同类型海工船相比，不但吸取了同类船的优点，而且在安全性、可靠性、操控性、运营效率、绿色环保等综合技术指标方面达到世界一流水平。

制造的外轮如同巍巍大楼，停泊在厂区深水湾，待起锚远销海外，由此想到，我国生产外轮船的历史。1961 年成立第一家远洋公司，拉响了共和国远洋事业的第一声汽笛。如今制造的外轮屹立在傍水近山的松岙船坞，据悉在全国最大百家船厂中松岙船坞位居十二，曾与历史悠久的上海江南造船厂齐肩。

松岙船坞的所在地称五百岙村，那里聚集的常住人口超过松岙镇一半以上。五百岙古代称五百号，早在船厂建立之前，这地方泊船多至五百号，可见当年临港桅杆林立，出海船只之多。而五百号的地名因山峦生态、谐音演绎为五百岙。在开发海洋经济的年代，这里海陆统筹，正谱写新篇。

韶乐齐鸣 凤凰来仪

松岙临港，党和政府发挥海湾和生态优势，致力打造"海洋科技新城"和"休闲度假名镇"。

奏响海陆统筹开发海洋的乐章，引得凤凰飞来起舞。松岙筑巢引凤的气魄，如同韶乐吸引四面八方之人。

松岙农村有文化礼堂显示岙里人家风情，从生活习惯、民间风俗到介绍当地方言。长廊上展示的地方特产松岙蜜橘，可与黄岩橘子并论，橘红叶绿、人面相映，宾客纷至沓来，笑逐颜开；大批罐头橘子还出口至日本等地。峰景湾山色海景，波平浪静，一派恢弘，规划为"海上西湖"。比之杭州西湖的梅家坞，峰景湾也有成片茶园，其中峰景湾茶场近500亩，为名茶奉化曲毫的生产基地。在2014年全国名优绿茶评比中，峰景湾出产的茶叶荣获"中绿杯"金奖。

临港松岙还有万亩松宁畈，在发展传统农业后，成为全省有名的籼粳杂交

松岙景祐庙庙会

稻基地。这里出产的重达 1 公斤上下的奉化芋艿头，味道鲜美、糯如汤团，在宁波亚太会议上得到各国客商的交口称赞。

2012 年底象山港大桥通车，松岙加快了接轨大上海、融入长三角的进程，那里的三产服务业开始兴旺，节假日之夜，顾客盈门，乃是人们品尝透骨新鲜小海产的最佳去处。松岙近海多有马鲛鱼、牡蛎、蛏子、花蛤、奉蚶等海产，每当清明过后，松岙海面上的马鲛鱼分外鲜美，可与野生黄鱼媲美。贝壳上 18 条瓦楞数是奉蚶的标记，早在唐代奉蚶已是贡品。前人有诗："东海长安一线牵、百驿罢疲贡奉蚶。一骑黄尘天子笑，御厨捧出信海鲜。"在松岙还可采到苔菜、海带等海生植物。

临港松岙，凤凰来仪，全国多家知名房地产公司先行开发松岙，面向宁波港（象山港）的大批海景房为长三角地区人士所看好。海景房造型别致，掩映在山青海蓝的美景中，为推进松岙成为国际化组织的活动基地提供了坚实基础。

海天茫茫，山色苍苍，临港松岙，拔地而起！

（原载《文化交流》2014 年第 9 期，文字有改动）

栎社与《琵琶记》的故事

栎社在古代很有名气，600 多年前这里是高明写成《琵琶记》之地；300 多年前又出了个沈光文，被称是台湾文化始祖。

绿肥红瘦时节，我们到栎社访古寻踪，栎社现属宁波海曙区石碶街道，有轻纺城、雅戈尔大道等。石碶的全年工农业总产值，相当于

琵琶记

我国许多地方的一个县，呈现出一派繁华景象。而古代栎社留下的小街，方位未变，依稀可辨。踏着青石板走去，便是平坦的街路，这里的小地名叫李家山，有好多风景点，常乐寺里莲花池，水菱池边采新莲，慧泉井边茶清凉……早年这里是高明论诗谈曲的场所。李家山旁边有小河，站在过河的小桥上，可看见河对岸的沈氏宗祠，临河的房子乃是高明的住处瑞光楼。

高明，字则诚，浙江瑞安人。他一生经历了元、明两个朝代，考中进士，当过几任小官，后来有几方势力拉他去当官，他不肯，便悄悄来到宁波南乡栎

社隐居。高明自幼聪颖多才，幼时放学回家，穿着绿衣袄蹦蹦跳跳，正好一位老尚书送客从路上过来，老尚书讥笑道："出水蛙儿穿绿衣，美目盼兮！"高明见老尚书穿着红色朝袍，便对答道："落汤虾子着红袍，鞠躬如也！"可见高明从小善于工对。栎社沈氏是望族，诗书传家，对博学多才的高明倍加器重，把高明安顿在临河的沈家私宅，让高明潜心创作《琵琶记》。

南戏《琵琶记》，在中国文学史上与杂剧《西厢记》齐名，民间有"北有《西厢》，南有《琵琶》"之说。放牛娃出身的明太祖朱元璋曾说："五经四书如五谷，家家不可缺。高明《琵琶记》如珍馐百味，富贵家岂可缺耶？"在1995年第四届中国戏剧节上，浙江小百花越剧团演出新编越剧《琵琶记》摘取了戏剧节设立的各种奖项，获得满堂红。

传说高明写《琵琶记》有生活原型，促使他将其改编成南戏剧目。高明经常去慈城听赵宝峰讲学，会见罗本等人，了解到慈溪有位姓赵的烈女，尊敬长辈，任劳任怨，使高明想到《赵贞女蔡二郎》的南戏剧目。剧中蔡二郎弃亲背妇，为暴雷震死。高明把它改成《琵琶记》。《琵琶记》中赵五娘是作者鼎力歌颂的一位普通女子。她对丈夫有深厚的爱情，不羡慕荣华富贵，不赞成丈夫上京赶考。当丈夫遵父命离家赶考后，赵五娘又毅然独自肩负起持家养亲的重担。丈夫一去杳无音信，又碰上灾荒年月，她再三劝慰饥饿难忍、日夜吵嚷的公婆，为省下细米孝敬公婆，她背地里吃糠充饥。不料却引起公婆的怀疑，认为赵五娘瞒着他俩在弄什么好东西吃，不仅抢白数落她，甚至动手打她。当公婆弄清事实后，感动得老泪纵横，双双倒地昏迷。为了埋葬死去的公婆，她剪下头发，沿街叫卖，麻裙包土，自筑坟台，最后画下形衰貌朽的公婆遗像，背着琵琶，卖唱求乞，上京寻夫。也许是出于对赵五娘的同情，作者把原来剧中的负心汉蔡二郎改写成孝子蔡伯喈，并在剧中表现了蔡伯喈在赶考、招婿、任官过程中的种种矛盾心情，最后以大团圆结局。

《琵琶记》中最动人一出戏为《糟糠自厌》，赵五娘以糠自喻，表达她经历的千辛万苦和悲惨遭遇。赵五娘唱道："糠和米本是两倚依，谁人簸扬你作两处飞？一贱一贵，好似奴家共夫婿，终见无期……"

　　《琵琶记》有几段唱词，听来使人肝肠寸断。陈毅推崇《琵琶记》，曾说："《琵琶记》赵五娘剪发、描容、挂画诸节，其悲苦动人之处，迄今恍惚犹在心目。"（《人民文学》1978 年第 1 期《陈毅同志与苏北的文化工作》）《琵琶记》还引出与栎社息息相关的传说。明人王世贞在《汇苑详注》中有这样的记载："高明撰《琵琶记》，填至吃糠一折，有糠和米一处飞之句，案上两烛光合而为一，交辉久之乃解。好事者以为文字之祥，为作'瑞光楼'以旌之。"

　　古人把两烛光合一的现象，视作吉祥之兆。沈氏主人把高明住处称作"瑞光楼"。这种传说，并非一定是事实，却在历史上传为佳话，表达了人们对《琵琶记》的喜爱。瑞光楼里有"瑞光堂"匾额，至今还存放在沈氏宗祠里面。

　　沈氏宗祠外墙为黑色，显得古朴庄重，现为县级文物保护单位。在沈氏宗祠的"瑞光堂"匾额旁，还有题为《台湾文化第一人沈光文》的资料，长篇文字用工整的蝇头小楷写成。

　　也许是古人所称道的栎社沈氏的厚德载福所致，沈光文的巨型全身石像，现在耸立在东钱湖的小普陀上。沈光文生于明末清初，卒于 1673 年，离高明在沈氏家作《琵琶记》的时间要迟 300 年左右。

　　沈光文在战事频发时漂泊到荷兰人占领着的台湾。郑成功收复台湾后，对沈光文以厚礼相待，并令部下送去粮食、田宅。郑成功死后，其子郑经继位，修改其父的政纲，沈光文作赋以讥讽，险遭不测。后来他打扮成僧人，逃到山中结庐，以教授学生和行医为生。郑经死后，郑氏对沈光文复礼如故，沈光文居台 30 余年，诗文很多，所著《花木杂记》《台湾赋》《东风赋》《桐花赋》《茅草赋》《古今诗体》，均为研究台湾历史必不可少的珍贵史料。后人研究评议，"台湾文献，推其为始祖"。

　　当我们走出沈氏宗祠大门，沿着高明、沈光文走过的路径踏上归途时，心中油然升起敬仰之情。历史文化名城宁波，在栎社有其独特的文化厚积，沈氏楼真乃"瑞光"之楼！

　　　　　　　　　　　　（原载《宁波晚报》2014 年 12 月 28 日，文字有改动）

王阳明与瑞云楼

余姚城里有瑞云楼。它在龙泉山北
麓武胜路，现为余姚市人民政府重点文
物保护单位。

瑞云楼是王阳明故居，楼以人存，
人以楼传。瑞云楼门前，有介绍文字，
勒石以记，照录如下："明代著名哲学
家、教育家王阳明故居主体建筑瑞云楼，
为王阳明诞生处。因诞生时有五色云中
神人送子之传说，王阳明中举进士后，

王阳明像

邑人誉称为瑞云楼。楼毁于清代乾隆年间。1996 年余姚市人民政府于原址按
原貌重建，七楼七底，重檐硬山，结构简朴，气势较大，展现了浙东一带明清
楼宅建筑的风貌。"

祥云缭绕，神人送子毕竟是传说，而且是王阳明做了高官之后，邑人称誉
之词，无须考证是否真实，而那里是王阳明的诞生地却是事实。王阳明五十岁
时，回到余姚省祖茔，访瑞云楼，触景生情，潸然泪下。

王阳明官至兵部尚书，又集心学之大成，文治武功，当时勋业卓著，敕封"新
建伯"，追谥"文成"。当他成了名臣，往往会被人加上光环和涂上色彩。而

从瑞云楼陈列的王阳明生平事迹可知：王阳明呱呱坠地时，和常人并没两样，甚至 5 岁时还不会说话，他的祖母急得怀疑他是哑巴。若谈他的特别之处，那只能说他比常人所遭受的挫折多。王家迁至绍兴后，王阳明 21 岁考进士落第，24 岁再考进士又落第，直到 28 岁才考中进士。

王阳明中举为官后，仕途坎坷，京城为官不久，因疏忤太监刘瑾，遭受廷杖，被谪贬为贵州龙场驿丞，其官职相当于现在的交通站长。

贵州山高路远，瘴气袭人。500 年前，王阳明在那样的环境中，筑草棚栖身，历时三年，从现存 100 首龙场诗中可见其心态良好。其中有一首诗是这样抒情的："投荒万里入炎州，却喜官卑得自由。心在夷居何有陋，身虽吏隐未忘忧。"他的《瘗旅文》则更有其代表性，后人将其收录于《古文观止》中，可从文中见到他在那样恶劣的环境下不仅心态平静，而且富有人情、人性。现将《瘗旅文》中的一段记事文字翻译如下：

"正德四年秋天，某月初三，有一个吏目自称从京城来，我不晓得他的姓名。他带着一个儿子和一个仆人准备到任上去，经过龙场驿，借住在当地的苗族人家里。我从篱笆中间望见他们，当时由于阴雨，天色已经昏黑，想到那里去询问他们从北方来的情况，没有实现。第二天一早，派人去看时，他们已经走了。靠近中午的时候，有人从蜈蚣坡来，说：'有一个老人死在蜈蚣坡下面，旁边两个人在哭他，很悲哀。'我说：'一定是那个吏目死了，可怜啊！'到了傍晚，又有人来说：'蜈蚣坡下面死的是两个人，旁边坐着一个人在哭。'我打听到那里的情形，就知道吏目的儿子又死了。过了一天，又有人来说：'看见蜈蚣坡下面有三具尸首。'吏目的仆人又死了。哎，真是使人伤心啊！"

王阳明对死者的悲伤结局，表示了无限的同情，认为在那里"瘴疠侵其外，忧郁攻其中"，他们能不死吗？但是，王阳明深知"哀莫大于心死"。他受宦官迫害，贬官降职，远离故乡，三年来他自述"吾从未尝一日之戚戚也"，就是说"我从来不曾有过一天忧愁悲伤"。他为抵御瘴气侵身，服用适量砒霜，以致脸色铁青。

王阳明心理素质良好，在逆境中自强不息。王阳明哲学思想冲决程朱理学的官方哲学体系，强调个人主体意识，注重人格价值，从而发展并总结了以"致良知"为核心的心学。他在龙场任上，创龙岗书院。接着到文明书院讲学，后来又到长沙岳麓书院、庐山白鹿洞书院讲学。晚年到绍兴稽山书院、余姚中天阁讲学，并完成了"致良知"学说，格物致知，提倡知行合一。

王阳明的经历，应称得上古代思想家孟子说的，在历史上担当"大任"起过作用的人物，都须经过一个艰苦磨炼的过程，这就是"必先苦其心志，劳其筋骨，饿其体肤，空乏其身，行拂乱其所为，所以动心忍性，曾益其所不能"。王阳明调任龙场驿丞时，往返于浙东，船至舟山被台风吹到福建，从所写《泛海》诗中，可见他博大的胸怀："险夷原不滞胸中，何异浮云过太空。夜静海涛三万里，月明飞锡下天风。"由此也可以理解，他为什么能把"心学"发展到较高范畴并能远播东瀛，在水天一方也有着"国学地位"。日本友好人士几度到余姚瞻仰瑞云楼，到龙泉山中天阁参观王阳明讲学处。1989年4月，国际阳明学研讨会也在余姚举行。

如今，人们漫步瑞云楼，自然想到王阳明这位先哲对后人的激励。从前考秀才时，王阳明家乡可多录取几个名额。但是王阳明是余姚人还是绍兴人，余姚和绍兴各执一词。绍兴是王阳明父亲王华得中状元之后全家居住之地，王阳明在那里筑阳明洞，其墓地也在绍兴兰亭洪溪。余姚一方则以瑞云楼为证，但眼看绍兴一方得胜，余姚当事人急得团团转。一日经过私塾，见一批童子摇头晃脑地在集体朗读《瘗旅文》，当事人茅塞顿开。翌日对簿公堂，余姚一方说，双方谁说的都不算数，应以王阳明本人所说为准，此议使公堂上下一致认同。于是余姚当事人引用王阳明写的《瘗旅文》："翳何人！翳何人？吾龙场驿丞余姚王守仁也。"（阳明为王守仁的号）王阳明自己也说是余姚人，由此他的籍贯在余姚有了定论。

王阳明历尽艰辛，踏平坎坷成大道，完成其"心学"体系，他的哲理之光，如云锦天章，烘托着千古流芳的瑞云楼。

（原载于《宁波文化》2017年4月7日，文字有改动）

欣访溪口入山亭

寻访入山亭

　　明代吏部侍郎杨守陈写有《茶酒说》名文，这缘于入山亭古道。三年前，请朋友帮助寻访入山亭，他驰车和我径直向雪窦寺方向开去。公路曲曲弯弯，山峦重重叠叠，绿荫高高低低，满目青山，如万顷碧浪翻滚。山下还是酷暑难耐，山中却可打开车窗，空气清新，凉风习习，偶有白云飘在脚下，仿佛人在天上。这段路名叫浒溪公路，始建于1965年，于1969年竣工。

奉化溪口雪窦寺

在享受山间公路赏心悦目之际，联想到未建公路的古代，史载出入之道有入山亭标志建筑，那入山亭古道在群山中哪里呢？

朋友在快到雪窦寺的山谷口停车，不远处可见殿宇巍峨，弥勒大佛举目所及，停车之地有古老的亭子，立有"应梦名山"碑额。又是山谷口，又是古亭，也难怪朋友误以为是入山亭，所见却是"御书亭"。入山亭，顾名思义，并非在穿越群山之上。

三年后的又一个酷暑，徐军局长当向导，和我一起再访入山亭。徐军时任宁波市溪口雪窦山风景名胜区管委会管理局局长。据他介绍，景区分山下溪口片和山上雪窦山片，入山亭位于两片分界处，紧邻杜鹃谷。附近也是游客统一换乘大巴车上雪窦山游览之处。相比之下，昔日入山亭的繁华不再。但是，入山亭及古道标志着从前那里是浙东唐诗之路东支线，从古至今，不知多少文人墨客、商贾巨富以及善男信女，走过入山亭古道。古道与今日的公路在御书亭汇合后，就到雪窦古刹。

入山亭史话

"几重溪复几重山，路入丛林第一关。十里风光看欲尽，招提犹在翠微间。"这是前人题为《入山亭》的吟咏之诗。

徐军局长、当地蒋先生和我来到入山亭，见亭忆旧，分外真切。入山亭几经修复，气势不凡。《奉化市志》记其结构为"5间3明2暗"，即5间房子，中部3间上下直通，两旁各1间分别作管理住房和茶室。茶室边有清泉，四季不涸。悠悠古道，

溪口入山亭

逶迤升高而去，溪流水清，掩映于绿树丛中，人人皆从亭前过，十里青山十里溪。

晋代古雪窦寺，延续到北宋年间，宋太宗、宋真宗都有敕谕到寺，到了宋仁宗时有敕谕记述，仁宗皇帝"慨想名山，感形梦寐"。景祐四年（1037），宋仁宗梦游名山，后"诏图天下山川以进，披览及于雪窦，恍与梦合"。入山亭建于至和二年（1055），早称雪窦亭，后来又称雪窦禅关，清代以后一直称入山亭。

入山亭还与杜月笙有关。20世纪30年代，大批民国政界要员到溪口，进出入山亭，上雪窦山览胜礼佛。1934年杜月笙为取悦于蒋介石，出资修复入山亭，抗日战争时期亭被日寇炸毁。1945年蒋经国当面赞扬杜月笙建亭功德，商议重建之事。杜月笙又出资重建入山亭。

中华人民共和国成立初期，溪口区中队维护治安，一天派两名区中队队员押解两名"强盗"上四明山，在路过入山亭歇脚时，那"强盗"以解小便为由，松绑后竟夺枪反抗。中队队员徐富行力大过人，又十分机警，夺回枪支，击毙"强盗"。事后奉化有关部门把入山亭一侧房屋奖励给他。徐富行孤身一人，临终前，把入山亭房子归还给公家。

从入山亭到雪窦寺，古道逶迤向上，总程比公路近得多，仅仅2.5公里行程。因位于国家5A级旅游景区，为适应游人健身、游览，2013年有关部门又一次重修入山亭。

入山亭古道，古风依旧。

古道茶情

明代鄞县栎社人杨守陈，他上入山亭古道，写成《茶酒说》，其茶事还得从北宋仁宗皇帝讲起。

宋仁宗梦游雪窦山之后，遣使送雪窦寺"沉香山一座，龙茶200片，白金500两，御服一袭"，又诏示当地"特免徭役，禁止樵采"。皇帝敕赐龙茶，僧人感恩戴德，被山民传为佳话。品茶早在僧众中流行，龙茶促进茶禅一味，僧人、山民又到山中采摘野茶，开发茶山宝地。说来奇巧，雪窦山的香灰土质，适宜种茶，由龙茶派生出好茶，古人有记："荼荠不同亩，曲毫幽而独芳。"当今名茶奉化曲毫、弥勒白茶也由此演绎而至。

那年杨守陈要上雪窦寺礼佛，方丈得知礼部侍郎在朝廷的威望，早到入山亭迎候这位朝廷命官。杨守陈坐轿到入山亭，双方在茶室坐定品茗，只见四周山清水秀，亭边有汩汩清泉，汇成泉池，清澈透亮，为煮茶用水。杨守陈是懂茶之人，稍刻品饮清泉好茶，知其色、香、味俱上乘，由敕赐龙茶谈到山中佳茗，十分欢快。休息后又顺着古道登山，轿至数里，又见亭中有僧人恭候侍茶，方丈又介绍泉水清凉甘冽，从山高林密的溪石中沁出，用来煮茶，口感更佳，得杨守陈赞许，题名寒碧亭。他到雪窦寺住宿两天，品佳茗，联想到好酒，写就《茶酒说》140余字。全文照录如下："茶性凉而清人，酒性热而和人，饮之皆有益而不可过，过则皆能生疾而酒尤甚。然茶味苦而易厌，酒味醇甘而足悦，故世鲜劝人茶而多强人酒。茶或稍浸蔬果辄损其清，酒虽杂投鱼肉益助其甘。故彭彦实尝言茶为廉介之士，酒为旷达之人。余谓士当如茶勿如酒，然廉介者能充广而有旷达之才量，旷达者能拘检而有廉介之操行，则皆为全德矣，可若茶酒之偏哉？"

《茶酒说》比敦煌石窟发现的《茶酒论》格调更高。《茶酒论》把茶和酒拟人化，就两者各抒己见，尔后表明两者不可偏废，而《茶酒说》把茶和酒两者不同之处，表达得形象生动，又提出两者包孕共存，才为"全德"，称喜茶爱酒的人，生活更为完美。张如安教授评论此文时，曾说"德士如茶亦如酒"。

五大佛教名山记忆

杨守陈上入山亭古道，写出《茶酒说》名篇。古今中外还有许多人经入山亭领略雪窦山风韵。"一亭西入梵王家，百折千盘路转赊。山鸟似知来客意，数声啼上石楠花。"这种兴致是当代人坐车上雪窦寺所感受不到的。如同上庐山一样，坐车"跃上葱茏四百旋"是一种享受，徒步登攀好汉坡、上牡岭更别有风趣。

　　登入山亭古道，更可领略我国第五大佛教名山的秀丽风光。人们多知道四大佛教名山，普陀山之观音、九华山之地藏、峨眉山之普贤、五台山之文殊多有应化道场，而雪窦山弥勒道场被列为第五大佛教名山。虽然弥勒大佛在众多寺院都为人所见，而弥勒道场、五大佛教名山以前总是有人难以和溪口雪窦山 5A 级风景区联系起来。其实，早在 1934 年出版的《佛学辞典》中已有记载："今有人提议于四大名山外，加雪窦弥勒道场为五大名山。"此事缘于佛界泰斗太虚大师，1932 年太虚大师任雪窦寺方丈时提出佛教第五大名山，得到众多僧人支持，闽南佛学院副院长常惺法师还以金、木、水、火、土五行学说，撰文申述理由，支持太虚大师的提议。1987 年中国佛教协会会长赵朴初访雪窦寺时，也赞同此说。五大名山，古刹雪窦寺自然不可不去，名山风物、人文景观照样令人流连忘返。

弥勒大佛

　　人们除了浏览人文胜迹，还可品尝名水名茶。茶是中国优秀传统文化的亮丽符号在普陀、九华等佛教名山皆有名茶，如普陀佛茶、九华毛峰，雪窦山亦有奉化曲毫、弥勒白茶等。无论是徒步健身，还是观光赏景，上入山亭古道，"一重云又一重山，入尽云山始到关"，少不了要品饮茶水。在其时其地品茶，既别有风味又令人遐想联翩！

（原载《宁波同乡》2019 年第 605 期，文字有改动）

三

茶事绵延

世上种茶最早的地方

2015年6月30日，在杭州举行的"田螺山遗址山茶属植物遗存研究成果发布会"宣告田螺山遗址有茶，并系人工栽培，种茶历史由此推前了3000年！

一

田螺山遗址位于宁波市区西北面，地属余姚三七市镇。那里与蜚声中外的河姆渡遗址相距不远，三面山峦苍翠，中部原野碧绿。远眺这锦绣江南之地，望见不知哪来的一个圆形的灰白色"蒙古包"，走近方知是田螺山遗址现场馆。这一网状钢架结构

上为田螺山遗址现场馆出口处，下为现场馆内景

的保护棚，有 3800 多平方米，近于 400 个蒙古包合在一起，中间没有落柱，罩盖着遗址发掘现场。其恢宏气势，专家赞许其为江南考古发掘第一处。

2004 年开始考古发掘的田螺山遗址，丰富的出土文物明确属于河姆渡文化系统。2008 年 11 月，国内一批茶文化专家学者在余姚探索绿茶之源，正当活动结束之际，传来田螺山遗址上可能有 6000 年山茶属树根出土的信息。这一信息出自日本东北大学、金泽大学的植物考古专家铃木三男、中村慎一教授的鉴定报告。他们用显微镜观察田螺山出土树根的切片，认定它们为山茶科山茶属的植物，并推测其很有可能是茶树的遗存。信息不胫而走。2008 年 12 月，余姚市茶文化促进会成员、宁波有关专业人士与考古专家一起到田螺山深入调研，韩国茶文化专家也赶到那里考察。《宁波日报》率先发表《六千年茶树根寻访记》，随即，韩国《茶的世界》和我国的《茶叶世界》杂志也先后发表相关通讯。北京大学中国考古研究中心、浙江省文物考古研究所合编《田螺山遗址自然遗存综合研究》一书，也于 2011 年由文物出版社出版，其中首次正式公布日本专家树根鉴定报告。

随之，很多人对田螺山遗址这批树根刮目相看。多少人兴致浓浓，并为之震撼；也有人心生疑窦，谨慎地打着问号。因为山茶属下还有山茶、油茶、茶梅等树种，并非只限茶树一种，南京林业大学有位专家初步鉴定：不能肯定是茶，但也不排除是茶。这事引起中外茶学界的高度关注。

二

2009 年春，著名茶学家程启坤、姚国坤、虞富莲等一行，亲临田螺山遗址。专家深谙，从原始茶到山茶属树根，余姚这一区域对茶的考古研究也已历时 40 余年！ 1973 年，在距今 7000 年前的河姆渡遗址发掘中，发现过堆积在干栏式房屋附近的樟科植物叶片，由茶文化研究者认定为原始茶遗存。研究者认为那时饮料与食物同源，将橡子、菱角和芡实等淀粉食物和樟科植物叶片一起煮成羹状，这样的原始茶可充饥，也可解渴和保健。此为古人"茶可充饥"说法的源头。河姆渡遗址出土大量人工栽培的六七千年前稻谷的结论早已闻名于世，田螺山遗址是否也能发掘出先民开始种植茶树并传播四方的证据？编号H4的这一灰坑遗迹出土的山茶属树根，是否如中国农史学家游修龄教授的预言那样"茶和稻可谓'本是同根生，相得益彰显'，追溯两者的起源，很难截然分开？"

专家们在田螺山遗址见到大批陶制器皿后思绪翩翩。茶具历来有"茶之父"称呼，其中发现的陶壶，造型非常像当今的紫砂壶，可它又有一个特别之处，即一般茶壶的把手和壶嘴布置成180°直线，而田螺山遗址的陶壶则近于直角，所以从壶型可知其年代一定久远。推算年代的道理如同出土的鸡头壶：实心口的作为冥器，产在西晋；而东晋之后的鸡头壶嘴空心，可洒出水。

遗址虽已出土古茶遗存，但要证实其为古茶树根还得请专家深入研究。他们看到考古队文物库房里发掘出的树根木被浸泡在清水中，联想到冲泡茶叶时茶水中的茶氨酸。茶氨酸从根本来说是茶树所独有，若能检测出茶氨酸，就可证明出土的是茶树根。这点子使人豁然开朗。

三

鉴定茶树根，重在检测茶氨酸。看似简单，事实却并非如此。

专家们考察后不久，余姚市茶文化促进会派专人把田螺山出土的第一批茶树根送相关检测机构检测，其中有农业部茶叶质量监督检验测试中心。检测结果表明，树根中有茶氨酸，但含量甚微，有人怀疑是年代久远所致。而怀疑者又提出，山茶属中茶梅等植物也可能含有一定量茶氨酸。这又使山茶属树根进一步鉴定为茶

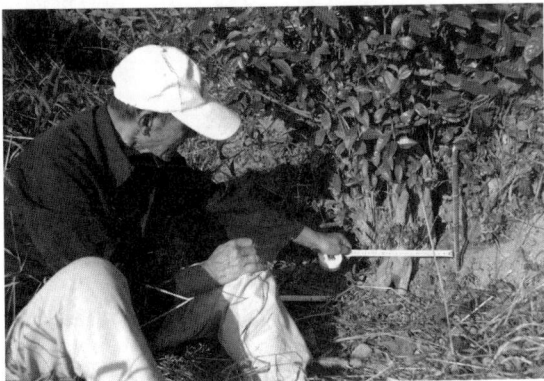
考古人员在测量古茶树根

树根的关键方法被暂时搁置。

再经专家深入分析，茶氨酸极易溶解于水，这树根出土后浸泡在水中已有四年，而且其盆中多次换水。无论是送去的树根还是浸泡之水，茶氨酸含量之小在情理之中。这位20多年前就毕业于北京大学考古专业的研究员孙国平说，考古工作者的基本职责，在于把文物和遗迹科学地发掘出来，然后供多个领域的专家去深入研究。按照考古惯例，他们把发掘出的树根临时浸泡在清水中，主要是为防止木头的风化和变质。

幸运的是，2011年6月，在田螺山遗址的第5次发掘中再次发现了与2004年出土树根相似的树根坑遗迹即H67。这次为避免检测样本的水泡过程，由茶学专家到发掘现场直接取样，并立即将树根样本送检。这批树根样本由农业部茶叶质量监督检验测试中心进行色谱检测，测定数据令人惊喜。田螺山遗址送检的树根所含茶氨酸与当今茶树根数据接近，以每克中所含茶氨酸毫克数计，未经水泡过的古树根为1493，活体茶树根也只有1881。为消除有人以为山茶属中山茶、茶梅也含有茶氨酸的疑虑，对上述活体茶树根也做了检测，结果显示其茶氨酸含量极微，如活体茶梅仅为10毫克。专家们确定这点含量可忽略不计，这也是平常所说茶氨酸为茶树独有的依据所在。

据了解，检测机构对检测样本有严格规定，以保证检测客观公正。负责田螺山遗址山茶属树根检测的是林智博士，他检测疑似的茶树根，清水浸泡前后两次的不同数据表明，田螺山遗址有古茶树根，确凿可信，毋庸置疑。

四

田螺山遗址考古发掘出山茶属的茶树种根块，且距今在6000年前！这信息非同寻常。因为之前，根据《晏子春秋》《尔雅》等文献资料，茶的历史只能追溯到3000年之前。浙江省文物考古研究所主持的田螺山遗址考古发掘和研究，前后虽已经过十多个年头，但对外公布这一特殊发现的信息，依然慎之又慎。在信息发布前3个月，他们联合余姚市茶文化促进会、余姚市河姆渡遗址博物馆在杭州召开了"田螺山遗址山茶属植物遗存研究成果论证会"。

2015 年 3 月 18 日那天，杭州新侨饭店会集了来自北京、上海、山东、安徽、浙江及日本的国内外考古、植物学、茶学研究等领域的 30 多位知名专家。会议开得非常严谨，经民主推选，由上

余姚田螺山遗址出土的陶罐

海博物馆研究员宋健任论证专家组长。在他主持的会议上，专家学者们畅所欲言。从认定茶树根到人工种植以及年代广为涉猎，最后统一认识，总结论证成果重点在三个方面：首先是年代，通过对树根所在地层年代的碳－14 测定和出土陶器等遗物的形态特征，研究确定这批树根生长于距今 6000 年前；其次，这批树根位于先民居住的干栏式木结构房屋附近的浅坑内，周围有明显的人工栽植时留下的熟土，还伴随一些碎陶片，说明树根不是野生，而是人工栽培；再次，从树根形态、解剖结构，茶树特征性化合物茶氨酸含量等综合鉴定，认定这批树根为山茶属茶树种植物遗存。

2015 年 6 月 30 日，"田螺山遗址山茶属植物遗存研究成果发布会"由浙江省文物考古研究所、中国农业科学院茶叶研究所在杭州联合举办。那天新华社等国内 30 多家新闻媒体人士听取了关于 6000 年前在田螺山种茶的研究成果报告，并对遗址现场馆的印象尤深：田螺山遗址原先是个六七千年前的一个依山傍水的氏族村落，人工种植的茶树生长在干栏式建筑居住区的屋前活动场地，旁有通往外界的小河和独木桥。

（原载《宁波日报》2015 年 8 月 20 日、《茶博览》2015 年 10 月、《文化交流》2015 年第 9 期，文字有改动）

犹试新分瀑布泉

梁弄横坎头是四明山革命老区，如今十分火热。在这与红色基地相邻的瀑布泉岭上，是一块绿色发展的仙山，那里有好茶好水。

梁弄茶文化促进会编写《白水闻茶》一书，开篇首章写江南仙山，指的是瀑布泉岭，又名道士山。汉仙人丹丘子云游到那里，指点余姚人虞洪"山中有大茗"，唐代陆羽称大茗为仙茗，记入他著的世界上第一部茶书《茶经》。仙境仙山总是可望而不可即。黄宗羲在著名的《四明山志》中这样记叙："顾今四明山中居人，乃不知异境果安所在？盖与华山之华阳，武陵之桃源，皆神仙境，可闻而不可即者也。"

仙山有仙茗，更有好水匹配。说到那里的好水，人们总以为是白水冲大瀑布，水常年从 50 余米高处冲下。飞泉悬崖峭壁，给人"奔流天上来"的感觉，雷霆万钧之水固然清澈，但还不是用来煮茶的好水。除了白水冲下游洗药溪之水缓流后取之煮茶值得称许外，最好的煮茶之水还在白水冲上游，山上泉流纵横，时隐时现于绿色植皮之中。若问

黄宗羲像

有多少支泉流，得佩服光绪年间的《余姚县志》编纂者，明确写有 42 条泉流，最后汇入巨壑，形成银河倒泻的白水冲大瀑布。《余姚县志》如此认真细写山野中的涓涓细流之数事出有因，那是煮茶好水应如《茶经》所记"其水，用山水上，江水中，井水下。其山水，拣乳泉、石池漫流者上"。泉水一般比较洁净清爽，悬浮杂质少，污染少，水的透明度高，水质比较稳定。而泉水中的乳泉是石岩洞里渗出的泉水，含有二氧化碳，喝起来有清爽的感觉，也是前人诗称"明月松间照，清泉石上流"的那种意境，其水正是煮茶好水。《余姚县志》编撰者也许是位品茶高手，深知明代张大复在《梅花草堂笔记》中说："茶性必发于水，八分之茶，遇十分之水，茶亦十分矣；八分之水，试十分之茶，茶只八分耳。"

有位著名画家上瀑布泉岭体验生活，在瀑布泉岭古茶碑记旁看到那晶莹透亮的泉水，忍不住用双手捧起泉水入口，后来就在旁边农家用泉水煮茶，赞许宁波市人民政府在山中竖立古茶碑是大好事。人在此景此水中乐而忘返，甚至不想到山下用餐。

历史上有"水为茶之母，器为茶之父"之说，尤其是用当地的水冲泡当地的茶，茶的风味更足，如同母子相觑特别有亲近的感觉。龙井茶叶虎跑水被称为"西湖双绝"，就是这个道理。余姚城里有家知名茶馆，老板是位美女，准备创新"仙茗三绝"接待茶人。"仙茗三绝"为瀑布泉岭的茶和水，再加上越窑青瓷茶具。这的确是一个展现茶和茶文化内涵的美丽方案。

如今人们自驾旅行，到山水佳处，总会拿出汽车后备厢里的塑料水壶，装大瓶泉水回家煮茶。只是上四明山的人多，到瀑布泉岭汲水的人少。客观上也有原因，白水冲上头山高岭陡，乃是仙山仙境，人们自然可望而不可即，正如鲁迅先生说过的，喝茶是享清福。要享受清福，要有工夫，要有练习出来的特别的感觉。

随着人们对美好生活的向往，"仙茗三绝"一定会融入生活之中。人们一定会置身黄宗羲所写的茶诗意境中："炒青已到更阑后，犹试新分瀑布泉。"

中国文化名茶瀑布仙茗

2010年1月8日，中国国际茶文化研究会把第一块"中国茶文化之乡"牌匾授予浙江省余姚市，同时授予余姚瀑布仙茗"中华文化名茶"称号，还在余姚市举行"瀑布仙茗·河姆渡论坛"。国内外的茶文化专家考证，迄今为止，瀑布仙茗是我国第一个有品牌名号的古名茶。这消息始而让人们萌生疑窦，继则为之震撼。其实这也在情理之中。

外宾夙愿待偿

瀑布仙茗在时代的风雨中湮没。时至20世纪70年代末，日本一代表团到杭州，我方以龙井茶盛情款待。对方在赞美龙井同时，却提议能否品尝瀑布仙茗。接待人员听后脑子一片空白，好在善于辞令，说是这次未备此茶，留点遗憾等下次奉上仙茗。人说外交无小事。接待后有关人员分析，日本人行事十分精细，对中国名茶研究颇为深入，提出瀑布仙茗不会无中生有，一定事出有因，应查源头出处。当时请负责茶叶收购的全省各县供销部门调查，得知瀑布仙茗出在余姚四明山上。从此它在我国名茶丛林中声誉日高，然而由于种种原因，此后虽经30年的曲折发展，但仍未还其历史本色。

瀑布仙茗的历史可追溯到河姆渡文化中的原始茶。新石器时代的河姆渡遗址向世界宣告长江流域和黄河流域一样，同为中华民族的摇篮。它地处姚江岸边的四明山麓，与瀑布仙茗的原产地相连，同属于四明山脉。如今河姆渡遗址博物馆内陈列的樟科植物遗存，被专家们认定为原始茶，开原始茶文明之风。我国远古时代有"医食同源，药膳同功"之说，原始茶制作成羹状，可充饥、保健和解渴，其功用完全符合古代书上所述茶的功用。而同属河姆渡文化体系的田螺山遗址上挖掘出6000年前的古茶树根，经日本东北大学植物考古专家铃木三男博士检测为山茶科中的山茶属植物，属下的植物组中有可能是茶树种。此后又经中国农科院有关部门检测，其所含的茶氨酸，为茶树所独有。科学依据表明，6000年前余姚已有茶。瀑布仙茗从它诞生的那天起，就沐浴在河姆渡原始文明的氛围中。

丹丘子惠泽虞洪

"汉仙人丹丘子"发现四明山中有大茗，惠泽余姚人虞洪。其文字记录见诸《神异记》，为唐代陆羽撰写《茶经》所全文引用："余姚人虞洪，入山采茗，遇一道士，牵三青牛，引洪至瀑布山，曰：'吾，丹丘子也。闻子善具饮，常思见惠。山中有大茗，可以相给，祈子他日有瓯牺之余，乞相遗也。'因立奠祀，后常令家人入山，获大茗焉。"所写茶事有地点交代，有人物对话，有开端结果，虞洪由茶发迹，折射出非凡的风骨情怀，感恩礼仪。《茶经》的"四之器""七之事""八之出"三章中从不同视角写到这一生动茶事。凡茶史、茶文化书籍多有转引，甚至《鲁迅全集》第六卷也有辑录，而当地志书记述更为详细。

丹丘子由凡人饮茶成仙。南朝道教医药家陶弘景（450—536）在《名医别录》中记"茗菜轻身换骨，昔丹丘子、黄山君服之"。与茶圣陆羽同时代的诗僧皎然有诗："丹丘羽人轻玉食，采茶饮之生羽翼。""孰知茶道全尔真，唯有丹丘得如此。"也许丹丘子是古代神化了的爱茶道士，四明山里有丰厚的地域文化可佐证，有道士山地名传承，羊额岭为丹丘子赶羊群云游之地，虞洪为丹丘子立有茶祠遗址，大岚茶乡立有茶仙祠，奉丹丘子为茶仙。

最早的茶叶品牌

茶圣陆羽著就世界上第一部茶书《茶经》，这成为中国茶文化形成的标志。这部 7000 余字的经典著作中，有一个难解之谜，不仅多处写了余姚茶事，而且还在《茶经·八之出》中写了唯一有名号的茶叶，"余姚县生瀑布泉岭曰'仙茗'"，作为茶叶上乘"浙东越州上"的代表。

是茶圣陆羽没有评茶吗？不。《茶经·八之出》记述八大茶区：山南、淮南、浙西、剑南、浙东、黔中、江南及岭南。八大茶区中前五个的下属各州产茶，陆羽又分上、次、下、次下等若干档次做了评述。

是唐代当时没有名茶吗？也不是。据《茶道》一书介绍，唐代全国名茶有46 种，在浙江就有鸠坑茶、径山茶等。陆羽作为一名严谨的学者，不便轻率着笔写上好茶名号。中国的茶区纵横数千里，遍及全国 900 多个县（市），《茶经》书中唯一有茶名者为瀑布仙茗，这实在是余姚之荣幸。据考证，陆羽几度到浙东，到过余姚、上虞一带，参与考察和监察茶事，后人对瀑布仙茗的出典，往往以唐代为准，这主要源于陆羽和《茶经》的地位。瀑布仙茗的品牌名号其实是陆羽据当时仙茗的声望手书记录。

瀑布仙茗的生长有独特的生态环境。几十股泉流汇成白水冲大瀑布，从陡壁悬崖冲下，如银河倒泻。至今在涧边岩石中仍有野生古茶树，它由陆羽书中所记的"大茗"进化而来。附近田螺山遗址更有古茶树根、陶罐等出土，被国内外专家学者视为重要的自然遗产和文化遗迹。如今，宁波市人民政府在山上建碑立亭，立有瀑布仙茗古茶树碑，碑文如下：

苍茫四明，东南形胜，道教列洞天福地，此处称瀑布泉岭。溪瀑纵横，泻入白水冲，直卷悬崖千丈雪。厚壤沃土，草木森森，滋生千古奇茗。

汉仙人丹丘子示虞洪，"山中有大茗"，唐代名茶，入陆羽《茶经》"浙东以越州上，余姚县生瀑布泉岭，曰仙茗，大者殊异"。乃浙茶之肇端。

戊子夏秋，华夏茶专家相聚，两度涉足考察，探索中国绿茶之源，古茶"大茗"进化，树干硕粗，叶大质厚，满披白毫，为南方之嘉木。盛世茶益清香，崛起瀑布仙茗。是以为记。

公元二〇〇九年夏宁波市人民政府立

茶事绵延

瀑布仙茗盛世崛起

如今恢复出产的瀑布仙茗绿茶，呈条形略扁，绿翠光润，冲泡后茶汤清澈明亮，口味鲜爽，嫩香持久，人见人爱，成了馈赠亲友的佳品。2007年春，著名文化人士冯骥才回宁波家乡，当地政府要给这位他乡游子送点礼品，既要有文化品位，又要是高档次的，议论再三，选定了瀑布仙茗精品。京、津、沪等大都市里都有瀑布仙茗的消费群，甚至在东北地区，不少人也由原来品尝花茶转向爱饮绿茶瀑布仙茗。

在传承中创新是瀑布仙茗一大特色。30多年前，在余姚火车站附近的人民饭店，当地林业局召开隆重的瀑布仙茗品尝会。会上有专题报告，新闻媒体广为推介，众人一哄而起，热闹非常。瀑布仙茗品牌刚刚起步之时，各地竞相粗制滥造，品牌随即跌入低谷。20世纪90年代初品牌再度兴起，相关部门和科技人员制订措施，统一标准，严把质量关，划分等级，统一包装，按质论价。

在全国性的名茶评奖中，瀑布仙茗屡屡获得金奖。2009年4月，在上海举办的"中国元素·茶"博览会上，余姚选送的瀑布仙茗被授予"中国鼎尖名茶"称号。消费者评论其品质稳定、冒尖，值得信赖。瀑布仙茗还是中国著名商标、中国地理标志产品。曾有外地茶叶冒充瀑布仙茗，后来余姚凭地理标志打赢了官司。如今余姚瀑布仙茗实行母子品牌建设，如"瀑布仙茗·四明十二雷"等。汇聚四明山脉的多家优秀茶企业，重铸瀑布仙茗辉煌。

正如茶界泰斗庄晚芳教授生前题词："瀑布仙茗古著名，泉流胜迹万家迎。四明传记忆旧莼，味美香清寄友情。"

（原载《文化交流》2010年第3期，文字有改动）

099

名山禅茶与名泉

雪窦山：佛教第五大名山

中国佛教五大名山之一——奉化雪窦山，盛名由来已久。2008年弥勒大佛落成开光，道场更加壮观。

雪窦山上雪窦寺为晋代古刹，南宋时被定为天下禅院"五山十刹"之一，历代名僧辈出。1932年佛界泰斗太虚大师住持雪窦寺，提议"将雪窦山奉为佛教第五大名山，奉雪窦寺为弥勒道场"，从而受到佛教界、学术界广泛关注

四明第一山

和支持。闽南佛学院副院长常惺法师，还以金、木、水、火、土五行生克之说，认为太虚大师精研弥勒教义，支持太虚大师的提议，奉雪窦寺为弥勒应化之道场。1934 年出版的佛学辞典有记载其事。1987 年中国佛教协会会长赵朴初访问雪窦寺，也十分赞成雪窦山为佛教第五大名山。

中国佛教供奉五大菩萨，文殊、普贤、观音、地藏的应化道场分别在五台山、峨眉山、普陀山、九华山，弥勒的应化道场在雪窦山，其文化积淀深厚。

汉传佛教寺院里，一般都会供奉弥勒佛像，把弥勒像安放在山门殿或天王殿正中央。因为他满脸欢喜乐呵呵，让人一进寺院就感到欢喜自在。雪窦寺内则直接建有弥勒宝殿，这在佛教寺院里只此一家。雪窦寺与弥勒之间有着不同寻常的关系。

据佛经记载，弥勒和释迦牟尼是同时代的人物。释迦牟尼预言，弥勒涅槃上升到兜率天宫，在那里居住 56 亿年之后，会转世到人间，在一株龙华树下，顿悟成佛，所以弥勒既是菩萨，又是未来佛。唐末五代时，奉化出了个名叫"契此"的怪和尚，他出语无定，常以锡杖荷着布袋向人乞讨，把得来的东西全放在布袋内，人们通称他布袋和尚。他祖胸露腹，笑口常开，乐观包容。据宋代禅宗灯录《五灯会元》记述，布袋和尚圆寂前，端坐在一块磐石上说道："弥勒真弥勒，分身千百亿。时时示时人，时人自不识。"这偈语暗示世人，其实弥勒就在你身边，只不过你意识不到而已。偈语一传开，人们恍然大悟，布袋和尚是弥勒的化身，布袋和尚就是弥勒菩萨。他早年出家奉化岳林寺，常到雪窦寺弘法。

雪窦山为弥勒应化道场，与五台山、峨眉山、普陀山、九华山一起通称佛教五大名山。特别是 2008 年 11 月 8 日海内外高僧大德云集雪窦寺，中国佛教协会一诚长老、台湾星云大师为新落成的弥勒佛像开光。这尊高 56.7 米的大佛座像，是全球最大的露天坐姿铜铸弥勒佛像，远眺十分醒目，近观更为壮丽。星云大师专为雪窦山大佛题词"人间弥勒"，内涵自深。此后，浙江佛学院教学区也设在雪窦山。自 2008 年起，一年一度的中国（奉化）雪窦山弥勒文化节，以五大名山为主体，高僧主礼，呈现盛世。据悉，国家 5A 级溪口雪窦山风景名胜区，年吸引海内外僧人和游客在 1500 万人次以上。

1995 年，中国佛教协会会长赵朴初和韩国、日本佛教界的长老大德共同倡议举办中韩日佛教友好交流会议。三国山水相连，文化相通，三国的古德先贤不远万里，西行东渡，互相交流，共同锻造了一条熠熠生辉的"黄金纽带"。2016 年 10 月，在雪窦山龙华广场，举行了第十九次中韩日佛教友好交流会议，共同祈祷：世界人民安居乐业，三国人民世代友好。据《宁波日报》2017 年 1 月 7 日讯，2016 年韩日两国入境宁波雪窦山旅游人士分别达到 11.38 万和 8.33 万人次。

雪窦山的禅茶特色

雪窦山产茶历史悠久，至今仍为名茶产地，禅茶更彰显品位高雅。

2010 年，第五届世界禅茶文化交流会在宁波举办，在宁波七塔寺为此立有茶会碑，碑文开端记叙："四明之境多奇峰峻岭，其间云霞明灭，神异莫测。向为真仙栖止、羽士所居；灵气钟毓，赤芝黄精之属甚伙。亦为产茶之渊薮。昔田螺山先民采野茗为饮，今出土茶根皆在，凿凿有据，晋人虞洪入山遇丹丘

中外茶人在茶会碑记前合影

子获仙茗，载于《神异记》，茶圣陆羽广为揄扬，遂使四明之茶，名播宇内，……世间嗜茶之人，鲜有人不知浙东佳茗者也！……"

雪窦山地处四明山脉，在晋代之前那里统称天台山，后从天台山脉中析出为四明山。"四明八百里，物色甲东南。"茶会碑所述产茶的渊薮，既有四明山北麓考古发现的河姆渡文化体系中的田螺山茶树根，又有陆羽记入《茶经》的"汉仙人丹丘子"。他云游四明山，示余姚人虞洪以"山中有大茗"，这桩汉晋时代茶事，唐代之前实为全国罕见。雪窦山就在茶事纷呈的四明山脉之中，至于禅茶，还得从北宋仁宗皇帝敕赐龙茶说起。

住持重显大师嗜茶，对禅茶造诣极深，又具有极高的文学修养，他住持雪窦寺达 31 年时，仁宗皇帝赐紫衣，又敕赐"明觉大师"称号。重显大师在雪窦山以茶会友，以茶养性，又与山外达官名士交往甚笃。一次寺院收到明州知州鲍亚之送来的腊茶，重显大师写诗以记："使君分赐深深意，曾涤禅曹（僧）万虑清。"意指感谢州郡长官施茶，使得寺僧去除烦躁而清心。重显大师也送新茶到山外，"收来献佛余堪惜，不寄诗家复寄谁"。重显大师与明州知府朗简互赠好茶，他一样有诗记述："陆羽仙经不易夸，诗家珍重寄禅家。"当他回赠给朗简好茶之后，又有诗以记："谷雨前收献至公，……百万旗枪在下风。"

雪窦寺的禅茶传承到了南宋理宗时期，自然吸引理宗亲临雪窦山，并亲书"应梦名山"，至今在御书亭里遗迹犹在。后人记述："争传雪窦景清幽，应梦名山宋帝游。佳茗博得人间话，勒石御书万古留。"

自古茶禅一味。饮茶不局限于醒脑解渴，还能让僧人得以沉静清修，成为陶冶情操、促成高雅的精神享受。这人为的因素，促使雪窦山禅茶沿袭传承。雪窦山的天时地利更使禅茶延伸扩大。雪窦山一带水土最宜植茶，古人就有"茶荈不同亩，曲毫幽而独芳"之说。《奉化县志》记载："茶叶，雪窦山以及塔下之钊坑，跸驻之药师岙、筠塘坞，六诏之吉竹塘，忠义之白岩山出者为最佳。"志书把雪窦山产茶最佳放在第一位，那里地处北纬 29°41′。现代科学研究发现，北纬 30° 左右十分神奇，全国十大名茶多产在这一纬度地带。

在 20 世纪 60 年代，奉化茶场有 6000 亩茶园，出口大批珠茶。据具有珠茶非物质文化遗产传承人资格的宋光华先生口述，优质珠茶出口要提高品质，必须进行茶叶拼配，使得几种茶叶拼配成珠茶，从而得以优势互补。当时他们从雪窦山东岙收来的茶叶，是拼配必不可少的原料。

佛教名山不可无茶。因气候地理关系，五台山寺院用茶由外省输入。普陀山产佛茶，九华山有九华毛峰，峨眉山出峨眉竹叶青，雪窦山当然也毫不例外。至今，以雪窦山牌为代表的名茶迭出，奉化曲毫、弥勒白茶、弥勒禅茶在全国茶叶评比中屡屡获奖。弥勒白茶、弥勒禅茶于2010年被评为"中国驰名商标"，还分别获得"中绿杯"全国名优绿茶金奖、"中茶杯"全国名茶评比一等奖。奉化曲毫在全国性的名茶评比活动中获得的奖项则更多。

佛教名山多名泉

古人煮茶，历来注重择水。唐代陆羽《茶经·五之煮》把煮茶之水分为三等，泉水上、江水中、井水下。徐献忠（长谷）还有煮茶专著《水品》。

徐献忠生活在明代嘉靖年间，《四明谈助》介绍他是松江华亭人，任奉化县令，有政绩。其涉足八百里四明山水，对雪窦寺的泉水调查得十分细致。他在《水品》中记述，"山深厚者，雄大者，气盛丽者，必出佳泉"，并提出"以四明山之水，雪窦上岩为第一"。

千丈岩上，雪窦山群峰屹立，主峰称乳峰，乳峰之上又有奶部山，海拔915米，山峦峰间，"万壑泉声随地涌，四山岚气逼人寒""古木栖云晴亦雨，乳泉飞雪夏犹寒"。古刹雪窦寺则位于乳峰腰部，有盆地百顷。

上雪窦寺的游客众多，到奶部山傍商量岗的每年也以万计，但上奶部山绝顶的人极少。2016年8月25日，我因调查茶文化中水的渊薮，请时任溪口雪窦山风景名胜区管委会管理局局长徐军先生引路，他又与当地东岙村村干部为向导，驰车来到这人迹罕至的地方，却见几间精致用房，那是宁波电视差转台轮流值班人员的工作住所。绝顶处可睹宁波城市恢宏气势，茫茫海湾奇观，真是登攀名山路盘盘，绝顶乾坤眼界宽。我们再从绝顶徒步而下，见电视差转台值班人员生活用水处，利用泉池建成上下两个小水库，掩映在绿树丛中，水色碧绿，难以言状，大致如朱自清笔下的祖母绿、女儿绿。再往下走，可见有多处清泉，晶莹透亮如玉，让人不由得弯腰用双手捧水品饮。再走下去便是乳峰，有乳窦泉，石窦中所出之水，色白像乳似雪。诗人形容"青嘘千峰云，白含万年雪"。雪窦山、雪窦之名由此而来。以山水为名的名山古刹之多，"惟雪窦为著"。奶部山、乳峰、雪窦寺同在一条中轴线上，雪窦寺内外有乳峰池、锦镜池等多处泉池，"味甘如乳色如银"，如山上泉水在地下相连相通，前人诗云："石窦海眼通，乳泉四时泄。"百顷盆地中的雪窦寺周围泉溪，汇集东西两涧，泻落悬崖，形成著名的千丈岩飞瀑。

奉化溪口千丈岩

名山、名寺、名茶、名泉融汇成第五大佛教名山，隽永耐人寻味。雪窦山在建设宁波国际港口名城，打造东方文明之都中，既凸显了本色，又彰显了品位。

四明山，仙人品茶的地方

　　"人间四月芳菲尽，山寺桃花始盛开"，2013 年 4 月 24 日，正值白居易描述的山花烂漫时节，余姚市大岚镇迎来了 80 余名中外贵宾。他们在宁波参加"海上茶路·甬为茶港"论坛后，随即前往大岚考察，队伍中有中国国际茶文化研究会会长周国富，北京、上海、河北、陕西、福建及港澳人士，浙江有关地、市茶文化机构和高校人员，还有日、韩、美、德等国的专家学者。

　　考察车队从余姚上四明山，途经梁弄，一路风光旖旎。古代四明山"其初总名天台山"，"后割天台，而别为四明"，山中有四窗岩，"若开户牖，以通日月之光，故号四明"。晋代之后，四明山完全从天台山析出，到唐代已成著名的浙东唐诗之路，李白、孟浩然、施肩吾、曹唐、刘长卿、皮日休、陆龟蒙等众多唐代诗人，均为四明山留下脍炙人口的诗篇，如"四明三千里，朝起赤城霞。日出红光散，光辉照雪崖"。我们登上羊额岭天险，车上有人即景吟诗："竹海波涛接天齐，重峦叠嶂脚下低。羊额岭头眺望处，生态茶园万家迷。"考察人员到姚江源头看到 200 多亩茶山与青年林相依，在蓝天白云、明丽阳光之下，整齐满垄的茶树苍翠碧绿，上层长着嫩绿黄亮的茶芽茶叶。

　　姚江源头立有茶仙祠，祠后有宁波最早立的第一块"茶文化遗址·大岚茶事碑"。陪同周国富会长考察的宁波茶文化促进会名誉会长徐杏先介绍了宁波市人民政府立碑的缘由和内容。"汉仙人丹丘子，示'山中有大茗'，晋《神异记》有述"，这是浙江茶事见诸文字的最早记录。唐代茶圣陆羽著《茶经》，赞扬"大茗"，称其为"仙茗"，绵延到现在，成为当地的瀑布仙茗。队伍中不少人拍照留作文献资料，有人见200多字的碑文韵味十足，随之朗读有声："八百里四明以大岚为轴，脉分舜江孝川，云缭丹山赤水，遍坡香灰土最宜植茶。汉丹丘子示'山中有大茗'，晋《神异记》有述，乃大岚茶事之肇端。后人劈丘培茶，奉丹丘为茶仙，有祠焉。大岚以盛产名兰古称大兰，其茶有兰馥奇香。四明茶事，梨洲所述备焉。逮至宁波开埠，岚茶遂舶海外。茶业为盛，足养生民，珠曲针芒，各呈春秋。今大岚有茶园二万五千亩，为浙江乡镇之最，称'中国高山云雾茶之乡'，盛产四明龙尖、瀑布仙茗。千年茶俗，百代茶韵，遂成岚山文化一脉。天赐佳茗，神人共赏，余韵流风，继启后人。是为记。"

考察团中有来自日本的小泊重洋，这位日中茶艺师协会理事长、茶之学会会长面对大岚茶园的美景，高兴地和余姚市副市长郑桂春合影。小泊重洋说，日本最澄带去四明山的茶树茶籽，从海上茶路启航地明州港传播出去，日本茶叶源自中国。

大家在茶仙祠里，围坐在八仙桌旁，煮清泉，品仙茗，说古道今。南朝医药家陶弘景《杂录》记"苦茶轻身换骨，昔丹丘子、黄山君服之"。诗僧皎然评丹丘子饮茶、羽化成仙有诗："孰知茶道全尔真，唯有丹丘得如此。"还有东汉刘纲、樊云翘饮茶修道成仙的升仙桥，更有刘阮遇仙的四窗岩，"灵踪圣迹自天然""其间窟宅多神仙"。

身处仙人品茶的地方，品尝仙人所赐的佳茗，心中的浊气涤净，清心怡人，齿颊留香，简直乐而忘返。

考察队人士又先后到四明山书画院、丹山赤水旅游景点和四窗岩茶叶公司。大家在四明山书画院里参观了陈列的书画名家作品，认为茶与书画结缘，历史上不乏书画大家，留下了茶书、茶画名作，成为后人的收藏之宝。丹山赤水是个古村落，风景幽深，民风淳朴。大家参观了全为石砌的民居、保存完好的四合院、山中名木古树群、沈姓祠堂和古井。考察队专家走访世界各地，见多识广，在考察丹山赤水景点后说，茶要和旅游结合，国外有的风景点上有茶园供游人采茶、炒茶、休闲，景点人气旺，茶农也受益，可谓"双赢"。

周国富会长从调查中得知，大岚许多茶园春茶只采一次，其后就任其荒芜。他和一起考察的宁波茶文化促进会会长郭正伟都说十分可惜。潘剑波镇长汇报道，大岚有浙江最大的乡镇茶场之称，2.5万亩茶叶在高山比在平原地区采摘迟，除了新昌茶叶市场有批固定的批发商外，镇上的茶叶上市迟，竞争力弱。周国富会长又说，大岚茶叶上市偏迟，但比发酵、半发酵的茶叶采摘还要早，品质要好，提议应大批生产中低档绿茶来打开春茶销路，从旁的其他专家也相应提出，如今品茶有误导，认为茶叶越早越好，越细越妙。从前谷雨之前的鲜茶是上品，如今不仅有清明前的，还有比清明早一个多月的，误以为茶叶以芽茶为好。其实茶叶长到一芽两叶，吸收日精月华，自然成熟，粗壮厚实，醇味回甘，才有茶的原汁原味，这和晚稻米比早稻米好吃的道理一样。

郑桂春副市长也接着说，专家们讲得对，大岚茶叶在市场上就是吃亏在误导上。其实，大岚茶叶因为天时地利，整体品质比别处好得多，别以为仙人吃的茶，就价格昂贵，事实上，这里的茶价位低，品质又好。如果说，茶香飘逸是文人夸大其词，那么在四窗岩茶叶公司，则是实实在在的茶香弥漫。这家公司用机器采茶，茶叶加工机械化、自动化，四窗岩茶叶公司出产的勾青茶品质好且价格只是清明前平原茶的三分之一到二分之一。董事长沈永楼是宁波茶文化促进会理事，在场人士为他生产的中低档优质茶即兴赋诗："刘阮遇仙四窗岩，岩下茶事越千年。当今有个沈永楼，父女种茶乐人间。"其女沈亚红还和考察队的女教授陈莉萍当场合影留念。

如今建设生态余姚，人们越来越向往四明山。姚江源头千秋事，丹山赤水万里情。2013年4月24日那天，中央电视台茶乡万里行摄制组在拍摄神奇大岚纪录片，镜头记录了八百里四明腹地、美丽大岚的无穷魅力。

（原载《文化交流》2013年第7期，文字有改动）

北宋明州茶文化纪略

宁波茶文化的悠久历史，可归纳为"四明茶韵、海上茶路"八个字，又以甬为茶港连接山海，演绎着影响中国茶文化史的光辉篇章。不仅有新石器时代后期农耕文明中与人工栽培水稻相映生辉的茶事遗迹，还有唐之前，以瀑布仙茗为代表的茶事文字依据。唐宋元明清时期涌现

去宁波茶文化博物院的人络绎不绝

了众多的茶人、茶事。相对于其他时期来说，对北宋时的茶文化研究比较匮乏，有必要做一探讨。

北宋大学士蔡襄喜茶懂茶并
著有《茶录》

研究北宋明州茶事之盛，先得说宁海县宝严院。宝严院在县北 92 里，旧名茶山。"相传开山初，有一白衣道者植茶本于山中，故今所产特盛。治平中，僧宗辩携之入都，献蔡端明襄，蔡谓其在日铸上。"蔡襄是北宋大学士、著名的茶叶专家，著有《茶录》。这桩北宋治平年间的茶事见诸《嘉定赤

城志》，可谓信史。宁海县在古代属台州地域，那里是天台山余脉，与四明山相连，为当代宁波市辖，后人述说这桩茶事在宁波，自然概莫能外。而宁波有四明800里，宋之前就早有茶事，在北宋的茶文化史中是否有确凿的文字依据？先讲一个历代相传的故事。

有一年清明之后，三位姑娘在山上采茶，在归途中又累又热，走到一条清溪旁，忍不住下水嬉戏。没想到老天突然变脸，顿时雷电交加。三位姑娘不幸被十二声响雷击中丧命。雨过天晴时，溪边出现了三座犹如三位少女相偎的俏丽山峰，此后山中便长出又嫩又香的茶叶，传说就是三位少女留下的。为了纪念三位采茶少女，当地人们把三座山峰称作三女山，后来还在那一带立了三女庙，这里所产的茶叶被称为四明十二雷。

四明十二雷的故事被后人演绎得有声有色，有多个版本，随着其声名的传播，人们开始探寻十二雷产生于何处、在哪个朝代。民间传说往往用"很久很久之前"的模糊语言，这当然为专业研究人员所忌。如今笔者查到确切的文字记录，有名有姓有实地，并有诗以记：留官莫去且徘徊，官有白茶十二雷。便觉罗川风景好，为渠明日更重来。

诗的大意可理解为作者晁说之在明州为官任职期满，将走未走且徘徊犹豫。原因是留恋著名的白毫名茶十二雷，作者在诗末自注"十二雷是四明茶名"。他诰命难违，不得不离任，到陕西罗州（直罗）为官，心里却对这十二雷茶念念不忘，想着什么时候再来明州品尝。

名茶存史总是和名人相连。赞许十二雷茶的晁说之，在今日宁波却鲜为人知。这位名士也许在明州时间不长，而且担任的官职是"明州船监"。这船监用当代的语言来说，是央企的领导干部。因为北宋时的造船业和航海技术是我国历史上的一个飞跃。造海船代表了当时明州造船技术水平。元丰元年（1078）宋神宗诏令明州建造两艘万斛、载重量在200吨以上的海船。宋徽宗宣和五年（1123）徐兢出使高丽，诏令明州建造两艘更大的神舟，"巍然如山，浮动波上"，航海到高丽。到造船全国闻名的明州任职的晁说之可非一般人士。

晁说之（1059—1129），号景迂，济州钜野（今山东菏泽巨野县）人，元丰年间进士。他为官时遇干旱免民税而遭上司斥责，后又陷入党派之争，被贬明州，"谪监明州船场"。宋徽宗后又予以重任。他是北宋著名学者，平生博览群书，尤通《易经》，长于诗词，善画山水，著述甚丰。宁波后人为晁说之建"景迂先生祠"，俗名"滨江庙"。筑祠立碣，诗人陆游曾为其作祠记。

十二雷名茶产地在今余姚市河姆渡镇车厩岙，如今由章力晨继承父业，在那里恢复四明十二雷名茶。十二雷名茶延续到南宋末年元代初期，由范文虎在其产地改制作贡茶，专贡朝廷。贡茶是个统称，从元初开始，有很长时间在宫廷里以"范殿帅茶"著称，北京故宫存有史料，《饮膳正要》也有记载，直至明万历二十三年（1595）为止，历时350余年。黄宗羲编著的《四明山志》有记。全祖望在《十二雷茶灶赋序》中又记："吾乡十二雷之茶名曰'区茶'，又名'白茶'，首见于景迂先生（晁说之）之诗，而深宁先生（王应麟）述之，然未尝入贡也，元始贡之。"

四明山产茶当然远不止十二雷，北宋无数达官贵人、名人学士入山品茶读书，如宋人王商翁在山中白云寺述怀："我亦清幽者，烹茶读楚骚。"至于茶禅一味，史话中最典型的要数雪窦寺，是宋仁宗赵祯应梦名山之处。宋仁宗赏赐龙茶到雪窦寺，寺院僧人深谙茶道，有诗曰："啜之始觉君恩重，休作寻常一等夸！"此后寺僧及山民采茶、用茶形成了传统风尚。

如果说，宋代明州（宁波）茶事历史上多有撰述，而有一个名茶则被历史忽略，务必补述，那就是灵山茶。它与龙井茶、径山茶、阳羡茶等并列为宋代43种名茶之一。田晓娜的《茶道》一书，列举了许多历史上记载的宋代名茶，其中就提到"灵山茶，产于浙江宁波鄞县"。照史实所记，产地在鄞县（今鄞州区）本没错，但历史上行政区域几经变更，其实地应为当今的北仑区。灵山所在地要翻过育王岭在邬隘地段，今属北仑区小港。灵山的灵峰寺远近闻名，那里至今还有大片茶山。

灵山一带在王安石知鄞县时，为鄞县辖地，地称海晏、灵岩，他在海晏兴修水利，在西石岩上凿孔三窍为碶，谓穿山碶。王安石又作《鄞县经游记》，文中就写道他过育王山、宿灵岩、入瑞岩。那时为庆历七年（1047），时隔

31 年后，即北宋熙宁十年（1078），"鄞县的海晏、灵岩、泰丘三乡划隶定海县"（《镇海县志》），那时的定海县即后来的镇海县，1987 年灵山又隶辖为北仑区。由于行政地域的变动，灵山茶作为宋代名茶，在鄞县难以寻觅，在镇海也被忽略。倒是附近的泰丘山产名茶在《镇海县志》中有记，也为今日北仑区茶人所关注。灵峰灵山茶受地理环境和气候的变化影响，其茶叶质量有待进一步研究，但在北宋，那里地广人稀，山林茂密，这样的生态环境足可出产名茶。

器为茶之父。北宋茶器在越窑青瓷的土地上，在总结五代十国时期吴越王钱镠传承与创新的基础上，以其高雅清幽闻名于世。后人常注重于宋代五大名窑的研究，即定窑、汝窑、官窑、哥窑、钧窑，对于走向大众化、走向民间的中国母亲瓷——越窑青瓷却有所疏忽。其实，北宋瓷器的烧制技术、产量、质量和规模都超过前代，南北瓷窑各具特色。北宋以余姚上林湖（今慈溪）作为青瓷器皿的优秀代表，畅销国内外。余姚知县谢景初《观上林垍器》一诗有记："作灶长如丘，取土深于堑。踏轮飞为模，覆灰色乃绀。力疲手足病，欲憩不敢暂。发窑火以坚，百裁一二占。里中售高价，斗合渐收敛。持归示北人，难得曾罔念。贱用或弃扑，争乞宁有厌。鄙事圣犹能，今予乃亲觇。"这是唐宋时期唯一一件作者亲临上林湖实地考察而写的作品，其写道：长长的龙窑，取土留下的深沟，并且提到了用脚踏飞轮制模及施釉技术烧造精品；窑工劳作极为辛苦，力疲身病仍不得休息，而最后烧成的高档瓷成品率仅为百分之一二，然而物稀价昂，来那里收购的商贾络绎不绝，直到收拢各种瓷器才肯罢手；他们把收购来的产品出售给北人，没有一个北方人不为之爱惜而倾囊的。

北宋时期，浙东上虞、东钱湖沿岸及奉化白杜等地瓷器生产兴盛，以东钱湖为例，其大多建在东钱湖东北的东吴、小白、沙堰一带，以便产品装载外运，从水路直到宁波港口。北宋时建立的小白饭甑山窑群，主要产品有瓶、罐、钵、盏等，釉色青灰，胎质灰白。这个窑址有早期晚期两个堆积层，晚期堆积层覆盖在早期堆积层之上，东西长约 1000 米，宽 80 米，厚 2 米，面积很大。有些器皿一物多用，从陆羽《茶经》评述茶碗以浙东越州为上来看，北宋茶器生产

发展已走向普及民间的大众化
阶段。

与"器是茶之父"相对的
是"水为茶之母"。在北宋明
州茶文化中用水已为文人和僧
人关注，比如《茶经》对煮茶
用的泉水有刻意的执着，强调
源清、水甘、质轻、品活。四
明的佳泉以僧人开发者居多，

陆羽《茶经》

著名的有雪窦山泉、化安山泉。天童溪上的虎跑泉，山高水轻，北宋诗人舒亶
有诗记："灵山不与江心比，谁会茶仙补水经。"说的是天童虎跑泉水不亚于
扬子江心水，可见他对虎跑泉烹茶是非常珍爱的。陆羽评水时遗漏它是非常可
惜的。

探讨北宋明州茶文化的兴盛根本离不开社会大背景，试从社会经济、文化
因素及茶事特色，做以下分析：

首先，从大背景看，从宋太祖赵匡胤登位到靖康之耻，北宋皇室在汴京达
167 年（960—1127）。赵匡胤有饮茶癖好，宫廷兴起饮茶风俗，斗茶之风空前，
茶业兴盛，茶文化深入社会的各个阶层，渗透到日常生活的各个角落，茶的税
赋成了国家财政的重要组成部分，并且最早出现了茶法专著，如沈立在嘉祐年间撰写的《茶法易览》、沈括写的《本朝茶法》。约从庆历年间开始，明州兴修水利，发展农商，尤其是鄞县，经王安石治理后手工业的发展更加全面，商业交通条件得

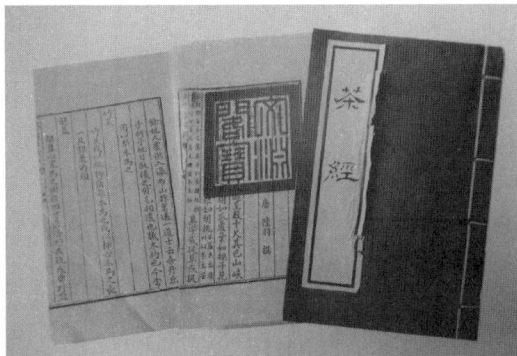

宋代茶俗图

到改善，所造之船的吨位和技术水平居全国首位。这一时期的明州社会整体水平，如舒亶诗所说"家家人富足，击壤与君同"。北宋明州政治稳定、社会安全、经济发展，这为茶和茶文化的发展提供了条件。

其次，从文化因素看，明州茶事和儒、释、道有关。北宋是明州佛教史上的辉煌时期，以"浙西山水浙东佛"闻名。僧人用茶说禅，由于自身修行的需要，在寺院附近总是有连片的茶林。在北宋开化后，儒学也通过教育手段植根于明州。庆历年间，明州出现了有名的"庆历五先生"，分别是杨适、杜醇、楼郁、王致、王说。五先生推崇儒学，重在经世致用。千年儒释道，万古山水茶。饮茶益思，以茶养性，以茶会友，以茶待客，道家与茶的关系同佛教一样，为明州茶文化的兴起打下人文基础。

再次，从茶文化的特色看，正如有学者提出的"凡是有稻的地方必然有茶"，从河姆渡遗址、田螺山遗址考古发现的茶遗迹，到唐代及之后的文字记载，当时从朝廷到乡野的茶风推动了明州茶文化的发展。宋徽宗爱茶，是位技艺不凡的品茶大师。评价宋徽宗不是件容易的事，他在艺术上有杰出才能治国却无能，在历史上留下昏君的不光彩形象。有人分析，北宋党争自王安石变法以来，绵延30年，宋徽宗在防止皇权被架空过程中努力保持两派平衡。他在位的18年，商业发展、税收提升，他在四个方面做出了政绩：一是推动文化艺术发展，二是在全国设立官学，三是增进社会福利，四是重视技术。尤其是在茶和茶文化的研究上，他写有著名的《大观茶论》，全文首为绪论，次分地产、天时、采择等20目，评述了茶树的种植、茶叶的制作、茶品的鉴别。从皇上爱茶到民间饮茶成风过程中，"宋代茶业区别于前代的一个显著的特点，就是东南茶叶经济已超过四川，成为全国茶叶经济的中心"（《茶道》）。王安石也许受在鄞县当了三年县令的影响，也曾说"茶之为民用，等于米盐，不可一日无"。北宋明州茶文化的积淀深厚自在情理之中。

（原载《农业考古》2019年第5期，文字有改动）

人生茶韵与三山玉叶

"人生如茶，茶如人生"，这充满哲理的名人之言，写在鲁孟军身上更是十分精当。2001 年，鲁孟军创办孟君茶叶公司，细心的人们要问，茶叶公司名称里，怎么不用"军"，而用"君"字？说来有段佳话。

早在 20 世纪 80 年代，当时还是个毛头小子的鲁孟军来到北仑区三山，在东盘山上承包了几亩山地种茶。当他把茶叶制好后，就一根扁担两只箩筐，卷着裤腿，挑着茶叶到三山供销社出售。他来自四明山上的杖锡，那里山高路远，山民多以种茶为业，艰苦的环境形成了鲁孟军吃苦耐劳、热爱劳动的品质。当时供销社里有个年轻的女售货员，她说话不多，但爱观察、爱思考，看到了鲁

宁波北仑瑞岩寺

孟军这个小伙子不平凡，踏实勤劳有干劲。在姑娘眼里，不在乎你有没有钱，有没有地位，重要的是真正的爱情。到了 1994 年，两人结为百年之好。

这姑娘叫陈彩君。鲁孟军与她结婚之后，经过六七年艰苦创业，成立茶叶公司，他不能淡忘妻子陈彩君的恩德，于是从两个人的名字中取了"孟"和"君"各一字，冠以公司名称，以示对妻子的图报。他是一个感恩重义之人，连当年从娘肚里出世为他接生的人，鲁孟军每年都去上门拜年。孟君茶叶公司名称和鲁孟军的为人，让人想到春秋时代孟尝君的慷慨豪爽。

孟尝君出身豪门，家有养士和慷慨助人的实力，而鲁孟军、陈彩君夫妇种茶、卖茶，干的是小本生意，当然难以相比。但夫妇俩顺着天时地利人和，努力做大茶业，创制三山玉叶名茶，奏响了茶韵绵绵的人生之路。

先说天时地利。"三山玉叶"中的"三山"，原是北仑区的一个乡，2003 年 8 月与柴桥昆亭 6 个村合并，新建成春晓镇。三山山清水秀，那里原来有座古老的山神庙，庙内镌刻一副楹联，上联为"海上有三山，喜今沧海为民居"。据

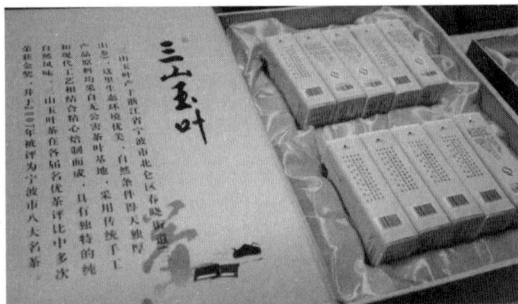

北仑春晓出品的"三山玉叶"名茶

传，白居易写过三山诗："忽闻海上有仙山，山在虚无缥缈间。"人们品尝三山玉叶，却常传诵着另一首三山诗："蓬莱方丈何处有，瀛洲仙草亦未见，谁知海滨有三山，东盘盉里风光妍。"以东盘山为主的大片茶山，在北仑海滨拔地而起，峰峦连绵，白云在脚下一层层翻浪，空气湿润，适宜茶树生长。

有人赞叹茶叶长在仙山上，难怪品质独好。其实，做出好茶叶还要靠后天的功夫。鲁孟军从小种茶，他总是紧跟种茶的时代步伐，多年来向中国农科院茶叶研究所、浙江大学茶学系的专家教授们请教。制作三山玉叶有 10 多道工序，包括摊放、杀青、揉捻、摊凉、理条、整形、提毫、干燥等，鲁孟军对杀青、理条等重要工序都亲自操作，严格把关。妻子陈彩君追随着鲁孟军种茶、制茶，

也练得了制茶的好手艺。夫妇俩对三山玉叶加工中质地的细微差别、香气浓淡、鲜爽程度都能一一鉴别。

2004 年第一届中国名优绿茶评奖，三山玉叶异军突起，获得金奖。此后，三山玉叶的荣誉一发不可收，已连续九届获得金奖，其中于 2020 年 7 月获得"中绿杯"特金奖。

鲁孟军认为三山玉叶获得的众多奖项，只是督促自己让茶叶品质更上一层楼的阶梯，并不特别在意荣誉。他对被聘请为宁波茶文化促进会副会长也淡然处之。鲁孟军的名片上没有各种头衔，只有姓名、地址和电话号码，当然他也有人生的目标——把三山玉叶奉献给北仑，奉献给港城宁波，直至"一带一路"的沿线国家。

"我们北仑，已经有拿得出手的全国名牌茶叶了！"当地一批著名企业家和地方官员总是自豪地说。确实，有洋洋东方大港之称的北仑，太需要有一张属于自己的文化名片，如今，有了三山玉叶，这是北仑送给世界的本地最好礼物。

三山玉叶积淀的茶文化牵动文化名人。当时年逾九旬的我国著名书法家高式熊是西泠印社的名誉副社长。他为鲁孟军题写了茶名"三山玉叶"，书法银钩铁画，别有意趣，书法和茶文化相互辉映。

三山玉叶源自精行俭德者，鲁孟军和陈彩君淡定从容，酝酿成一曲人生茶韵。2010 年中国（宁波）国际茶文化节期间，福泉山茶场举办活动，当主持人介绍鲁孟军夫妇的茶韵和人生时，场上人士纷纷举杯祝贺，并报以热烈掌声。

北仑瑞岩寺景区茶水瀑

殷夫故里出好茶

殷夫故居

　　探索象山茶叶发展之路，从文化视野剖析殷夫的象山故乡情结，有其独到之处，有助于开拓思路！

　　殷夫为著名的"左联五烈士"之一，鲁迅先生在殷夫遗诗序言中，对他的诗歌有高度评价，"这《孩儿塔》的出世并非要和现在一般的诗人争一日之长，是有别一种意义在。这是东方的微光，是林中的响箭，是冬末的萌芽，是进军的第一步，是对于前驱者的爱的大纛，也是对摧残者的憎的丰碑"。在文化界、艺术界、教育界，全国有许多人是先了解殷夫，再认识象山的，有的人甚至从青少年时代读殷夫诗歌，到了中老年才认识象山，才领略文天祥颂扬象

殷夫画像（陈继武[①]作）

山诗句——"海上仙子国""万象图画里"。

殷夫故里有好茶，只是至今仍鲜为人知。《浙江通志》和象山历代县志记载，郑行山、狮子山、五狮山、蒙顶山、珠山"皆产佳茗异莽"，"彭姥岭侧还有泉水味甘"，可泡好茶。人们熟悉四川雅安市蒙顶山产茶，"扬子江心水，蒙顶山上茶"，为人称道。殊不知象山县有同名茶山——蒙顶山，山势高峻，云雾缭绕，自古就产佳茗，宁波八大名茶之一天池翠的基地就在蒙顶山上。殷夫的故居在大徐，象山历史上记载，产茶最有名的珠山，也在当年的大徐区。从宋《宝庆志》、明《嘉靖志》、清《康熙志》《民国志》到 1987 年编纂的《象山县志》，都引用《宋会要·食货志》所记："珠山，郑行山（今射箭山）……蒙顶山皆产茶，珠山产者犹佳。"

生活有起有伏，无论是殷夫在上海的革命生涯，还是在象山的家事恋情，甚至他新诗的艺术构思，无不充满着对立统一的辩证法。正如他用心声翻译的裴多菲的那句千古格言一样，"生命诚可贵，爱情价更高。若为自由故，两者皆可抛"。殷夫的父亲早年去世，母亲钱玉嫦辛苦持家，子女长成后，就诵经念佛品茶，寄居珠山附近的西寺。殷夫陪伴母亲，写诗歌颂扬母爱，怀念初恋。仅在西寺一地，殷夫就留有 22 首遗诗。

少年殷夫曾和亲友游览名茶产地珠山，珠山作为其诗作意象，在他的遗诗中多次出现："我抚摸我过往的荒径 / 蜿蜒从那雄伟珠山的邻村 / ……我不禁回忆故家的园庭 / 反响着黄雀歌儿声。"在殷夫故居大徐，可望到珠山峰顶，

---

①陈继武，著名画家，以画伟人像获得过全国性金奖，无党派人士，曾任宁波市人大常委会副主任。

采春茶

主峰 540 余米，"蟠延雄踞，势压沧海"，顶峰有巨岩"圆若宝珠，光射星汉，又有邑东少祖山之称"。

珠山也是殷夫和初恋女友恋爱之地。女友盛孰真学习蚕桑技术，也好茶山风光。她考入浙江省立女子蚕桑讲习所读书，与殷夫二姐徐素云同班。1926 年由徐素云介绍，盛孰真开始与殷夫通信交友。1928 年秋，又应徐素云之邀，盛孰真到象山县立女子高小任教。1928 年 10 月，殷夫在上海第二次被捕，出狱后来校代课，两人又得以见面。殷夫曾为盛孰真写下了多首诗篇。据盛孰真晚年回忆，她当年曾与殷夫同游珠山。殷夫《回忆》遗诗中有不少诗句是直接写盛孰真的，如"你有如茅蓬中的幽兰""桦树下同坐闲谈""愿我俩同梦珠山"。可以想象在 20 世纪初期，青年男女在珠山道上登攀，品茶交友。犹如殷夫的诗句所写："春给我一瓣嫩绿的叶，我反复地寻求着诗意。"

殷夫诗歌有着丰富的情感世界，众多遗诗既体现了阳刚美，又具有阴柔美。他献身革命而抛却初恋情思，正是体现了对立统一的规律。这种规律延伸到当今中华民族复兴时代，我们既要有气吞万里的英雄气概，又要有宁静致远的放松心态，而茶和茶文化有利身心健康，正是两者之间的媒介。

如今象山奏响建设海洋经济大合唱，其中殷夫故里的好茶，是时代的音符、和谐的乐曲，也是友谊的呼唤、经济的先声。在山海互动中，愿茶和茶文化在实现中国梦中，以高屋建瓴之势，融入时代合唱的韵律。

（原载《象山茶苑》2013 年第 2 期，文字有改动）

世外茶园福泉山

2016年5月7日，来宁波参加第三届两岸四地茶文化高峰论坛的各界人士，到福泉山考察，感受茶山美景，当时有人回忆起国际友人赞扬过福泉山是他们见过的世上最漂亮的茶园。在风和日丽的日子，我们这帮旅游爱好者也去东钱湖畔参观这个茶场。

驱车出了宁波市区，往东直奔东钱湖。半小时后，早把城市的繁华和喧闹抛在脑后。一进入湖区，就驶上环湖大道，只见湖中碧水悠悠，远处青山依依，夹道一排排银杏和樟树生机勃勃。

福泉山茶海一瞥

"好漂亮的东钱湖啊！"有人赞道。20世纪60年代初，郭沫若游览东钱湖时就盛赞其"西子风光，太湖气魄"。

"你看到的只不过是东钱湖近处的水美，还没看到东钱湖远处的山美呢。东钱湖大得很，绕着湖边再往东进去，里面有一座非常清幽、非常秀丽的茶山——这就是你们今天要去的东钱湖深处的福泉山。"前来迎接我们的福泉山茶场工作人员说。

车过古代航船码头韩岭古镇，湖水隐去，山色渐浓，山道虽多弯，却很平缓。路旁有南宋石刻公园，有人赞许它是江南兵马俑，仿佛诉说着这一带曾是史氏望族的风水宝地。南宋史浩、史弥远、史嵩之权倾朝野，史称"一门三丞相，世代两封王"。昔日豪贵王爷地，凝聚江南山色秀。我们坐车在峰回路转的山野风光中，呼吸清新空气，没多久就到了福泉山茶场。

一下车，已来到山脚下，只觉得一股山林里特有的沁人心脾的新鲜空气扑面而来。

茶场办公室就在山脚下，门对绿树，背倚青山。只见群山环抱，层峦叠翠，人迹罕见，飞尘不到，能听到的只有鸟鸣。

"怎么这样幽静啊？"久居城市的我们感觉简直来到了世外桃源。

茶圣陆羽塑像

"山上的风景，给人感觉会更好！"时任福泉山茶场场长仇平说，"我们还是到山中边喝茶边聊情况吧！"于是，仇场长亲自带我们上山。这里已经开辟成茶文化旅游之地，只见游览车来往于盘山公路上，两边都是林木。车在林中盘旋登高，人在途中未见茶园。据仇场长介绍，茶山和林带间隔，茶场是真正的原生态系统，全场有 9000 多亩人工杉木林、2000 多亩天然阔叶林，有规则地广布于茶园中。

仇场长还介绍了山中自然形成的凤凰湖，那可是山中的一道自然风景，繁体的"凤凰"两字，乃当年种茶人在不经意间任由茶树自然长成。"凤凰"茶景之下，还有一潭碧水，我们从上俯瞰，在标有"凤凰"两字的茶园旁，潭水碧蓝，相映茶山。

在赏美景中不觉已到山中茶馆，那里可举办 200 人的茶话会。我们在一间幽静的茶室中，听仇场长介绍福泉山茶场："福泉山 3600 亩茶山与护林带间隔，连成整片，实为少见。"

仇场长告诉我们，福泉山系四明山余脉最东端的分支，主峰高 565 米，方圆绵延 10 余平方公里。

说话间，场里的同志为客人泡上茶来。那是福泉山茶场最负盛名的"东海龙舌"。常言道，茶叶之妙，妙在色、香、味、形；而这东海龙舌，听闻其名，已是妙在其中。主人解释道，福泉山濒临东海，其叶形如龙舌，叶露向空，故命名为东海龙舌。当然，龙舌究竟是什么模样，谁也没见过，这只不过是一种美好的想象。既然中华儿女是龙的传人，最喜爱龙，那么，生产者将自己心目中最珍贵的茶叶冠以龙舌之美名，并由我国著名书法家沙孟海题写"东海龙舌"茶名，也就顺理成章的了。

据仇场长介绍，东海龙舌是浙江省著名商标，由福泉山茶场荣誉出品。它外形扁平光滑，窄长秀丽，嫩绿显亮。从 1999 年，荣获中国国际农业博览会名牌产品称号之后，在国内外名茶评比中，屡屡获得金奖。2014 年 5 月，在中国茶叶流通协会、中国国际茶文化研究会等国家级单位举办的中国名优绿茶评比中，东海龙舌荣从全国 15 个省区市 382 份茶样中脱颖而出，荣获中国名优绿茶"中绿杯"金奖。

东海龙舌生长在优越的自然环境中，茶园苍翠、云雾缥缈、林涛起伏、鸟语花香、无任何污染，为生产有机茶和无公害名茶创造了得天独厚的条件。

泡好的东海龙舌汤色黄绿、清澈明亮，芽叶肥嫩、舒展成朵；轻轻地啜上一口，果然是茶香醇厚，回味悠长。

有好茶喝，这让人情不自禁想到好水。说起水，仇场长又讲到山下大寺有聪明泉，山的另一边有凤凰湖，众多清泉中，要数山顶仙寿寺旁的福泉井最为宜茶。清代有诗记："夜半开门迎赤日，龙涎寓里卧高僧。"在茶馆品得东海龙舌之后，我们又兴致勃勃地登山观泉。

凤凰醉谷：福泉山上的凤凰湖

史料记载，福泉山顶仙寿寺旁"古有龙井，水泉澄碧，故名"。古代上山的信徒，徒步登攀，得到住持馈赠的福泉茶水。如今福泉山开辟盘山公路，成为旅游景点，福泉山茶场标志建筑"福如东海"耸入云天。游客可观可品福泉，只见涓涓泉水，汇水方井，泉井清浅，四季不涸，旁有蓄水库。2003 年 8 月，宁波茶文化促进会成立，当天与会人员考察福泉山，其中年逾八旬的徐季子先生，上得山来，用大碗品尝福泉，连声称许"清冽、甘美"。

"等会儿再慢慢喝，现在时间不早了，先上山参观茶园去吧。"有人提议。

仇场长亲自带我们上山。

福泉山没有高耸入云的险峰，也没有银河倒泻的飞瀑，但极为葱茏秀丽、婀娜多姿，用辛弃疾的"我见青山多妩媚"这句词来形容再合适不过了。仇场长又介绍说，山太高，则气候太寒，茶树怕冷；山太低，则难以凝结雾气，茶树得不到滋润。而像福泉山这样海拔五六百米的江南山岭，既有温暖和煦的气候，又有常年缭绕的云雾，加上植被完整、土壤肥沃、雨量充沛、空气洁净，实在是开发茶园得天独厚的风水宝地。

福泉山观景台

一路上，但见满山满坡全是层层叠叠、高高低低、挨挨挤挤的碧绿茶树。福泉山茶场拥有 3600 余亩茶树，作为国家级茶树良种繁育示范场，引种了迎霜、翠峰、菊花春、云雾春等36 个优良品种，它们与 9000 余亩人工杉木林、2000 余亩天然阔叶林和山中的清溪碧潭互相掩映，构成一个真正的绿色生态系统。

峰回路转，渐行渐高，最后我们登上了福泉山顶。说是山顶，并非我想象中那样峻峭，而是一个普遍种植茶树、郁郁葱葱的缓坡。漫步其间，极目远眺，四面景色尽收眼底。举目向东，每逢晴日黎明，还能在这里看到壮丽的海上日出；眺望南面，象山港烟波浩渺，渔帆点点依稀可辨；俯瞰西北，东钱湖近在咫尺，波光潋滟绰约多姿；远眺东北，太白山遥遥在望，云天缥缈如诗如画……

（原载《文化交流》2016 年第 5 期，文字有改动）

奉化曲毫茶香飘罗马

"意大利首都罗马是世界闻名的文化古城，那里地处欧洲南部，和许多欧洲其他国家一样，饮用的是瓶装纯净水。"方乾勇说，"我们在罗马见不到茶叶店，更难说有茶坊。"这使人联想到宁波外贸人士到欧洲，宾馆里找不到煮茶设备，只好"冷水泡茶慢慢来！"

奉化曲毫率先在罗马展示中国佳茗风采。2015年6月17日，在罗马的联合国粮农组织总部大楼曲毫飘香。以"青瓷与茶"为载体的中国（宁波）传统文化展览拉开帷幕。在开幕式上，出席并致辞的有联合国粮农组织总干事助理Fernando女士，中国驻联合国粮农组织大使、农业部原副部长牛盾，意

外宾正在罗马拍摄奉化曲毫茶展台

大利驻联合国粮农组织大使Sacco，宁波市相关部门的领导林雅莲等。来自世界各粮农组织机构的官员和代表100多人沐浴在东方文明幽雅的茶香之中。两名身着旗袍的茶艺师，在轻音乐中表现茶艺"曲毫逢春"。在场的多数人士开始不解茶艺节

目的内涵，对茶具、冲泡、赏茶等多个环节也不甚理解，只是觉得一切都十分新奇，从茶艺师细腻又娴熟的各种动作中，感受东方文明的含蓄、深沉、丰厚。男宾女客的目光都停留在美丽端庄的茶艺师身上，那素底细花的旗袍，是东方文明的服装经典，衬托着亭亭玉立的身材，纤纤细手摆弄着茶匙、水盂、茶碗、茶具，动作优美、流畅，尽展东方佳丽的风采。茶艺表演的最后是茶艺师奉茶到嘉宾面前，茶具用的是越窑青瓷。茶汤晶莹透彻，嫩绿黄亮，提供茶具的是在场的越窑青瓷传人孙威。青瓷早在1000多年前就被茶圣陆羽奉为华夏上品，记入世界上第一部茶书《茶经》。

可以说，奉化曲毫在展示中，每一个环节都有故事可讲。曲毫形似蟠龙，曲为弯曲，毫指白毫。3克曲毫干茶放入玻璃杯内，冲泡后在水中缓缓舒展，复原成生态原形茶芽，沁出的茶汤，嫩绿明亮，发出悠悠清香，滋味醇厚甘爽。奉化曲毫茶名源自宋代奉化雪窦寺高僧

方乾勇（右）与茶叶专家在察看曲毫茶生长情况

广闻禅师所写《御书应梦名山记》中"茶荈不同亩，曲毫幽而独芳"之句。"曲毫逢春"表达了茶叶的内涵：奉化茗山后遗址出土的大批文物与7000年前河姆渡文化一脉相承；奉化城乡以茶命名的村名、街名、山名，无不蕴藏着浓浓的茶香；茶叶诞生于宋代皇帝梦寐以求的雪窦山风水宝地，北宋仁宗皇帝梦游名山后，召天下名山图以进，御览唯雪窦山为梦境所示，于是赠雪窦山龙茶200片，免当地徭役，维护山林，奉化声名远播；南宋理宗又题书"应梦名山"，至今遗迹犹存。奉化是布袋弥勒的故里，雪窦寺为弥勒道场，山中有全球最高坐姿弥勒大佛造像，雪窦山已有佛教第五名山之誉，与普陀山是观音道场一样。那里盛产奉化曲毫系列名品中的弥勒白茶、弥勒禅茶。曲毫名茶至今10次在

全国"中绿杯"中荣获金奖，2007年在日本获首届世界绿茶大会最高金奖。

在罗马古都，人们欣赏曲毫，观其形，见其色，尝其味，品其神，大家在现场见到奉化曲毫创始人方乾勇，兴致就更浓烈了。翻译把方乾勇的身份译成教授，在场也有些"中国通"不甚理解。其实，这样翻译也没错，方乾勇的职称是中国农业部评定的"农业技术推广员"，这个职称等同于教授，并享受教授级待遇。方乾勇毕业于浙江农业大学，年轻时在公务员岗位上当过镇长。他潜心于茶学，留学日本，后又辞公职回乡，献身于奉化茶事，人称"奉化曲毫之父"。大家喝了一杯又一杯奉化曲毫，似乎还不过瘾。说来也好理解，东方民族以茶汤浅、数量少为上品。那小茶杯无法与西方人豪饮的啤酒杯相比，而且客人们已慢慢品出茶味来了，那回味清口又甘甜！

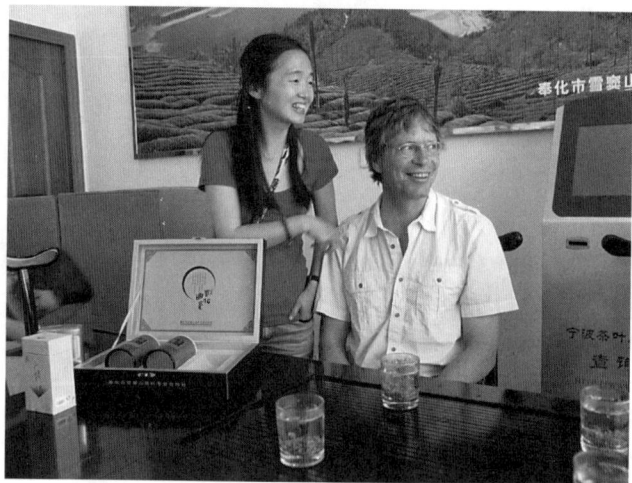

外宾品尝曲毫茶

奉化曲毫在罗马展示7天，到6月23日为止。正值在意大利米兰举行世博会，世界各地人士纷纷来到罗马古城。各国人士到达意大利，总是会前往巍峨的联合国粮农组织总部大楼，去会见在那里工作的本国官员，看到名茶奉化曲毫茶艺表演时，好多人士驻足咨询。中国代表牛盾等人士则在奉化展位前，讲述习近平主席说茶的故事："中国是东方文明的重要代表，欧洲是西方文明的发祥地。正如中国人喜欢茶而比利时人喜爱啤酒一样。茶的含蓄内敛和酒的热情奔放代表了品味生命、解读世界的两种不同方式。但是茶和酒并不是不可兼容的，既可以酒逢知己千杯少，也可以品茶品味品人生。中国主张'和而不同'，而欧盟强调'多元一体'。"这是习近平主席于2014年4月1日在比利时布鲁日欧洲学院演讲时所述。港口城市宁波的茶人，对习近平主席说茶领会尤深。方乾勇和他的同事认为习近平主席是党和国家领导人中最会说故事的，他在国外讲茶的故事，对中国茶叶走向世界有深远意义。在罗马展示奉化曲毫期间，人们可带回赠送的小包装茶叶，在家中细细领略东方文明中的茶叶风味。

以茶为媒，奉化曲毫为中欧两大文明的连接，播下了文明共荣之花的种子，将传为历史佳话。

（原载《文化交流》2015年第9期，文字有改动）

张会明和他的半岛仙茗

伸入东海的象山半岛象山县，早有"海上仙子国，万象图画里"之称。鲁迅先生褒扬的现代诗人殷夫钟爱大徐珠山，国歌作曲者聂耳在石浦拍摄《渔光曲》电影，如今人们青睐象山影视城。象山风情深处，人们兴致所向以渔文化居多。其实，象山山色涛声兼备，县域中多山，山出佳茗。

近年崛起的半岛仙茗更是独树一帜。

象山的聂耳塑像

　　半岛仙茗品牌旗下有半岛仙茗绿茶、半岛仙茗红茶。绿茶、红茶都产在象山厚实的茶文化土壤上。珠山、郑行山、蒙顶山产好茶，彭姥岭清泉、丹城丹井水在地方志中都有明确记载，均为上佳之水。如今半岛仙茗的茶叶大多长在海风吹不到，海洋性气候滋润的茶山上。就相思岭下考坑茶来说，茶树长在四面山峦、中间盆地之处，空气温润，全年几乎无霜期，极宜于良种茶树培育好茶。2019 年 4 月，中国茶叶流通协会在河南省信阳市举办"华茗杯"茶产品质量推选活动，来自全国茶叶主产区的省份送去众多茶样参评，由国内茶叶权威机构单位专家进行评选审定，经组委会确认，中国茶叶流通协会发文公布，张会明送去的半岛仙茗茶样荣获"华茗杯"红茶金奖。茶样原产地就在相思岭下。年轻情侣品赏红茶，会联想起青年诗人殷夫在春暖花开时节，和初恋情人在相思岭下踏青、赏茶、吟诗，那是多么美好的情景、多么浪漫的情怀。

　　张会明经营的茶山，如今有 360 亩之多，茶山多有相思岭下考坑那样的生态环境。年富力强的张会明如今全身心投入半岛仙茗茶业中去，做到身入、情入、心入。

　　探索张会明和他的半岛仙茗成功的奥秘：一是重视人才，会借助他人智慧。比如，张会明数次邀请中国农科院茶叶研究所茶叶加工工程研究中心主任叶阳研究员，到象山半岛仙茗生产现场进行指导。专家见识广、思路开阔、技术精良，像叶阳那样的专家一般很难请到。但是，张会明知难而进、精诚所至，得到了专家面授技艺，在加工茶叶节骨眼上，茅塞顿开，豁然开朗，掌握了加工要领。二是爱茶至深，独具悟性。专家所指导的，张会明听得懂并付诸行动。在实践应

张会明（右）在研制半岛仙茗红茶

"半岛仙茗"鲜茶

用中，他领悟深刻，学得进去。张会明是土生土长的象山人，从小和茶叶打交道，至今已有40余年，但真正全身心地投入茶业还是五六年前的事。2014年他建立象山半岛仙茗茶业发展有限公司，从生产半岛仙茗绿茶开始，在全国性的茶叶评选活动中，每年都获得金奖，在当地已非同一般茶企业。三是面向茶农，着眼整体质量。在茶叶从采摘到加工的多个环节，张会明从不马虎。他说，半岛仙茗在市场中打响，称得上八面东风，但败事只要一个缺口。他的生产模式是"公司＋基地＋农户"，基地由他直接指挥，严加控制采摘和加工技术，而农户则用培训、检验等有效举措，保证半岛仙茗在制作质量上从源头做起。改革开放初期，西湖龙井一度供不应求，当事人踏遍青山，在象山寻到与狮峰相似的茶山、茶叶，于是在象山采购新鲜茶叶，在现场加工，客观上培养出一批采摘、制茶能手，这其中就包括当时还是小姑娘的张会明爱人。如今她不仅是龙井茶加工技术的一把手，还成了把关收购、制作半岛仙茗的高手。几十年来，在提升茶叶采摘、加工的整体质量方面，象山代有传人。在张会明的公司周围，聚集着加工茶叶的精干力量，来保证半岛仙茗品质上乘。且看半岛仙茗获奖成果的实证。

2015年全国名优绿茶质量评比活动中获特别金奖。

2016年"中绿杯"中国名优绿茶评比中获金奖。

2017年全国名优（绿、红）茶产品质量评选活动中获金奖。

2018年第九届"中绿杯"中国名优绿茶评比中获金奖。

2019年红茶产品质量推选活动中获华茗杯金奖。

2020年第十届"中绿杯"名优绿茶产品评比中获特别金奖、金奖。

作为由中国茶叶流通协会等国家级茶叶权威单位组织主办的全国性茶叶评选活动，华茗杯和中绿杯分别隔年举办。张会明从公司成立后的第2年开始，年年荣获金奖。张会明远在象山，只要把茶样邮件发送到组委会驻地参加评选即可，切身体会到评选"公开、公平、公正"。

张会明积极参加茶样评选活动，旨在以金奖来检验自身半岛仙茗的质量参数，并将其作为提高整体质量的标识。张会明说，市场也像战场，半岛仙茗要在市场站稳脚跟，金奖是开路先锋，若要取得胜利得靠"大部队"，即靠茶叶的整体质量。消费者买账的不是金奖的称号，而是实实在在的茶叶口味。因此，张会明总是以茶叶的金奖茶样为标识，来提高半岛仙茗的整体质量。

半岛仙茗在走向市场中旗开得胜。半岛仙茗外形嫩绿细紧，香气清高持久，滋味鲜爽甘醇，汤色黄绿明亮，叶底细嫩柔软，深受顾客青睐。为方便消费者，在象山县丹城园西路、宁波金钟茶城分别设专卖店，在沪杭甬拥有大批顾客，已销售到河南、河北、山东等地，从东北到海南都有一批回头客。大连市的老顾客，笃守信誉，以每公斤2400元价格批量订购多年。

半岛仙茗名茶还被邀请加入全国特色旅游商品系列。借着各地旅游业的东风，半岛仙茗已从象山走向全国。仙子国里仙茗香，名茶声誉鹊起、持续远播万里。

半岛仙茗飘香石浦古城

四

美丽乡村

滕头：让城市更向往

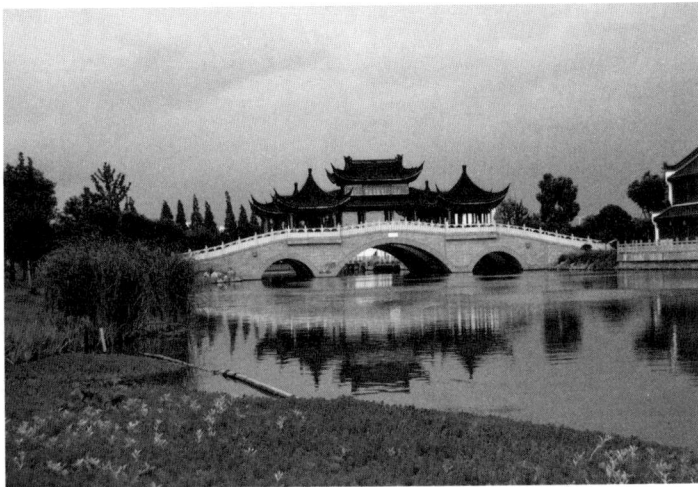

奉化滕头

滕头位于奉化区萧王庙街道。它是全球闻名的生态村。人到滕头，可感悟生态演绎金山银山的人文美景。

律动的江南韵味

若把毗邻滕头的宁波溪口雪窦山名胜风景区比作伟丈夫，那么，滕头称得上大家闺秀。两地各为国家 5A 级风景区。滕头生态秀美，与全国乡村国家级公园既相同又不同，其不同之处是有"江南好"的十足韵味，在动静融洽的景观里极为精致。

鸟类遇人总是远离，但滕头群鸽飞舞，可与游人和谐相处，甚至鸽子会停在你撑开的手掌心上。800只白鸽围绕游人飞翔，任你拍照留影，蓝天下，绿荫中，形如一块白色祥云与你为伴。当年全国政协主席贾庆林在现场，对养鸽人吕文广的口技惊叹不已。吕文广说声"来吧！"，群鸽迎面飞来；说声"去啰！"，群鸽则缓缓飞向林中鸽屋。有一年朱镕基总理到滕头，吕文广凭口技把芦苇丛中的野鸭招来。

　　不知是人们垂青滕头，还是滕头感染了人们，90多位将军在滕头营造将军林；50多位科学院院士在滕头造院士林；30多位杰出女性在滕头亲手栽树造了巾帼林。游人或在林间幽径赏景，或在林荫道上漫步，几乎每棵花木都有倾诉的故事；鸟语啾啾，虫鸣唧唧，草木散发出活泼气息，百花在湿润的空气中绽放，清新的空气沁人心脾。

　　如今滕头村的掌舵人傅平均，接过傅企平的接力棒，组织党员和村民在坚持绿色发展上再迈大步。在成功举办中国农民丰收节等多项农事体验活动的同时，还搭建了更大平台——2019年，滕头村农创中心开业。滕头村农创中心位于村中心，占地100亩，里面汇集了全国各地的特色小吃、服装等各类店铺170多家。仅1年时间，来自全国各地的游客就超过200万人。在古老民宅"凝香居"大院旁，有楼台"抛彩球"的设施，都是游人嬉戏娱乐的好地方。梨花湖畔，采摘基地，鱼儿浅游，菜蔬时鲜，瓜果飘香。村里又有学生社会实践基地可供军训和实习，吸引了浙江医药高等专科学校迁址来与滕头为邻。

　　建设生态文明，可鉴滕头功夫之深。在景区有大气质量监测站等，每项投资多在千万元以上。就风光环保节能灯来说，利用风能和太阳能发电，电线铺在地下，能经受12级飓风侵袭，无论刮风下雨，一年四季保证夜间灯火透亮。

　　滕头生态扎根于科学，更富有文化。浙东工匠的精湛手艺与士大夫的高雅需求，孕育成石窗文化，从先秦开始，到明清时期已发展得极为精致，滕头石窗馆可一睹风采。馆里还设有"越剧大家唱"小舞台，旁有茶室。游人可登台演唱，这里平时也是滕头村民休闲场所之一。演唱都有乐队伴奏，优美的越剧唱腔在石窗馆外回荡，会把游人脚步引向那里，村民还常到邻村义务演出，可见滕头村民生活水准。

滕头村由河流、森林、草坪环抱，显得既古老又年轻。说它年轻，绿色发展走在时代前列；说它古老，滕头村有"耒"字村的标志建筑，有上海世博会滕头案例馆。古今融合成神奇乡土，使来过的人都难以忘怀。

定格的世博会节点

在滕头村口附近，有建筑群落，亭台楼榭，巍然屹立，古风扑面，即为廊桥。楼榭下清流潋滟、芳草萋萋，那是绕村的一段水域，夜幕降临后，月色溶溶、桥影流虹，荡舟水上，歌舞升平，会有春江花月夜的律动。

廊桥北侧有滕头村村标，远眺形如春秋时代的刀币，近看又像古代农具"耒耜"的"耒"字，"耒"字的中间一竖上，书有"国家级农业综合开发区"10个大字。自古以来，村民在求生存温饱中创造农耕文化，这也象征着可贵的滕头精神："一犁耕到头，创新永不休。"滕头村有两个代表人物，一位是带领滕头村入选"全球生态500佳"的傅嘉良，另一位是使滕头村成为"世界十佳和谐村"的傅企平。

傅嘉良年逾九旬，当年他带领村民改土造田，田成方、水成渠，规划新村有序，夯实滕头发展基业，不畏困难与艰辛，凭的就是"一犁耕到头"的执着精神。而后，傅企平接上傅嘉良的班，成为领导村民"创新永不休"的典型。就2010年上海世博会来说，那一年的主题为"城市，让生活更美好！"而作为当年上海世博会上唯一的乡村，"滕头案例馆"

滕头在世博会的案例馆

大放异彩。是傅企平的创新精神，让滕头挤进世博会？还是世博会人士被生态滕头之美所感动？业内人士评论说，两者都是、都有。

回想当年上海世博会，人山人海，参观要彻夜排队，滕头馆更是人头攒动。2016年，滕头人决定把滕头馆迁回娘家。滕头案例馆以1：1的比例，用原始材料在滕头村重建。这是上海世博会的凝聚节点，呈现了世博元素、宁波元素、奉化元素和滕头元素，重建后将定格滕头，风范永存。这个项目总投资达3800万元，这可是滕头的又一创新举措。

比起滕头馆在上海，如今更能引发淡淡的乡愁，因为其周围多有陪衬景观。农家园里，前人的工匠精神独存，牛车盘、风车、水碓、脚踏、手摇的抗旱水车等，让人在领略乡愁之余，感受时代的沧桑巨变。

滕头人做事总是先人一步。2013年滕头村建成全国首个乡村级国家公园，即国家生态旅游示范区，由国家旅游局、环保部审定。5A级景区买门票游览是顺理成章之事，但是在1998年，滕头村率先卖风景、收门票有许多人不理解，甚至还有非议。实践证明傅企平这一思路对头，据村办公室主任钟水军报告，2015年滕头村门票收入达3000万元，由此衍生的综合收入有1亿多元。如今又审时度势，取消5A级景区门票，仅游乐项目收费运营。

人们在赞叹滕头风光之余，更羡慕滕头村民生活。早在20世纪后期，由村统一规划，建设单家独院的一排排农居；后来又建两户一幢别墅式新房，近几年又兴建高层建筑。现在村民若购房，房价是城市的1/10左右。村民从婴儿呱呱坠地开始，每人每月就可领取1500元福利金，退休村民每人每月可领取不低于2000元的福利退休金。

滕头属于人类世界

滕头生态之美，如三月春风，吹拂大地；如冬日和煦，温暖人心。

滕头花木，仅靠2平方公里的村域面积，远不能适应各地需求。当年，傅企平他们先在浙东各地拓展，建设多种形式的花木、茶叶基地。茶是优秀传统文化的载体，当傅企平和他的助手傅平均得知安岩有位种茶高手，就上门拜访，见那里高山生态环境优越，适合开发有机茶，就投资50万元，与茶农联手开发滕头白茶。原协议10年还本，结果茶农致富后，4年就归还了投资款。滕头白茶从投产开始至今，参与全国"中绿杯"第六、七、八届评奖活动，都在金奖榜上有名。以茶会友，滕头白茶茶汤清澈明亮、黄中带青，是客来敬茶的最佳之选，也是馈赠亲友的理想选择。

滕头生态已经走出浙江，走向全国。滕头园林花木基地已发展到福建、安徽、江西、江苏、湖北、山东、河北等10多个省市，基地面积达10万亩。据有关部门数据，论一个单位的苗木基地之多，滕头在全国占据首位。2016年3月20日，钟水军代表滕头前往江西上高县芦洲乡，那里有滕头万亩花木基地，正逢其中数千亩红玉兰绽放，游人观赏如云，现场停放的自备车就有2000多辆。那壮观场面吸引江西省电视台记者前来采访，赞许滕头是"美丽扶贫"。芦洲基地还植有紫薇、梅花，四季有花，带动了当地餐饮民宿的发展，当地农民护理基地花木，每人每天报酬高于当地，能干者从中还可学会种植护理花木的技术。

同样在福建三明市村头屯，滕头基地环境优美，成了山地自行车比赛场地，有的农民依托5000亩基地，学会先进的苗木种植技术，过去苗木要培植8年方可上市，如今只要4年就能出售。人们敬仰滕头，傅企平是第十届、第十一届、第十二届全国人大代表。外省人士说，他是由浙江选出的全国代表，要是在我们这里，也会出自心底举手赞成。

翻阅滕头创业发展史，有15位党和国家领导人、150多位省部级领导的足迹先后留在滕头村，滕头村由此有"了不起的村庄"之称。不仅如此，还有联合国及亚非国家的政要光顾滕头。1993年联合国副秘书长伊丽莎白·多德斯韦尔女士一行考察滕头。滕头在被列为"全球生态500佳"之后，2007年6月，又由联合国授予"世界十佳和谐乡村"奖牌。

滕头属于中国，也属于世界。

（原载《文化交流》2016年第11期，文字有改动）

中国名村谢家路见闻

全国文明村谢家路村的文艺活动丰富多彩

余姚市谢家路村是中国名村，却和别处名村不同。历史上它没有光彩的人物衬托，唯一和明代状元宰相谢迁沾边的，也是一份淡淡的乡愁。谢迁出生在3公里外的泗门镇上，那里有谢家祠堂，每逢清明时节，外地贫穷百姓可去祠堂吃馒头。人们竞相走着去谢家祠堂之路，年深日久，这条路就被称为谢家路，并且以路名村，村名也就由此而来。

村史馆里更能勾起乡愁。这地方最早是杭州湾南岸海涂。史载"唐涂宋滩"。元、明时代为余姚盐场属地。从绍兴、萧山、上虞迁来的移民，以煮盐为生。"煮海之民何苦辛，安得母富子不贫。"明、清时代，部分盐民开始种植棉花，也有部分出海捕鱼，村民住的是低矮的茅房草棚，生活如同盐碱地那么苦涩。

百年来谢家路村的村民职业，由古代煮盐到种棉，直到近二三十年农工贸齐头并进，村庄欣欣向荣，获省、市的集体荣誉100多个，全国级的荣誉14个——

全国先进基层党组织、全国文明村、全国优秀小康村、全国美德在农家示范点等。它地处繁华的杭州湾畔，成了镶嵌在宁绍平原上璀璨的明珠。

新常态下美德花

从 329 省道进入余姚市泗门镇地界。路边谢家村的牌楼赫然醒目。从牌楼入村，笔直宽敞的林荫大道足有 4 公里长，穿过商店、跨越河道，直通碧绿的原野。

从林荫大道两边扩展的民居，再也看不到以前草房的痕迹，映入眼帘的是精致典雅的农家小院、现代化的装潢设施，还有老人悠闲散步的场景。

有一天，宣秀娥家遭遇意外。有村民走过这家屋边，听见屋里传来"嘎嘎嘎"的怪声，往门口一看，吓了一跳，只见宣老太的头颈被自动门卡住，头在门外，身子还在门内，幸亏村民相救。媳妇宣秀娥赶到，感谢村民之余，又连忙派人把老人送往医院，输液两天后竟安然无恙，村民都说，宣老太的命大，定能活过百岁。

村民之言不无道理，宣老太身体硬朗，每天吃过媳妇为她准备的早餐后，或出门散步，或到邻居家聊天。她还坚持午睡，中餐、晚餐还喝点酒，只是已 88 岁高龄，动作显得迟缓。村民羡慕老太有福气，逢年过节有两个女儿来看望她，平日里的饮食起居有媳妇服侍，她的住处干净、整洁，比新房还美观。她欢喜住小儿子家，大儿子提出要补贴赡养费用，媳妇宣秀娥说："大哥建房用了钱，我家可负担婆婆之生活，让我们多尽一份孝心也是难得。"

村里有不少老人的儿女在外，有的老人的儿女又忙于工作，想尽孝也是心有余而力不足。去年中秋节，一位老人满怀希望，等着儿女回家团聚，最后却只等到一个电话，说是忙得回不了家，快件已经寄出，内有月饼、香肠、饼干等食品。而老人如今最高兴的是子女能常回家看看。好在村里有倡导结队献爱心的风尚，有的年轻人出资同老人聚餐，也有人上门看望老人。奕菊英与 83 岁的许水洋大伯结对。冬天到了，细心的奕菊英送上 41 码的棉鞋，正合老人的脚，老人感激地握手致谢。奕菊英得知沈才登老人有病，又主动到医院探望。如今谢家路村的老人，颐养天年，健康长寿，村里有过百岁老人，90 岁以上的老人有 12 人。

先哲有言"老吾老，以及人之老；幼吾幼，以及人之幼"，在当今谢家路村，被演绎为"大手牵小手"。美德之花也绽开在少年儿童心田，特别是在单亲家庭和弱势村民中。有户人家祖父年迈，父亲智障，孙子厌学，村志愿者担起帮教孩子的责任，直到孙子上了初中能自立读书。志愿者又接了另一孩子的帮教助学担子。如今谢家路村不仅没有青少年违法犯罪，就连因故辍学的也在村民帮助下重返学校。美德又像阳光一样洒向社会。2013 年夏天，红十字会 O 型血告急，电话打到谢家路村求援。村民杨玉平不仅一家三口一起献血，还动员妹夫也献血。至今她一个人已献过 7 次血，这事在当地被传为美谈。

此外，谢家路村还涌现了许多美德先进典型，如回报家乡的好心人沈志祥、为村争光的好村民严仁铨、感恩第二故乡的全国优秀农民工王敏、见义勇为的好青年何志龙等。

谢家路村美德似和煦春风、温暖阳光，又如绽开鲜花！

在民主法治的土地上

谢家路村 5 平方公里的地域上河渠纵横，早年围垦海涂筑成的海塘有四塘、五塘、六塘、七塘、八塘、九塘，还有慈溪市引曹娥江水的主干渠。村民在"五水共治"中积极防洪水、排涝水、治污水、抓节水、保供水。国家实施建设生态文明战略，颁布了一系列法律法规，村里也制订了相应的乡规民约，开展"五水共治"，既集中时间，举全村之力，依法执法打下硬仗，又以美德作为引导，坚持长效管理，巩固治水成果，实现村里岸绿、水清、路净、环境优美。如四组村民把美德渗透到治污水中去。村民沈华杰为四组村民出资，提供给每户垃圾桶、垃圾袋，补助两个环卫工人工资，及时把垃圾送到垃圾中转站。沈华杰除了每月定期发垃圾袋，还劝导村民进行垃圾分类，引导大家养成良好的卫生

党建引领幸福群众

习惯。人人有任务、要检查，甚至环卫工人天热不戴安全帽也有人监督。

村里总会发生大大小小的事件，如家长里短、兄弟反目甚至违法乱纪。谢家路村也一样，但不同的是事情总是平息在苗头。村民和村干部都记着一句话："小事不出组，大事不出村。"村里有 110 名维稳信息员，有一组被称为"老娘舅组"，这批人德高望重，有法治观念，协调能力强，应得上当地俗语——"娘舅大石头，说话独句头"，意思是说老娘舅说的话，相关人员都得听从。在大家的共同努力下，多数时候做到了小事不出村民小组。比如，第八组村民沈家兄弟多年互不来往，形同陌路。2013 年老父病逝，弟弟请不动哥哥来共办丧事，主要是早年父母偏袒小儿子，将老房让给小儿子居住，引起大儿子不满。村里的调解委员和村民组的维稳员在全面了解情况后，到大儿子家摊开一本陈年旧账，原来父母不但没有多少积蓄，而且生前去余姚、上海看病还欠下一大笔债，这些全是小儿子在负担。大儿子不报养育之恩、忘了传统美德，最后通过亲情教育，消除了隔阂，兄弟和好如初。

法治中蕴藏美德，体现在孙大伯的家事上。老人的儿子因心肌梗死猝亡，29 岁的媳妇带着小孙女改嫁，当时 10 多岁的大孙女留在祖父身边。女孩不易管教，险些走上邪路，改嫁的母亲对她的教育也无能为力，还是同村的杨大妈循循善诱，经常告诫女孩要自珍自重，用心呵护女孩健康成长。

余长富是村中维稳信息员，更是一位和谐美德行动中的无私奉献者。他是泥水匠，每天出工收入 200 元。一天早上他刚要出工，两家兄弟因宅基地纠纷非请他去调解，一去就是半天。此外，余长富经常牺牲晚上的休息时间，串门拜访。他的妻子余文娟说，村里有些鸡毛蒜皮的事弄成互不相让，丈夫总是耐心开导，晚上 11 点回到家是常事。在村里弘扬和谐道德新风行动中，余长富还被村民选为镇人大代表。

谢家路村有 11 个家庭普法宣教点，这既是全村 110 名维稳信息员的学习场所，也是他们的工作平台。这些维稳信息员要把工作做到每家每户，到 2015 年实现了全村零群体性事件、零上访事件和零刑事案件。外来调研人员称赞谢家路村这支队伍是"小干部，大作用；小组织，大稳定"。谢家路村由此被评为"全国民主法治示范村"。

永远的谢家路精神

多年来，村党委领导这样激励村民："有好心，做好事；做好人，建好村。"在践行物质富裕、精神富有的创业路上，那些美德孕育成谢家路精神。全国人大常委会法工委原主任、中共浙江省委原书记薛驹同志在谢家路村考察时亲笔题词："富而思进求发展，永不满足创新业。"

创业的带头人钱建康，是"全国十大杰出村官"之一，又是全国劳动模范，在他带动下村级经济和各项事业迅速发展。全村 1638 户家庭、4523 名在册户口，2013 年实现社会经济总产值 41 亿元，村级集体经济收入达到 1750 万元，村民人均年收入达到 30098 元。

在确保全村和谐发展、持续发展中，村内大事从过去领导"为民做主"转变为"让民做主"。村上的"小板凳工作法"省内外闻名。小板凳在农家比较普遍，干部与群众同坐小板凳，不拘形式，说话实在，拉近了干群关系，小板凳联络大感情，共议、共商村中大事。2013 年 9 月，在向村民集体传达村规划时，村民竭力反对建设"有葡萄"，原来大家把"游步道"误解成"有葡萄"，都说现在生活好了，葡萄又不是奢侈品，何必列入规划。后来启用"小板凳工作法"，才解释清楚，消除了误解，投赞成票的村民超过95%，将谢家路江沿岸和环村道路改建成休闲健身场地"游步道"，优化了人居环境。诸如这类村中大事都是村民说了算，规划落实了，开工就顺当得多了！

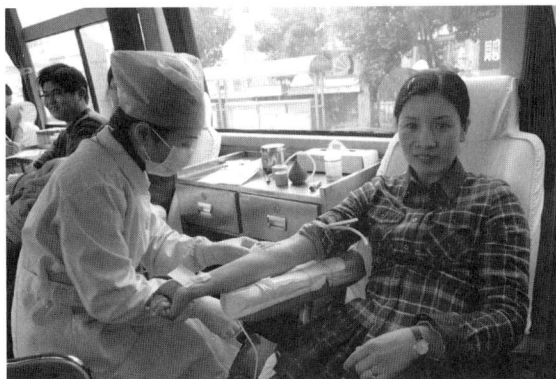

义务献血在谢家路村蔚然成风

谢家路精神蕴含着美德、民主、法治等多种元素，并且有严密的组织网络。村党委下设12个党支部，有10个支部以村民小组为基础，全村共214名共产党员，每人就近联系5—7户群众，有党员联户小组织；10名村级干部，每人联系一个片组，党员干部工作在各组织中：村里有"老娘舅组"、爱心传递小组、农忙帮困小组、卫生保洁小组、义务守夜小组和文艺乐队等志愿服务组织。各种组织的生命力、凝聚力在于活动。在提高干群素质和服务上，村里开设微型党课小课堂、村民道德小讲堂和青少年春泥小课堂，在村民中又坚持"小板凳工作法"，落实村里决议、健全民主法治、弘扬文明美德有了组织保证。

全国约有65万个行政村，谢家路村按影响力在中国名村排行榜中列百名之内。2014年11月初，在河南漯河市干河陈村举行全国第十四届村庄会议，全国人大常委会副委员长顾秀莲出席会议。在800余人参加的全国各民族村官盛会上，人们赞许永远的谢家路精神。

（原载于《文化交流》2015年第3期，文字有改动）

岔路葛洪养生小镇茶事传奇

屠呦呦在瑞典获诺贝尔生理学或医学奖

宁波籍屠呦呦读葛洪医书，得到提取青蒿素的启示。为此，她在获诺贝尔奖发表感言时谈到感谢历史人物葛洪。宁波还有个岔路葛洪养生小镇，它在乡村振兴中以中药著称，养生之名正传扬万里。

岔路葛洪养生小镇，位于作为全国生态示范县之一的宁波市宁海县，那里地处天台山脉和四明山余脉之间。"天台四万八千丈"，晋代葛洪受其从祖父葛玄在天台山种茶影响，在浙东活动。祖孙两代在浙东至今仍有文化影响，人称大、小葛仙翁。在宁海聚居的葛氏后裔有 2.3 万余人。每到春季，人们在岔路的田间地头采集青蒿，制作传统美食青麻糍。近 5 年来，宁海以岔路为基点，年年举办葛洪文化节，通过这些活动，人们加强了对葛洪的认识——他是东晋道教领袖，在医药、化学上有特殊贡献。有人说，弘扬中华优良传统文化，中医药和茶文化是最务实的载体。历史上以道家种茶、释家送茶、儒家赞茶闻名的"千年儒释道，万古山水茶"，在岔路养生小镇演绎着传奇。

传奇之一：黑茶奥秘产地。浙东各地盛产绿茶，这里约有 2000 亩茶山，在主产地的中心有葛洪炼丹遗迹，传说他炼丹要用上这里的岩茶。如今赤岩峰出产的黑茶元膏牌砖茶行销到内蒙古、青海、甘肃，直至西藏地区，那里少数民族品饮砖茶，不仅可以解乏解渴，还可以消除多食牛羊肉带来的油腻、肥胖。也许是受四明和天台的高山云雾土质、海洋性气候环境，以及葛洪人文基因传承的影响，赤岩峰茶业率先在浙东生产黑茶已达 15 个年头，比之目前兴起的红茶、青茶、老白茶生产得更早。2012 年国家民委、财政部和中国银行发文将其定为"全国民族特产商品定点生产企业"，为少数民族提供优良黑茶，推进少数民族科学饮茶。

国家民委于 2019 年 8 月 14 日至 15 日，从北京专程到岔路调研黑砖茶的科学发展思路，鼓励赤岩峰茶业做好民族大家庭中的团结茶、和睦茶。

传奇之二：茶雕工艺魅力。将茶叶加工制作成可以雕刻的工艺品——这是赤岩峰茶业的特色产品，可欣赏、品用、收藏，引起了国内外人士的浓厚兴趣。就葛洪头像的茶雕工艺品来说，其造型如同圆形的瓷质挂盘，一面是茶叶雕制成的葛洪，另一面是文字简介，置在木架上，一概茶色，看上去十分古朴，人物脑额开阔，线条清晰，蕴含着浓厚的茶文化和医药文化故事。摆设在室内，

茶雕工艺摆件

茶雕上的茶叶持续发酵，不断产生有益物质，不仅散发茶香，更有净化空气的功效。据赤岩峰茶业经手人介绍，2019 年初春，当一批茶雕工艺运到阿联酋时，阿拉伯人原以为是饮品，把茶雕工艺品掰碎放在壶中烹煮。当他们看到工艺纹

理清晰、造型精美，就舍不得把这工艺品拿来饮用了。后来，茶雕工艺品辗转到阿联酋王子那里，他看到正面有葛洪头像，另一面有阿拉伯文的文字介绍，爱不释手。

北京还有客户向赤岩峰茶业订购装饰砖，因为客户在一高档宾馆体验后，知道这个产品能氧化分解室内空气中的有害物质，如甲醛、苯、放射性物质等，并具有强劲的吸附异味能力，能起到防癌抗癌作用。健康的茶叶装饰砖，为茶叶资源综合利用、茶产业链延伸开辟了创新思路。

由丝绸之路生态文化万里行项目牵线搭桥，岔路葛洪养生小镇还和北京的驻外使馆结缘。2019 年 6 月 15 日，宁海县委领导和岔路镇干部及企业家组团在北京尼日利亚大使馆开展对外文化交流活动。参展团分别会见了英联邦驻华代表，详细介绍了宁海社会经济发展，以及葛洪文化在宁海的传承与发展状况。

宁波赤岩峰茶业有限公司、宁波韵子味山茶油有限公司、宁波旺精生物科技有限公司以葛洪文化传播为主导，展销三家企业的黑茶系列、山茶油系列、山黄精系列产品。

岔路葛洪养生小镇的企业家正把握机遇，弘扬葛洪文化，在向国外输出中国的传统优秀文化中，建好养生品牌。当年屠呦呦先人为她起名时，取《诗经》中"呦呦鹿鸣，食野之蒿"一句，一定想不到青蒿竟成就她一生。同样，有人戏称赤岩峰老总葛明星会有"明星效应"，让黑茶扬名中外。

在岔路镇还有不少养生产品。初秋后那里出产的金桃招人喜爱，岔路的麦饼又薄又脆极为生态，还有岔路黑猪肉，它和金华两头乌肉猪一样有名，已获批成为地理标志产品。在养生小镇上参观，感悟到山清水秀、路净屋新。宁海茶促会领导谈到宁海火车站每天的客流量近万人，其中缘由之一就是，由生态旅游到养生小镇，引来游客连连。

美哉！生态文明示范县！

亲哉！岔路葛洪养生小镇！

文哉！赤岩峰茶业！

美在"中国第一渔村"

桐照为"中国第一渔村",被正式命名授牌的年月不长,以至陆域地界熟知的人不多。在火热开发海洋经济的年代里,最近又有一家单位向阳光海湾投资 600 亿元。在那里的"第一渔村"桐照,正在彰显无穷魅力。

"第一渔村"由来

步至宁波市奉化区桐照村,岩石上铭刻的"中国第一渔村"红色大字,簇拥着绿树鲜花,豁然醒目。

中国渔业协会组织专家组对桐照村进行评审,于 2010 年 1 月确认、授牌它为中国第一渔村。5 年后又对其进行一次复评,复评合格后于 2017 年 5 月再发证书。这两块红字金匾,在村办公楼里金光闪烁。中国渔业协会会长授牌时与村代表的合影,永久定格在桐照村史上。

据《奉化市志》记载,五代时就有桐照地名。村后高梧山"梧桐繁生,枝叶辉照",栽好梧桐树,引得凤凰来。港湾中有凤凰山岛,与高梧山相对,邻近还存有栖凤地名,桐照居住的有林、陈、吴、王等姓氏人家,其中林姓最多,而林姓的桐照始祖,与海神妈祖同乡同姓同宗,都来自福建莆田。

妈祖出生在北宋年间,这位莆田林姓人家的小女儿出生一个多月从没啼哭过，于是取名林默，稍事长大后，一次家中父兄 5 人出海遇险。林默在梦中神游海上救护家人，显示出她对海事有超乎寻常的"敏感"。后来林默誓不嫁人，乘船渡海，救护遇难渔民和商人，被人们尊为海神。约在公元 987 年一个飓风暴雨夜，林默在海上抢救遇险船民时被飓风卷走。后人修庙祭祀她，尊称她为妈祖。

学界评述妈祖扬名于宁波（明州）。北宋宣和五年夏天，有位叫路允迪的官员奉命出使高丽，率领 8 艘大船从明州出发，中途遇狂风巨浪，船倾人仰，十分危急。此时一位福建商人献计，祈求妈祖庇佑。忽见红衣神女妈祖缓降于船桅之上，刹那间风平浪静，船队得救。官员路允迪回国后，将此事上奏朝廷，同年，宋徽宗下旨赐"顺济"庙额。此事在《丛书集成》的《宣和奉使高丽图经》中有记载，妈祖之名由明州传遍天下，历代帝王褒封妈祖为"天妃""天后"，直至"天上圣母"，积淀成深厚的妈姐文化。从前宁波甬东天后宫是祖国大陆七大天后宫之一，与天津、南京、扬州、上海、福州、泉州的天后宫齐名。港澳台地区信仰妈祖人数众多，仅台湾的妈祖庙、天妃宫就达 800 余座。

宁波妈祖遗迹甬东天后宫，现为宁波海事民俗馆，又称庆安会馆，为全国重点文物保护单位。桐照渔村更与妈祖结缘。南宋末年，兵荒马乱，莆田林坤携家沿海迁徙，途中遇大风大浪，祈祷妈祖化险为夷。林坤请求妈祖指点何处停泊上岸，只见妈祖示意他们一路北上，见有梧桐神庙处，可为安身之地。

林坤全家北行一天之后，来到一个小庙宿夜，梦中有一将军奉妈祖之命，示意这里可成林家栖息生养之地。林坤梦醒读到庙碑，知是纪念陈豨的神庙。陈豨为汉初名将，统率边兵，封为列侯，又礼贤下士，广招宾客千余。林坤在这里又见梧桐，从此定居在桐照，谱牒上称"始祖坤公"。一方水土育一方人，桐照林氏后人子孙兴旺、人才辈出，他们既有妈祖的仁慈，又有陈豨的强悍。

林氏后人和桐照其他村民和睦相处，团结一致，共同开拓象山港畔新天地。

走出港湾敢闯海

象山港在《辞海》条目中注释为天然良港，是东北向西南延伸的狭长形海湾，位于象山县、宁海县北部，宁波市奉化区南部。桐照处于奉化开发的象山港阳光海湾。据《桐照渔业简史》介绍，宋开庆年间，奉化以桐照为主，就有上千艘船出海，中国渔业博物馆内有"奉化鱼会"遗物，说的也是桐照。象山港邻近有"河泊所"的地名，诉述着古代鱼市兴旺，明代设河泊所征收的渔税丰盈。

东海水产优质，象山港的鱼、虾、蟹、蚶等分外鲜美。在开发和保护象山港中，桐照村民注重生态养殖。林民委员会主任林亚义是奉化海水网箱养殖协会会长，组织村民在港湾养殖鲈鱼、黄鱼、美国红鱼和黑雕等。

桐照渔民在象山港畔享受大自然的恩赐，更是志存高远，勇于闯海。在交通和气象科学不发达的古代，他们在与狂风巨浪搏斗中，形成不畏艰辛、团结拼搏的传统。古代渔民预测海上气象用蜡烛。在船尾点亮蜡烛，如灯光笔直，说明风平浪静，可放心捕捞；若烛光弯曲，说明大风浪将至，得迅速回港。船只捕捞风险大，有民谚称船上"三尺板面是娘房，三尺板外见阎王"。风浪中形成有名的"桐照旗帮"，以各色彩旗为号，一方有难，众人相助。历史上桐照人斗倭寇，倭寇丧魂落魄；斗海盗，海盗望风而逃。如今先进的捕捞钢质渔轮，成为桐照渔民闯海大显身手的有力保障，渔民捕捞常到钓鱼岛，直至远洋。古代的木帆船只能在近海作业，后来发展成大捕船，船载重量可达十六七吨。这已经是了不起的大船了，造船木材讲究，船上 6 人各有分工，可到外海作业，但仍要借力风帆和人力摇橹，后来大捕船被机帆船取代。1956 年桐照迎来奉化第一艘机帆船，这也是浙江省最早的机帆船之一，机帆船载重 35 吨，发动机马力 40 匹。1989 年启用的钢质渔轮载重在 300 吨以上，马力 250 匹以上。桐照渔民世代闯海耕浪，锤炼了一批又一批船老大，如今他们将跨入了渔业发展的新时代。

自古以来，飓风暴雨在大海肆虐，不知吞噬了多少生命。而象山港的出名在于是生命港、安全港，桐照码头更是温馨港。每当风浪来袭，渔民根据气象预报，迅速把渔轮驶入港湾，角尺形的桐照码头从岸地一端伸入港湾，相邻有悬山岛屏障，码头两边可停泊渔轮 500 余艘，船上旗帜猎猎，形成巨大的船山，巍然屹立，安然无恙。渔民爱护海洋从茫茫大海到港湾，就连微小的废电池，也做到回收上岸，不丢入海中。

林国锵是土生土长的桐照人，担任 20 多年村干部，退休后享受副局级公务员待遇。他介绍桐照如数家珍。桐照常住人口 1.6 万人，其中 6000 人为外地来的新宁波人，渔民的固定资产达 30 多亿元。桐照积极开拓国内外活鱼市场，分别有跑国际航线和国内市场的运输船、车。仅 1 年多时间，桐照在上海市场的活海水鱼销售量就达 2000 多吨，占整个上海市场同类产品销售量的 70%，同时每月保持 6 万—7 万尾活鱼远销国际市场。

渔家风情录

科学家发现地球北纬 30° 附近有许多神奇奥秘。奉化地处北纬 29° 与 30° 之间。说到宁波旅游，溪口的雪窦山 5A 级国家级风景区固然诱人，但奉化区的旅游海洋文化，松岙、裘村到莼湖的碧海蓝天也另有风情，得天独厚的桐照就在其中。

桐照码头一天有几百艘渔轮进出。一箱箱带鱼、黄鱼、鲳鱼、海鳗等鱼货，通过传送带、源源不断地送到岸上，运鱼的、充冰的、加水的，人来车往，熙熙攘攘，把鱼货送往四面八方。这一派繁华鱼市景观，远非古代"河泊所"鱼市可比。

从前渔民出海捕捞，冬季鱼汛期不回家。有首《渔嫂歌》唱的是"我夫九月出门到五月来"。歌词从"九月"开头："九月菊花开来重阳更，我夫郎抓鱼要出啊门……正月里来是新年，我夫郎还在浪撑舵柱……五月石榴一点红，我夫郎抓鱼进啊门……"歌词在唱丈夫出门捕捞辛苦的同时，也反映家中的穷困："家中没有安家本啊，大儿小囡要吃用，四亲八眷是借勿拢……"今日桐照有首《四季渔歌》，唱出了今昔天壤之别："冬季里鱼汛传来高产量，渔用卸货码头忙啊，汽车装鱼全国卖，渔民生活大变样。新渔村、新气象，高楼别墅一幢幢，嗨！一年更比一年强哎！"过去渔民除夕在海上回不了家，如今在桐照开渔船的外来务工人员也可回家同家人团聚。2014 年 1 月，陕西安康旬阳县杨秀峰在回家路上，恰逢李克强总理在他家走访，总理电话喊他平安回家，为杨秀峰回家过年更增加了欢乐的气氛。

渔村文化极富海洋内涵，美味海鲜上档次，游客特别推崇。春季吃春鱼、海鲫鱼、桃花鲻鱼、马鲛鱼；夏季吃鲈鱼、青郎、石斑鱼、跳鱼；秋季吃黄鱼、带鱼、青蟹；冬季吃竹爽、玉秃、璜虎，每一道时令海鲜，都让人感受到纯正的渔家特色。特别是春潮涌动桃花盛开时，从太平洋深处飞速游到象山港畔来产卵的马鲛鱼，纺锤状的体形，腹部白色，青绿色的背脊上布有蓝色斑点，其肉质细白、鲜美无比。清明前后的头水马鲛鱼，每市斤价达上千元。

桐照也是浙江省奉化向阳海岸休闲渔业基地，经过几年的发展，开发了众多休闲渔业项目，游客可以上渔家船，在欣赏象山港如画风景的同时，开展随渔民捕捞和自己拢蟹笼等活动，容纳 40 名游客的钢质船可接游客到海上遨游。这里既有鱼池又有海上钓船，还备有 12 号小龙船（滩涂泥船），可供游客在泥涂上玩耍。拥有 1.6 万平方米的海上平台，分为餐饮、垂钓、观光、休闲 4 个区块，可供 300—800 人同时用餐。吃海鲜、游海岛、钓海鱼，游客可尽情享受渔家乐。

凭着象山港的天时地利人文优势，每年禁渔期后、开渔节始，都有庆祝出海捕捞和祭祀妈祖天妃活动。依托港湾中悬山岛和凤凰山，规划开辟天妃湖，提升当地海洋文化。人们赞美桐照：朝阳洒进梧桐林，凤凰来仪啼金音；伴唱无尽渔光曲，奏响渔家第一村。

（原载《文化交流》2018 年第 1 期，文字有改动）

和美翁方谱新曲

闻名世界的河姆渡遗址，闪耀着中华民族 7000 年前的原始文明，演绎到今天，那里的余姚市河姆渡镇翁方村更是奏响美丽乡村的乐曲。2014 年 4 月，宁波市委、宁波市人民政府召集所辖县（市）、区领导干部，在翁方村举行"三美"乡村建设工作会议。与会人士在现场，领略"三美"——道德高尚心灵美，社会和谐乡风美，文化丰富生活美，如春风扑面。

村落文化亦醉人

翁方村由原来翁家、方家两个大村和一批自然村组合而成。如今村民委员会所在地是近年开辟的新翁方村，举目所及，彩色瓦墙，庄重美观，每套面积 200 平方米上下。偌大的广场上，置有多种健身器具，曾获得浙江省中心村全民健身广场荣誉；又设有以"诚、善、礼"为中心的道德长廊；还有大型的露天电子屏幕，村民看屏幕电视如同看电影一样；法制文化公园立有 6 根罗马大柱，庄严肃穆，高大雄伟；公园里有假山、亭阁、奇石、回廊，又有计生文化、统战文化宣传窗等。

广场西侧的方形建筑，巍然屹立，气势雄伟，屋顶红色大字"文化礼堂"引人注目。这是浙江省千家文化礼堂之一，室内有电视室、图书室、健身室、棋牌室等，二楼则为办酒席的场所。全村 800 多户人家，遇上祝寿、结婚之类喜事，亲朋好友来贺，就到文化礼堂聚会。碰上结婚吉日，两三家同时在文化礼堂举办酒席，一年四季喜庆气氛氤氲。

翁方村家园馆名闻四方

翁方村的特色在于扩充了文化礼堂的内容。村民委员会办公楼底层开辟有"翁方村家园馆"，馆内彰显了丰厚的传统文化和现代文明。村史记叙翔实，文明风尚如歌，颂扬了亘古不变的村庄灵魂，为后人提供取之不竭的精神财富。村史可上溯到古代，北

宋徽宗皇帝在位18年，旌表过义门方氏，有《义门诗》在家园馆展示。传说从前方氏族人出门在外，相见时能背出《义门诗》，才算得同族同宗。《义门诗》开头两句："甘田美宅九华东，斑白熙熙走巷通。"写义门方氏兴旺，良田美宅绚丽多彩，老人们街谈巷议、生活安乐！有位村干部在解读这首诗时说，古代大家庭人多以和睦相处为荣耀，他听太婆传下来的故事说，当时新媳妇过门后，因为煮饭用大锅，锅盖大得用双手都拎不动。到了南宋年间，方门出了方山京，状元及第，家园馆里也有他的诗："人生霄壤间，胡为图利禄。"意思是人生天地间，为何要为名利得失而劳碌。诗中称："有田力可耕，有书勤可读。"方山京生活俭朴简约，村里还立有方山京塑像，以发扬耕读传家遗风。

家园馆里还重点介绍了在村里的百年名校江邨小学，这里培养出大批人才。江邨小学校歌称："主村曰翁方，江邨有荣光。"民国闻人陈布雷的五妹陈若希嫁到翁家，为翁祖望之妻，其子翁泽永抗日战争时期为郭沫若的秘书，其女郁文是中国国际交流协会原副会长、全国人大常委会原委员长乔石的夫人。郁文当年从慈湖中学毕业后，即上四明山抗日根据地，在鲁迅学院从事抗日救

亡运动。如今翁家的祖屋仍在，只是有待修缮，由于宅主在中国台湾，因此修也难来保也难。

1993 年 5 月 12 日，河姆渡遗址博物馆开馆，郁文被邀请出席开馆典礼，事后到文明村翁家。在村办公室里，村人请郁文题词。她把千言万语汇成一句话："翁家村旧貌换新颜。"当她习惯性地署名"郁文"以后，想了想又说："我是翁家村人，应当写上姓氏"。于是又写上"翁郁文"三字，并加上括号。

翁方村现有大学毕业生 100 多人，在家园馆中有展板显示。在 20 世纪 80 年代，全国城乡平均每 500 人中只有 1 名大学生，照此比例，翁方村 2500 多人中只有 5 名大学生。尽管如今大学生人数在总人口中所占比例大幅提高，而翁方村的大学生人数是这平均数的 20 多倍，可见村民鼓励子女上学读书风气之盛。

家园馆的展示由古至今。有村训、村风、民俗、烈士名单，人们永远铭记和感恩这片土地。还有为村民做贡献的先进人物。宁波市人大代表方海明是位优秀企业家，致富不忘众乡亲，资助村里的公益事业，过年时给村中老人送红包，"六一"儿童节送小朋友礼物，家园馆也列展板以志。

从家园馆中可看到，文化是软实力的真谛。

和美春风扑面来

翁方村的文化礼堂不仅设施齐全，还不定期办文化讲堂，结合当地乡土历史，举办健康历史讲座；又开办道德银行，设立农户道德档案，围绕和谐乡风建设，内

村女子腰鼓队在表演中

容分精神和物质两大方面，每月每季进行道德积分评定，并由村委会担保，方便有的农户办小微企业向银行贷款。道德银行于2012年开办，仅两年多时间就为17家农户提供了168万元小额贷款。

村干部方平说，翁方村在维稳中能做到没有人群上访，这并不是说村里没有矛盾，重要的在于化解矛盾。村民中尤以征地拆迁的意见居多。2012年8月，有位陈姓村民对征地补偿金有意见，要上访。村干部了解后，派人陪他去上访，陪到余姚市信访局，又陪到国土资源局，对方接待人员问明情况后，向这位村民解释，村里征地的程序合法，村里给的补偿款符合政策规定。陈姓村民依然不信，认为上面人是帮村里的。他再到余姚市人民法院告状，法院判其败诉。他仍然不服，又向宁波市中级人民法院申诉，最后还是被法院驳回、维持原判。陈姓村民前前后后花了1万多元钱。这使多数村民感到村干部是执行政策规定的，也使村干部觉得做人员上访的工作，疏导比加压更有效。方平还认为，身正不怕影子斜，即使有个别村民写信，也是行使公民权利，无须指责。

和谐乡风更体现在助人为乐上。就2013年10月抗"菲特"灾害来说，翁方村地处姚江下游，地势低洼，相邻的陆埠镇、丈亭镇都遭重灾，唯独河姆渡镇翁方村成了接纳受灾人员的救灾点。当时陆埠镇有400多人乘船到河姆渡大桥，然后翁方村村民把他们接到文化礼堂安顿。翁方村文化员杨群说，当时这么多人在文化礼堂，有些人看电视，还有些人学习跳舞、唱歌，翁方村安然无恙，歌舞升平！据了解，当时翁方村干部群众也都集中力量抗灾抢险，村边姚江堤岸的抗洪建设标准是4.5米，洪水则已涨到4.91米，村民用编织袋灌上泥沙，加高加固堤坝。翁方村历史上饱受水灾之苦，教训多，对修江塘、固堤坝尤为重视、负责。早年修筑江塘时，分段到户，一户人家若干米，强调质量，又加强检查。

翁方村响应浙江省政府提出的"五水共治"号召，做好人和水和谐相处文章，治污水、防洪水、排涝水、保供水、抓节水，村民怀着对水的感情和责任，如今对经受灾情考验的江塘，重新排查险情，加固堤坝，防患未然。此外，平时加强对水环境的保护，村里配有河道保洁员，打捞河中漂浮物，对此还有督查制度。

翁方村建设了具有现代化设施的欢乐大舞台，天天有活动，月月有演出，季季有擂台，年年有会演。村女子舞龙队既练又演，技艺不凡。还有拔河比赛、乒乓球赛等，村民兴致勃勃，各显神通。

翁方村的欢乐大舞台

人和自然在和谐相处中。

走在大道正中央

新翁方村风光美、人心美。人们会联想到村干部的群体形象。全村118名共产党员、48名村民代表，在村党总支、村委会的领导下，秉公办事，各司其职。领导班子中以党总支书记方平为代表，他没有叱咤风云的豪言壮语，却是稳扎稳打的坚强核心。方平刚过天命之年，讲话语速不快，思路清晰，有条有理；处事待人，不唯上，唯务实。农村建房是百年大计，往往是从祖父到孙子，几代人要住下去，他在新翁方村做出示范，规划是龙头，做到全面规划，逐步实施，步子积极而稳妥。

当好干部重要的是心里装着群众，方平对回村的"两劳"人员的生活安排就足以说明这一点。有的村民认为待刑满释放人员太优待了，方平总是耐心解释："刑满释放回村人员，好像一个体质虚弱之人，容易犯感冒之类的传染病。他若患病，别人也有被传染的危险。我们现在的工作是增强他的免疫力，防止把病传染给别人。"有个刑满释放人员，曾因赌博犯罪被判刑，后来他的独生子在外读书时也因命案被判处死刑。他回到家中情绪十分低落，后来方平帮他领养了一个孩子，又安排他打扫村里的卫生，使他不至于空坐家门，而是有活干、有事做。许多村干部也经常同村民沟通、办事人性化。

"走在大道正中央，不怕别人论短长。"方平组织村干部学习党风廉政，强调廉能生威聚人心，村民心里亮堂堂。他说："我们当干部的，宁愿自己吃亏，不去占集体便宜。贪欲是个无底洞。生活过得去，就该满足。"方平全身心扑在村工作上。他的工作宗旨是两个词汇的循环："村好我好，我好村好！"

翁方村里的别墅群、成套房，由村里统一建造，按成本价销售。刚规划建造时人们还有疑虑，如今要的人多，供不应求。村干部安排住房时，也严格按集体制订的标准执行，首先满足村里大龄青年结婚用房需求，其次考虑经鉴定现在是危房的住户，最后考虑改善型的住户。

新翁方村一片崭新住宅，与一批公益的文化、生活设施，让人赞叹不已！

翁方村绽放出美丽乡村的绚丽之花！

（原载《文化交流》2014 年第 7 期，文字有改动）

金鹅发迹金峨美

奉化区是浙江省美丽乡村建设先进单位，在那里西坞街道金峨村的好事，初听近乎不可思议，实访则感受事在人为、高山景行。

人在花园中

人们到金峨村口，可看见宁波市市花（茶花）基地。汽车驶入宽敞平直的村道，路边成荫的绿树婆娑，掩映着幢幢小康新居。家家新居门前，花团锦簇，偶闻鸟鸣，融入山野的新鲜空气中，显得幽雅而恬静。村干部周开元于 10 年前建立"奉化市金峨美丽乡村园艺建设有限公司"，公司注册资金 100 万元，为每家小康新居免费培植、护理花木，逐渐做到春有

金峨村拾景

花，夏有荫，秋有果，冬有青。走进村民委员会办公室，首先看到村民服务中心，这幢楼房周边，花木扶疏，院子里叶绿花红，两株丹桂，树冠伟岸、圆润，直径足有3米多。村道从院子门口伸向绿荫中去。

在村民服务中心二楼，我们访问了村干部周康健先生，他是金峨村的脊梁，谈及茶花基地，自然联系到金峨村的现在和过去。

讲到金峨村的今天，周康健说："改革开放为金峨村带来福音。"全村从前种田靠天，收获没保障。全村不上千人，也承担国家粮食派购任务。1979年之后，他们把山田改种花木，采取"以金代粮"的办法，从平原稻区买粮来完成粮食征购任务。

金峨山上本有茶花，又称山茶花。村民凭着勤劳苦干、精心培植茶花，通过种植、销售苗木花卉，大家手头慢慢有了余钱。

金峨村培植茶花的年代，适逢宁波市海选市花，前后历经8个多月，先由宁波市绿化办、市科协、市林业局、市园林管理处、团市委和宁波日报

金峨村茶花公园

社联合发出倡议，市民中赞成茶花作为宁波市市花的占绝大多数。

1984年9月，宁波市市花命名。由市长办公会议提请，宁波市人大常委会八届八次会议审议并决定茶花为宁波市市花。各单位和市民竞相采集金峨村的大批茶花苗木，金峨村成了宁波市市花基地。

从茶花基地，又追溯到茶花故事。金峨村因山得名，山之东有横溪金峨寺，山之西为奉化金峨村。从山麓遥望，有山峰若金鹅昂头，展翅欲飞，宋代之前称金鹅山，后来为防金鹅飞走改称金峨山。一年初冬，吕洞宾拜谒金峨寺方丈未遇，到山中观赏金峨景致，听"古寺晚钟"，过"双桥流碧"，见"神螺拥

翠"，由"亭竹生云"到"平岗叠秀"处看到仲冬茶花盛开，小白桃红，出口惊叹："这岂非太真脸霞！"原来古人对名花赋予不同的花神，荷花的女神是西施，茶花的女神是杨贵妃。太真是杨贵妃入庵为尼时的法号。白中透红的茶花，后人称其为杨妃茶。

金峨山的茶花，经吕洞宾点化，长生山野中。吕洞宾惊艳茶花，并非天方夜谭，至少也该说亦真亦幻。因为吕洞宾确有其人，即河中永济人吕岩，洞宾是他的号。那年他还在金峨寺墙上题诗："方丈有门出不钥，见个山童露双脚。""我来谒见不得见，渴心耿耿生尘埃。"他在金峨寺的题诗，在《全唐诗》中有收录。

金峨村建有自然公园。公园里茶花盛开，从上年 11 月到翌年 4 月，它与同期有花无叶的梅花、梨花、桃花比较，朵朵鲜花开放在重叠的绿叶之上。"雪里开花到春晚，世间耐久孰如君！"茶花色彩缤纷，有一种称"十八学士"，同株花朵七色，深深浅浅，煞是好看。

村在森林中

金峨村被授予"浙江省森林村庄"，荣誉金匾在村办公楼赫然在目。

海拔 600 多米的金峨山，曾遭遇火灾，绿色植被被烧成黑色。村民化腐朽为神奇，加速种植苗木，同时开辟万步健身登山道，修建从山间到山顶的景观。如今男女老少络绎不绝，他们各有所爱，各有所需。城里人开车到山下，再徒步登山，从山顶观音阁领略象山港海上风光；在下山途中，看山村美景。山麓有多幢精致民宿，可供外来人休闲养性。金峨村里两山突兀，山名和武汉长江大桥以山做桥墩的名字一样，叫龟山、蛇山。龟、蛇自古象征吉祥。如今两山竹苞松茂，绿色苍翠。人们置身在奉化最高的登山道中，切身感受到这是又长又风景美的健身之路。

登山道上，可见村中水库，仿佛碧玉翡翠，镶嵌在山麓绿荫中，水色清澈，冰清玉洁。山中共有大小 6 口水库，水库四周有健身休闲设施，可品茶，可游泳；无论是外来人，还是当地村民，或游泳，或登山，或两者兼而有之，在双休日这里人气更旺。

金峨村由大荒地、彭家池、张家坎、桃园和分水岗5个自然村组成。3年前村里制定了"金峨村村庄建设规划"，将分散的自然村集聚到中心村。乡村建设常遇上旧村改造的具体困难，包括思想上的和经济上的。周康健和一位下乡干部议思路，归结为中央给政策，领导敢挑担，村干部会办事。这样一来，办法会比困难多。在梯度迁徙、集聚建设、节约用地等举措下，美丽乡村的建设步伐越来越快！

全村415户，一批批小康住宅先后分配到户，每户330多平方米。在完成新一轮"金峨村村庄建设规划"和小康住宅方案后，全村生活污水处理工程已通过验收，8所自动冲洗公厕和垃圾中转等卫生设施现已全部改造完成。

美在人心中

在美丽乡村，可见物质富裕山水美，与精神富有人性美并重。金峨村也是这样。几十年来，村干部注重清廉，乐于奉献；村民团结互助，村风和谐，形成全村80多名共产党员和村民代表的优秀群体。

村干部由花木致富，认准花木为主导产业，坚持先富带后富，不仅带头示范，还在帮困扶贫以及资金、苗木、技术上予以悉心帮助。其中有一位村民刑满回家，单身一人，为鼓励这位村民重做新人，村里指派一名主要干部负责帮教，从思想上督促，在花木技术上给予指导，又引导他外出营销花卉。如今这位村民经营花木有方，还建立了美好家庭。

如今全村近90%的人家专业种植和经营销售花卉苗木。花卉苗木收入已占到家庭收入的90%以上，家家上升为富裕户。村民传扬顺口溜："吃花木，穿花木，要住别墅靠花木。"

村民致富后钱往哪里使？村干部带头用于公益事业。村干部周开元说，老干部周康健为村民呕心沥血，比起当年他办企业还辛苦！我们在他的影响下，也乐于投入社会公益事业，比如村道的美化、溪流的整治，每年要花费大笔经费，这些都由大家捐助。村里的健身登山道在一年内完工，总投资 200 万元，也由村民捐助，其中两位村干部就出资 80 多万元。多做公益好事，已逐渐孕育成优良村风。

周康健说，干部服务村民，有时也遇上考验。个别村民猜疑干部多吃多占，甚至举报、诬告的事也发生过。但一经查证，往往让举报人自惭形秽，引起猛醒，被举报者反而清白扬名：不是"假公济私"，而是"假私济公"。村里的接待经费都是干部自掏腰包，也包括干部外出考察和出差的费用。有位领导评析金峨村的干部风貌，有能力、实力和凝聚力。周康健由大家选举，当上宁波市人大代表，而且连选连任已有五届，并被选为浙江省第十三届人代会代表。

金峨花卉美誉四方，开辟了绿水青山就是金山银山新境界，主要品种有茶花、桂花、罗汉松等，择优投入栽培的植株在千万株以上，销售到上海、云南、贵州、广东、福建、江苏、安徽、山东等省市和浙江省各地。村里各种花卉栽培、营销组织健全，信息渠道畅通。村里还从发达国家引进大批名贵花木，提升花卉档次。2013 年 8 月，农业部下发通知，奉化区西坞街道金峨村被认定为"全国一村一品花木示范村"。金峨茶花发千树，声名远播四方。

（原载《文化交流》2013 年第 11 期，文字有改动）

最是桃歌解乡愁

在奉化的车站、码头、交通要道上，可见醒目标志：奉化，桃花盛开的地方。溪口镇新建村有世界桃街，那里桃花灼灼，一派乡野风趣，是有名的宜游宜居之地。

崛起世界桃街

奉化萧王庙街道以水蜜桃著称，是宁波市三个首批省级特色农业强镇之一。从萧王庙"天下第一桃园"穿越桃花盛开的风景线，不到十分钟，世界桃街就出现在面前。

说起桃街，人们想到桃子市场。但它绝非局限于此，如同有的地方把市场命名为广场一样。世界桃街的桃文化绚丽厚重。2000 年，奉化第一届桃花节在新建村举办。著名歌唱家蒋大为在世界桃街唱响《在那桃花盛开的地方》，声闻于天，情动于地，桃花歌声引出连串故事。

人们由此得知，激发《在那桃花盛开的地方》歌词作者邬大为创作灵感的竟是他的奉化同乡、溪口镇 19 岁的小战士王武位。那年邬大为作为沈阳军区歌舞团创作员，到零下 40 摄氏度的珍宝岛体验生活，相遇王武位。王武位说想到当时家乡正桃花盛开，心里也变得温暖。邬大为说这是奉化带给小战士的精神力量，这里有天下最美的桃花。事隔 16 年，桃花歌词作者邬大为、词曲作者铁源和演唱者蒋大为又莅临奉化。蒋大为饶有风趣地说："奉化溪口是蒋氏故里，我也姓蒋，觉得自己和奉化很有缘分。"

"世界桃街"这几个行楷大字，镌刻在竖立的巨大岩壁上。桃街两边栽有来自省内外的 100 多个品种的桃树，包括北京的京华红珠、大连的连黄、山东的雪桃、南京的菊花露、郑州的曙光、徐州的徐蜜、无锡的湖景蜜桃等，更有浙江各地的多个桃树品种。桃街还栽有美国的白桃、农神蟠桃，而来自日本的桃树品种就有 10 多个。在当地水蜜桃研究所技术人员的指导下，桃农探索不同品种桃树的生长特性，精心培育，使得桃树不仅赏花期延长、花色更多彩斑斓，而且桃子果实风味各异。桃街上立有"全国水蜜桃优质高产示范基地"的指示牌。那是 2000 年，中华全国妇女联合会授予的。人面桃花相映红，巾帼风采更娇艳。

桃花林

观赏桃花，景致不同，感受也不一样。萧王庙的桃花连片火红，置身世界桃街，见淡淡远山、萋萋芳草、浓浓花丛。幽境中花朵有的含苞欲放，有的迎风绽开，呈现一幅清雅美丽的画面：翠竹风前瘦，桃花镜头羞，嫩红娇绿诉温柔，桃街逗风流。

谱写新桃花源

桃源仙境，是古代不食人间烟火的仙人住地，常人居住则徒增乡愁。新建村有个法华寺，从前寺边有竹山，属蒋氏家产。少年蒋介石常随母亲王采玉到法华寺礼佛，常听母亲诉说娘家在溪口葛竹，生活贫苦，以致她出家为尼，后来还俗，嫁到比她大23岁的蒋父家中。20世纪40年代，蒋介石夫妇携后代上法华寺品尝野菜。乡愁依稀，使人们更珍惜今天，也为谱写新桃花源增添精神力量。

时任新建村村民委员会主任唐方良说，新建村隶属于溪口镇，但村里没有名人，没有名宅，或可建设古人梦想中的桃源美景。他在村党支部的领导下，组织村民拓宽农业观光大道，仅用一星期时间就完成了20户人家的房屋拆建，又组织整修流经村中的大溪，实施天蓝水清村干净工程。早年建成的一排排村民新居，错落有致，门前小溪清流涓涓；村中公园，古树挺拔伟岸，卵石巨岩点缀着小桥、流水，印证着村口牌楼所示的"桃源仙境"。

浙东桃花村落

他们还施展大手笔，与建设和延伸世界桃街项目同步，营造四季花海，建设数百亩的梅花基地，梅花先报春消息，人间春风桃花红，桃花净尽菜花开。大面积油菜花盛开，连成黄金海洋，那里还有一排排小木屋，不仅可提供当地有名的土特产，也供人休闲、饮食，享受桃花节的浪漫风情。

村党支部书记唐敦大与唐方良紧密配合，带动村民把闲置的校舍改建成民宿；又把宗祠修葺成文化礼堂，墙上镌刻村中杰出的人士和村里大学生姓名、事迹，以弘扬全村正能量。

春风桃花育新风。历年的水蜜桃文化节期间奉化游人如云，2016 年到新建村游览的每天有 3 万人，最多一天达 3.6 万人，这对 500 多户人家的新建村来说是一场挑战与机遇并存的考验。村里组织 200 多名志愿者来服务游客，连村里法华寺的僧人也到场参与。志愿者经事先培训，把文明待客的种种举措一一落实，并率先垂范。如见到游客丢弃生活垃圾在路边，志愿者随即俯拾干净。文化节活动场面热烈、人山人海，但新建村里场地、村巷清洁，秩序井然。

村干部带领村民谱写桃花源。唐方良自喻为"村狗"：村里来了客人要迎接，歹徒出现要报警，村民有事要协调，窜上窜下村务忙。为了"大我"舍"小我"，唐方良原本外出办企业长达 20 年，事业有成。如今上级信任，调他回村当干部，个人收入减少不说，家庭生活也受到影响。

唐方良自喻"村狗"，让人想到当了近 20 年北京大学校长的蒋梦麟，他曾自喻"学狗"。狗乃义犬，索取少，奉献多。唐方良营建桃花源特色新农村，历史自有评说。

尽显桃花文化魅力

在世界桃街，常人既可饱眼福，也可享口福，美事多多。

当地土特产尽是按食品标准加工成的，而且价廉物美，因为村里就有农副产品加工厂。就以油焖笋来说，桃花盛开时节，也是当年油焖笋上市旺季。笋质又嫩又鲜，稍带油星，素味清口，游人可现场品尝，也可带去馈赠亲友，每年新建村可产油焖笋200万罐。

新建桃花源风景美、人气旺。唐方良等一批村干部寻觅商机，组建全通发展有限公司，招聘各路才俊，以诚信、守信、服务为上，发挥他们的才智开拓电子商务。村里走出的大学生郑瑜昕从事过电商，在上海已有工作岗位，也被招引回村

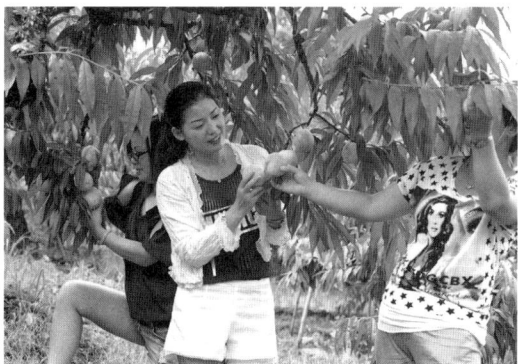

喜摘水蜜桃

创业。2016年，吉林省有22个县的相关人员来到溪口新建村取经；同年10月，新建村被评为浙江省首批农村电子商务示范村，宁波市仅此一个。

世界桃街衍生桩桩美事。1600多年前陶渊明《桃花源记》里的美梦在那里即将成真。世界桃街设计方案中有桃花历史、桃花故事、桃花诗词以及桃对身体的保健知识等。以桃的历史来说，新石器时代河姆渡遗址有野生桃树遗存，2000多年前的《诗经》中已有关于桃的诗歌，1000多年前文字记载的四明山洞天中仙女桃事，就在古代的溪口地域，直到150多年前溪口桃农依托当地水土优势，嫁接外地引入的优良桃种，培育琼浆玉露水蜜桃，名扬万里。1996年，国务院发展研究中心等部门联合命名奉化为"中国水蜜桃之乡"。近20年来，有60多批境外果树专家到溪口考察。

奉化水蜜桃不仅对人体有保健作用，还十分美味诱人。当你用手触摸软绵绵的成熟桃子，感受到半透明的果肉会化成一泡蜜汁，用一根吸管戳破表皮，伸入到果肉中，即可吸到甜爽鲜洁的桃汁。难怪三月桃花时节，游人已向电商预订了七八月份的奉化水蜜桃呢！

（原载《文化交流》2017年第3期，文字有改动）

裘岙山水与茶香

裘岙村地处四明山腹地，隶属于余姚市陆埠镇。2013 年被国家农业部评定为全国一村一品示范村。这个千余人口的小山村，有名的一品是茶叶，又由茶演绎出美丽山村，人称"裘岙茶香播天下，山水人美传华夏"。

四明山水美

四明山历来产茶，裘岙村的所有人，从祖辈开始就有靠茶叶吃饭的本领。旧社会里，村人肩挑手提，串街走巷，叫卖茶叶，常遭土匪、恶霸欺凌。从前，村里有位年近六十的妇人，到三北平原下洋卖茶，见一户人家在办酒宴，那是土匪头子陈金木为母亲做寿，当地人不敢靠近。裘岙这位妇人不知道祝寿人家底细，有人指点她进去，可能有人会买茶叶，那天陈金木在兴头上，果然买了茶叶。村人传为幸事，但淳朴的山民一年到头过的大多是苦日子。共产党领导的三五支队到四明山，裘岙山民中许多人参加了革命，村后大石岩下成了伤员养伤之地。如今该村已成为浙江省新四军历史研究会浙东分会革命传统教育基地、浙江省委党校干部教育培训现场教学基地。

随着党和国家对"三农"政策的重视和扶持，裘岙村坚持以农养农的基本方向，探索具有本地化特色的农业循环经济发展道路。裘岙人放开眼界，根据市场经济体制的发展和需求，以本地特色茶叶作为发展起点，加工珠茶出口，面向世界市场。村里主要干部裘明辉参加了为期三年的党校学习，对农业的开拓创新进行深度探索：如何将村里的资源有效整合，怎样让村里的农产品准确地投放到相应的市场，如何让市场真正接纳、持续接纳。村干部把原来零星散户的经营方式转变为统一标准、统一品牌、统一推广的经营模式，成立了余姚市狮山钟秀茶叶专业合作社。全村茶厂都参加了合作社，为了更新大家的理念，村里还组织茶厂厂长走出去，到先进的茶叶加工基地参观学习，汲取茶叶销往国外的模式。借别处的智慧和力量，裘岙多家茶厂从经营初制加工珠茶到如今已能精制珠茶，且质量上乘，可以直销国外，茶香天下。

火车跑得快，全靠车头带。裘岙村裘明辉在村里主要领导岗位上，认真践行美丽乡村建设，带头办好余姚市陆埠镇茂泰茶厂，同时兼任狮山钟秀茶叶专业合作社的法人代表。为村民办好茶厂，他在征地建厂房、设施配套、设备引进、生产技术指导等方面尽心服务；在工商、税务、贷款、生态环保等方面，身体力行，上下沟通，做好协调工作，得到了村民的信任与赞许。裘明辉被评选为第十四、十五届余姚市党代表，市十佳进取型党组织书记，市法治督察员，市劳动模范。

现在裘岙村有 40 家精制茶厂，生产出口精制珠茶，在中东、非洲摩洛哥等地拥有市场。裘岙村充分发挥当地茶叶资源优势，在传承传统的种植技术基础上推广科学种茶，山民从种植茶叶到生产毛茶的厂家困扰中走出来，从粗放型生产到机械化转向生产。裘明辉说，每家精制茶厂的资金都在 500 万元以上，

"四明山妈妈"翁大花塑像

一部分用来添置设备，一部分用作流动资金。从优质茶叶采购商来看，省外主要来自安徽、江西，省内主要来自金华、嵊州、新昌、宁波等地，厂家和茶叶采购商诚实守信，茶叶质量稳定。

　　除了裘岙村"一村一品"的茶和茶文化，在推进美丽乡村建设中，红色文化、山水石文化也吸引了四方来宾。以狮子山景观为中心，裘岙村投资 70 万元，于 2018 年"七一"前夕建成以翁大花为中心的石雕群像。这位有"四明山妈妈"之称的母亲告别喂奶的儿子，跟随部队北撤的形象十分感人。石雕群像下有谭启龙儿子谭大凯的题词。紧邻石雕群的狮子山，新开发了巨岩洞壑、玻璃栈道，景致诱人。裘岙乡村风情游名气越来越大，裘明辉也由此被上级有关部门任命为户外运动协会常务副会长。他还获得共青团余姚市委等单位授予的余姚市青年优秀贡献奖殊荣。现裘岙村还成立了农民诗社，有社员 21 人，在诗社可以看到裘明辉的抒怀《静夜思》："夜闻窗外狂风起，静看诗书耳欲聋。追忆往时思感触，面临现实想初衷。此生落户山村地，来世再投壑谷空，困苦艰难无所惧，誓言矢志建新功。"

（原载《海上茶路》2018 年第 3 期，文字有改动）

在那桃花盛开的地方

左起分别为蒋大为、铁源、邬大为

《在那桃花盛开的地方》既充满着阳刚之气、大丈夫气概，又洋溢着对家国情怀的深情厚意，这首歌在 1987 年全国"青年最喜爱的歌"评选中获一等奖。不仅如此，它还数度入选中央电视台春节晚会、中国改革开放 30 周年晚会表演曲目，唱出了几代人的心声。最为吻合歌曲情景的，首推中国水蜜桃之乡——宁波市奉化区，而且更为难得的是，这歌曲的孕育之地也在奉化，至今频传佳话。

好歌缘起在奉化

奉化同一条水道有三个名称：上为剡源，中为剡溪，下为剡江。行政区域则上为溪口镇，中称萧王庙街道，下是江口街道。奉化水蜜桃研究所设在溪口镇上。

2006 年，蒋大为在蒋氏故居溪口演唱《在那桃花盛开的地方》，现场掌声雷动，但人们未曾想到这歌词竟缘起溪口畸驻，直到 2015 年水蜜桃文化节后才大白于天下。

那是 1966 年，溪口畸驻有位 19 岁的小青年王武位应征入伍，1969 年他上珍宝岛前线执行潜伏任务。人在零下 40 多摄氏度的冰雪中，就算衣服被雪浸透结冰也不能暴露目标，脚冻僵了，也不能抖动一下。当时沈阳军区歌舞团的创作员邬大为到珍宝岛前线体验生活，和这位奉化小战士的聊天让他记忆犹新。邬大为回忆说："我问他冷不冷，当时感觉怎么样？他说这种冷的感觉就像被猫咬一样疼。但是一想到此刻自己的家乡正桃花盛开，心里也变得温暖了。"小战士从珍宝岛回来后就提干了。他的一番话一直萦绕在邬大为心间，说是"奉化桃花带给小战士那样的精神力量，这是天下最美的桃花"。说来也巧，这位享受国务院特殊津贴的音乐家也是奉化人。两人同饮一江水，小战士家乡在剡源畸驻村，邬大为家乡在剡江禾家桥村。只是邬大为 14 岁离开家乡，直到 2015 年才重访故里。从小战士激发创作灵感，到歌词问世，相隔了一段时间，这同鲁迅好多作品，灵感源自青少年时代的故乡，其创作规律是一样的。

由奉化小战士的言行缘起，邬大为精心作词，蒋大为深情演唱，美妙的歌声在奉化唱响四方：

在那桃花盛开的地方／有我可爱的故乡／桃树倒映在明净的水面／桃林环抱着秀丽的村庄／啊！故乡！生我养我的地方／无论我在哪里放哨站岗／总是把你深情地向往／在那桃花盛开的地方／有我迷人的故乡／桃园荡漾着孩子们的笑声／桃花映红了姑娘的脸庞／啊！故乡！终生难忘的地方／为了你的景色更加美好／我愿驻守在风雪的边疆

桃花烂漫接天涯

剡源、剡溪、剡江两岸春光明媚，桃花盛开。这块古老的土地，属四明山脉，2000 年前，山民赏桃，竟到神仙洞府，与仙女结伴，引来古今多少名士慨叹！

后来那里又成为浙东唐诗之路。"自从刘阮遇仙后，溪上桃花几度红。"溪口镇之上有剡溪九曲，古人称"山川景物之盛"，"亦不在武夷九曲之下也"！一曲称六诏，书圣王羲之隐居之地，二曲称跸驻，就是奉化小战士出生之处，宋代有诗描叙"夹岸桃花胜旧年"，元代称"清溪白石映桃花"，明代桃花之盛，诗称"溪上栽桃满洞花，洞门石壁映丹霞"。

奉化桃花盛开

时至当代，溪口镇有个新建村，是奉化有名的水蜜桃村，建有水蜜桃观光处，亭台楼榭，曲径回廊，待到那桃花绽放，更是别有风光。

在溪口与江口之间有萧王庙街道，那里不仅有"全球生态500佳"之一的滕头村，还有林家村王家山的"天下第一桃园"，奉化桃花节就出自那里。2003年，萧王庙街道党委、办事处整合传统文化和特色产业，推出了首届耕人桃花笔会，以书为桥，以花为媒，发展产业，扩大了影响。2008年，耕人桃花笔会升格为"中国（奉化）桃花节"。每当三四月间王家山3000亩桃花盛开，红霞烂漫成花的海洋，连接天涯。桃花节期间，游客如云，踏青赏花，穿行在王家山桃花林中。

王家山山腰有3000米游步道，高低起伏于桃花林中。游步道中有醉仙亭，海内外游子在亭中赏桃花沐春风，眼前桃花灼灼，火红一片，相映远山蓝天，可挥毫泼墨，可即兴赋诗。青少年学生在老师带领下，融入桃花林中，与火红的青春为伴，享受的是快乐与健康。至于老年人群，迈入桃花相簇的望果亭，体验花开花落春风至，又想到赏花之后的夏天，还可品尝水蜜桃，以释情怀。

人面桃花相映红。桃花节上的俊男靓女，漫步在桃林幽深山径，桃花嫣然伴身影，似开未开最有情！

春天桃花节饱人眼福。待到夏秋之间，还有饱人口福的水蜜桃节。

蜜桃甜香飘万里

2000多年来，奉化桃文化沉淀在独特的水土中，人们一直为栽培好桃而努力。史料记载，1883年清光绪年间，溪口三十六湾村园艺老人从上海黄泥墙引种水蜜桃，回到溪口繁殖嫁接，在当地气候、土壤条件下，经过十多年的精心培育和不断选种，最终优化成新品种。这个品种的水蜜桃肉质细软、汁多味甜，被称为玉露水蜜桃。新品种很快传到萧王庙、江口、白杜，桃树培植成片，桃苗还销往江苏、上海、福建等地。江苏《武进县志》记载，武进"所产水蜜桃……为桃中上品，脱颖于浙江奉化水蜜桃"。《无锡阳山乡志》也记载："无锡水蜜桃优良品种，是20年代初从浙江奉化引进的'玉露'水蜜桃。"一批商人在上海、宁波纷纷开设水果行销售奉化水蜜桃。方志记有：20世纪30年代奉化水蜜桃栽培面积4010亩，年产量1500吨，独占上海市场。每担（50千克）售价银币35—50元，为当时米价的12—15倍。

1949年以后，奉化水蜜桃经历恢复和发展时期。到20世纪末，水蜜桃在溪口、萧王庙、锦屏3处各有5000亩以上基地，千亩以上的专业村11个。2019年，奉化全市总面积达5.3万亩。1980年，中国农业出版社出版的《落叶果林分类学》一书中，称奉化水蜜桃是"我国水蜜桃中最有名的品种"。早在1996年，奉化市（现为宁波市奉化区）由国务院发展研究中心等部门联合命名为"中国水蜜桃之乡"。国内外专家认为奉化水蜜桃堪称"中国第一桃"。

2002年，奉化水蜜桃获国家质检总局原产地保护标记。奉化水蜜桃研究所集科技、生产、示范、服务与技术推广于一体，先后与我国有关高校、科研部门合作，引进蜜桃新种，研究高效栽培，开展典型示范。研究所还与国外专家开展技术交流。前来奉化考察水蜜桃的专家代表团和专家，据不完全统计，近 20 年有 60 批，他们分别来自日本、韩国、新西兰、德国、意大利、美国、荷兰、捷克、西班牙等国家。

奉化水蜜桃研究所有种质资源园 20 亩，保存 200 多个品种；在长期培育、筛选良种过程中，选育出生产上可以推广应用的有 10 个。在上山大玉露、花玉露、迟开花玉露等传统品种基础上，又筛选出早台蜜、赤月、太白玉凤、湖景蜜露桃等优质高产良种。搭建了水蜜桃成熟期早、中、晚品种配套，使鲜桃上市时间从原来的 1 个多月延长到 3 个多月。鲜桃通过现代化的交通，24 小时内可达全国主要城市。

水蜜桃为人所常见。品尝过奉化水蜜桃，方知水蜜桃因产地不同，品质大相径庭。每当水蜜桃上市季节，人入奉化地界，路边桃子摊位之多，称得上比比皆是，桃子有堆成宝塔形的，白中透红，煞是好看。奉化水蜜桃品种多样，各有千秋，却又有共同优点，外形美观，皮薄肉软，汁甜味鲜，清香扑鼻。水果大多要削皮或剥皮，成熟的水蜜桃只要用拇指和食指轻轻撕下桃皮，露出甜口的晶莹肉质，即可随口品尝蜜桃美味。

1990 年，奉化市人大常委会决定，每年 8 月 2 日为桃子节。1996 年改称为奉化水蜜桃节。从桃花节到水蜜桃节，一株桃树竟有两个节日！

奉化现为最宜人居城市，唱响《在那桃花盛开的地方》，有的是美歌美景美食，真是美不胜收！

（原载《文化交流》2016 年第 3 期，文字有改动）

奖状背后的动人故事
——俞志秋与马岙及茶

古人取这里的地名时，也许根本想不到会与著名城市深圳重名，因与深圳同音同字，便用了"圳"的异体字"甽"，以示区别。深甽现为宁海县的一镇，深甽有温泉涌在地表，20世纪50年代，由浙江省人民政府开发，1965年还建了"深甽温泉景区"。这里的温泉让人浑身舒适，皮肤光洁。

如今，深甽的马岙村，正谱写着新时代乡村振兴的新篇章。游人参观马岙风光，翻过重重叠叠的山，走过曲曲弯弯的路，总要赞叹一个人："山里山，弯里弯，出了个俞志秋不简单！"

俞志秋在马岙

今日马岙

如今乡镇地域广大，到了深甽更有此感。盛夏时节，深甽镇派出所所长小李到马岙会友，从镇上到马岙足足开了 40 分钟，他说："马岙 2000 多人口，民风淳朴，虽离镇偏远，可山村太平。"

马岙在亮起来！前人谱牒所记马岙八景"五峰耸翠""盘松挂月"等深藏群山之中，每当夜幕降临，马岙灯光璀璨，远眺如绽放的深山夜明珠。村口的石林更是耀眼，"省级传统村落""历史文化名村"村标光彩照人。村口横置的鱼鳞化石更让人驻足流连。这化石上布满鱼鳞，从海边运入山村，高约 2 米，长约 5 米。鱼鳞石上刻有文字言简意赅地展示马岙村史。马岙位于天台山中，处宁海西北，南接天台，西毗新昌，北依奉化。俞姓为宁海望族。村里从俞氏宗祠等遗迹，到清代、民国的幽深建筑，都独具风貌。南宋丞相叶梦鼎的《绿会亭记》、明代大儒方孝孺的《答俞亮公遗礼》等名人撰写的马岙文章，都具有历史文化价值。另外，俞氏宗祠更荣膺全国重点文物保护单位。

地以人传。马岙村中景致别具一格，山上修了汽车路，也许出于防洪和疏导交通的考虑，路面桥下的巨型桥洞光影倒映，清溪汩汩。溪边桥下还是村民

宁海深甽温泉景区

锻炼之地，周围植被茂盛。沿溪而上，一路上亭榭楼阁错落有致，溪上多桥，两岸人家往来方便。其中，有座月阶桥，桥面宽阔，桥上之人如同走在街上，不以为桥，那是早年俞志秋出资建造的。说起溪水两岸的休闲建筑，都以俞志秋出资为主。置身岙中村景，仿佛青山绿水画中行。溪流随地势分段筑有多个堰坝，坝上水清常有山村女子在此洗衣，棒槌声声，溪水汩汩，有另一番山路风景之美。

从汽车路直线下行可赏溪岸风光，在汽车路边的大片巨石垒墙上头有片平旷之地，那里建有迎接客人的民宿。虽然房间不多，但可以毫不夸张地说，房间的档次决不逊色于五星级宾馆：室内配有高档红木大柜、现代化生活设施，显得简洁、高雅；楼下多个厨房可供数家人吃饭自理；中堂客厅宽敞古朴，几乎可与苏州名园中的中堂媲美。

在民宿大门之外，小桥流水，金鱼嬉戏，沿小山坡拾级而上，山顶还有游泳池水清明澈。住在民宿，夜间偶闻石蛙声声，如同鸟鸣山更幽一样，犹如置身在静谧的世外桃源。

这样的大手笔，全出自一人之手，那就是俞志秋！

望海小镇

马岙在建设望海小镇。村有小镇，初听有些费解。到现场去，老远就见一紫铜大茶壶，茶壶上"望海"两字映在半空，方知那是天地精华望海茶所在。俞志秋在精心规划这500余亩茶山。望海茶是宁海县打造多年的一张名片，被列入宁波八大名茶、浙江省十大名茶。望海茶公司下辖有多家分公司和生产合作社。如何在茶界提升竞争力，擦亮望海茶这张宁海金名片？俞志秋认为光靠以茶企养茶企难以发展，便决定把他企业的盈利投到马岙茶山建设，并视之为战略性投资。"望海小镇"之名也由此而来。俞志秋建的望海小镇，当然和普通茶场大不一样，先从茶场入口的那把紫铜大茶壶说起。在蓝天白云下，这把由青山映衬的大茶壶，从半空中洒水到茶园。据俞志秋介绍，茶壶宽6.8米，高 4.5 米，重 4.6 吨，用紫铜制作，费用可观。茶壶由河北石家庄一家铸造厂精制，需由汽车专程运送，因体积庞大，装不下，还必须打开汽车后栅栏。见多识广的专家见了紫铜大茶壶也不胜感慨，说只见过在地面上用水泥制作的大茶壶，这悬在空中的紫铜大茶壶还是第一次看到，建议申请吉尼斯纪录。

俞志秋在望海茶景观前

壶里乾坤大，茶树质地优。望海镇海拔近千米，与望海茶原产地望海岗上下山峦相连。望海茶之名出自望海岗，20 世纪 60 年代初由马岙人在那里开辟茶园，80 年代创制名茶，至今还有俞志秋的堂兄在望海岗管理茶场。优越的地理环境，再加上后天的精工制作，望海茶的子品牌凌霄芽绿茶，存放经年，冲泡后依然碧绿清香可口。俞志秋做事总是以一流标准自我要求，他聘请在宁波市一流的茶叶加工高手宋光华为顾问，为企业培养加工能手。俞志秋的企业凭借好茶名扬万里。

天生丽质后天护，望海小镇望海茶。有机栽培茶园，有松林、竹山间隔，更有樱花、银杏、板栗、猕猴桃、香榧点缀其中。整个茶园春天可采茶，夏天好避暑，秋天摘果子，冬天能赏雪。

俞志秋为了望海小镇的设计、改造曾特意参观了瑞士小镇，及日本、中国台湾等地的茶园，并把他心里想要的，用相机一一拍下来，力图打造一个以茶业旅游为主题，以民俗文化为灵魂的生态旅游庄园。

如今，建设中的望海小镇，景观突出主题特色，环境与小品景观协调，千亩茶园被划成茶园体验区、核心功能区、亲

宁海望海茶

子娱乐区、茶园品茗区、休闲漫步区、公共服务区。茶山中有茶榭观光台，长廊垂钓处，鹅卵石步道，还有半坡凉亭，六个荷花池塘。

其中，最大的茶榭观光台分上下两层，上层可供一二百人节日聚会，楼下的茶室古朴、文雅，可供上百人各自品茶。茶榭周围各种月季花环绕，鲜艳妩媚，在此举目远望，可一览茶山风光，将以绿色为主调的多种点缀尽收眼底。望海小镇虽然地处深山，但311省道与茶园相通，上海、杭州、宁波及相邻县区都有旅客闻名而来，他们三五成群，或携手合家休闲，或朋友聚会相见。每逢节假日，在紫铜大茶壶下的公共服务区车辆爆满，停车只好向公路上下延伸。

2020年6月11日，俞志秋请来浙江大学茶学系首席专家梁月荣到望海小镇，研究规划彩色茶园布局，并与当地县、镇相关领导共商茶事。还有望海茶博物馆也在筹划中。

镇村之宝

俞志秋对马岙的一片家国情怀，继承自老爹俞叶根。一张由周恩来总理签名的国务院奖状复印件展示在望海岗茶室，众多来客见到都赞叹不止。

建设望海小镇，当地人们自然会想到俞志秋的老爹俞叶根。20 世纪 50年代，俞叶根带领村民从北山挑来泥土，一筐筐地倒在南山，再种上茶树、松树和翠竹，种出千亩山地一片绿，马岙村成为全国农村改天换地的典型。1958年 2 月，周恩来总理亲笔签名，发给马岙村一张"国务院奖状"，上书"奖给农业社会主义先进单位"。从此，这份镶在镜框里的国家级荣誉，就成了马岙村的"镇村之宝"。

改革开放之后，俞叶根担任马岙村党支部书记，积极鼓励村民投入以经济建设为中心的时代潮流，俞志秋走出马岙，外出创业。他在宁海科技园区有自己的事业，手上的 3 家公司——宁波五峰机械有限公司、宁海县五峰缝制设备有限公司、宁海五峰振意机械有限公司，有近千名职工，产品远销海外。在国际经济浪潮中因产品质量过硬，诚信度高，俞志秋的企业稳步发展。

俞叶根长期任职马岙村的书记和村主任，为马岙村的改天换地做出了不可磨灭的贡献。20 世纪 90 年代后期，随着老人年事渐高，在宁海城里事业有成的俞志秋被村民们请回家乡，协助老爹为村里做事。

俞志秋原先有犹豫，怕精力分散，影响企业经营。但老爹告诉他，钱是赚不完的，要多想想为村里做些什么，为后人留下些什么。老爹多次陪他到村委会去看"国务院奖状"。每看一次，总引起俞志秋的深思……

如今，在马岙的村里山外，有俞志秋创办的多家企业，企业办得扎实有方，致使马岙村呈现一派农村新貌：新居别墅鳞次栉比，掩映在绿荫丛中，公益设施齐全，布局完善。若是论村中投资贡献，俞志秋仍是首屈一指。俞志秋本人也记不准为村里花了多少钱，光马岙村口的建设，当年就用上 150 万元。

确实，金钱有价，精神无价。俞志秋记着老爹俞叶根的话，钱是赚不完的，更重要的是要为后人留下精神财富。

这才是一个企业家的可贵人生。

从议事厅到天常蓝

全国宜居地奉化有个滕头村，村的生态文明建设两度受到联合国嘉奖，先后被评为"全球500佳"和"世界十佳和谐乡村"。2019年6月5日，奉化的生态环境议事厅（当地简称议事厅或环保议事厅），由国家生态环境部授予"十佳公众参与案例"荣誉，联合国环境规划署官员也为之颁发奖牌。

环保议事厅正在工作状态中

当代中国环境保护法日益健全，在环保执法过程中，人们在平衡眼前与长远、经济与环保的关系上总是出现不和谐问题。有人把环境保护执法与被执法比喻成猫和老鼠的关系。当环保检查执法人员到排污单位，那里排放污水或污气的现象都会销声匿迹，而当检查执法人员走了后，排污又"死灰复燃"。这些问题，引起宁波市生态环境局奉化分局局长徐军的深思，当时领导上提出工作中要求德治与法治并进。他学习阳明心学精髓，感受到践行王阳明"致良知"，应当创造性转化、创造性发展。王阳明有句名言："破山中贼易，破心中贼难。"阳明心学是治疗社会顽疾的一剂良药，是点亮人类文明未来的一盏明灯。徐军也由此拓展思路，和他的同事们推出开办"环保议事厅"的举措。从 2017 年下半年开始，上下奔走，积极筹划，到 2017 年 12 月第一期环保议事厅在奉化区开办，大家一股劲地工作，未曾想到环保议事厅成了典型。2019 年 2 月 26 日《中国环境报》头版头条发出通讯报道，以《浙江奉化创新设立环保议事厅》为题，反映了环保议事厅为浙江首创，当时全国无先例之举。

环保议事厅一改传统的环境治理模式：群众投诉，政府执法，企业受罚，致使不少问题并没有从根本上得到解决。在环保议事厅的平台上，由政府、环保部门、企业、街道、社会组织和群众代表参加，共议绿色发展中的实际问题。两年多来，环保议事厅每期围绕一个主题，针对群众关心的热点、企业关注的难点、政府想解决但又一时难以解决的堵点，人人出谋划策，畅所欲言。针对问题提出解决办法，可以各抒己见，激烈辩论，甚至可以拍桌子。在整个议事过程中，大家打开天窗说亮话，加深了解环保工作中的各种短板，省去了不必

滕头生态处处如画

要的咨询，加深了对有关事项的正确认识，在辩论中得出最有效的解决办法，使企业规避了很多弯路，大大降低了治理费。局长徐军又说："每次活动中，议事人员还会对生态环境部门的工作作风、工作效能，进行'背靠背'评议，促进自然生态清丽，助推政治生态清明。"

打好污染防治攻坚战，聚焦环境质量短板，奉化深化治气、治水、治土、治废，还大力推进秸秆禁烧和综合利用。农村千百年来形成习惯，把稻草、麦秆等秸秆既用作家庭燃料，也把秸秆和着泥土烧成焦泥灰作为肥料，这在当时广袤的田野上，还未引起环境污染的反应。时代发展到 21 世纪，农村燃料改用煤气和电力，不再拿秸秆当燃料，而且农田相对集中到种粮大户，大批秸秆燃烧成了环保问题。杭州恒麟环保科技有限公司奉化分公司杨华丽总经理说，秸秆燃烧产生的浓烟不仅污染空气，还会影响飞机着陆，高速公路边上阻挡视线。2019 年 11 月，奉化有一期环保议事厅的主题是集中农村环保问题，那天，奉化种粮大户竺海龙和恒麟奉化分公司的杨总，从华信大酒店参加环保议事厅回来，双方对禁烧秸秆工作更是信心满满。竺海龙承包 3000 多亩土地，如果秸秆稻草还田，影响下一季作物播种，不是办法。秸秆从田里搬到田头，又从田头运到恒麟公司，劳力、成本都成问题。如今了解到国家发改委和财政、农业、环保有关部委对加快推进农作物秸秆综合利用和禁烧工作有明确文件指示，恒麟奉化分公司根据实际以合理价格回收 3000 亩的秸秆，解决了竺海龙心头的难题。恒麟公司杨总说，公司利用秸秆的先进设备，每年处理当地秸秆 1.2 万多吨，通过公司机械设施，在碎化秸秆过程中，综合利用多元化，可加工成肥料和各类包装用品，甚至做成可降解花盆，尤其是加工后的草纤维，可代替水蜜桃远运中内包装的塑料，发挥不易损坏优势。最为突出的是采石场的生态复绿，在采尽石料的山体崖壁上，公司搭攀上"勾花网"或"防护网"，网上施上草纤维，配上绿化专用的喷播车，可喷洒到落差 200 米的悬崖峭壁，促使刚长在草纤维上的绿色植物保温保湿，得到很高的复绿成效。恒麟奉化分公司的产品在奉化仁湖公园山丘、锦屏隧道附近都有应用，在宁波的高桥、瞻岐以至台州市同样受到欢迎。

在恒麟公司奉化分公司的秸秆综合利用和禁烧工作中，奉化环保议事厅会同相关单位服务环保。财税部门为恒麟公司每年退税，农业农村部门帮助解决企业场地瓶颈，环保部门还上门服务，帮助乡镇基层增设收购秸秆堆放点，以提高恒麟公司的收购秸秆吨位。

环保议事厅破解了执法痛点，解决了中小企业在环保上处置不及时、支付多方成本高的通病。据2019年奉化举办15期环保议事厅调查，全年奉化区环境信访投诉量比上年减少53.3%，395家企业实现整改提升。奉化气动工业协会会长曹建波说："治理设备和运营费用大幅降低，企业治污积极性、主动性明显增强。"

奉化在搭建环保议事厅之后，又推出了"六个一"闭环服务：一厅（环保议事厅），一日（每周四为企业服务日），一课（每月举行一期环保知识大课堂），一信（为企业发送一企一信），一市（搭建环评集市），一组（1+X环境监管模式，1指奉化生态环境分局，X指全区15个协会自查自纠服务小组）。如今，奉化创设"环保议事厅"的成功经验，在宁波和其他各地得到深入推广。

举办环保议事厅，公众共画同心圆，守护着山青水绿天常蓝。

滕头花卉中心一隅

五

凡人传奇

这位县委书记的风操永恒

慈溪市，全国有名的经济百强县之一。当年慈溪人民打底子、练内功，可不摆在街面上，也非显山露水。两者却是一脉相承，乃为一种求实作风、一种科学精神。大家说到这无形财富，总是怀念起他们的黄建英老书记。

黄建英，中等身材，短发下方正的脸庞，显露出朴实平易的为人。20世纪六七十年代，她是全国2000多个县中，仅有的4位女县委书记之一，与慈溪人民共创全国重点产棉县。周恩来总理当年曾亲切地称黄建英为"棉花姑娘"……

棉苗根深深

1962年，黄建英从北京参加七千人大会归来，毛主席、周总理的教导犹响耳边：一定要把棉花生产搞上去！

黄建英也许未曾想到，产棉重点县延伸融入全国百强县。但她理解，棉花是战略物资之一，事关国计民生。化纤产品做衣料，因其挺括、廉价曾一度受到人们的热烈追捧。如今人民崇尚科学养生，那柔软、自然、贴身的全棉产品，使棉花重新为人所向往。

黄建英不是靠坐在慈溪县机关里才取得棉花生产领导权的，她多数时间深入基层：西部在长河搞点，东部在五洞闸蹲点。全国劳模罗祥根回忆说："黄建英同志在慈溪工作期间，在五洞闸，搞起棉花实验田，推广农业科学技术。"

五洞闸地处慈溪东部海边。那里有条淹浦小河，流过村边流入杭州湾。村边有一座五孔的河水节制闸，用来保护水源，雨水过多时，开闸排水，遇上台风大潮时，关闸又可防止海水倒灌。河边小村由此命名五洞闸，如今随着海涂外涨，出海闸移到下游出海处，小村河边成了遗迹。当年黄建英去五洞闸，先从县城乘汽车到沈师桥，再步行 10 公里左右到五洞闸，她来不及歇口气，就到棉地和大家一起削地、施肥、喷药除虫。"县委书记和我们一起劳动！"棉地劳动的人们欢欣鼓舞。黄建英在劳动中调查研究，探索棉花高产的路子。她听取农技人员关于棉花高产的基础在于施足肥料的建议，有意识地和人们一起下河漕捞水草做沤肥。只见她拿起一只木桶，跳下河去把捞出的水草，放进浮在水面的桶里，一会儿就把满桶的水草搬向岸边。"哗啦！哗啦！"水面传来一片打捞水草的声音，人们越干越欢。有人提醒，河里蚂蟥多，要当心。果然，当黄建英把水草搬上岸时，腿上已被蚂蟥叮了好几处。回村路上，人们见黄建英被蚂蟥叮过的腿上，淌着两条血流。她在社员岑宏标家里吃饭，女主人还在田里劳动，黄建英便帮忙淘米烧饭做菜，开饭时，桌上一碟咸菜、一碗干菜、一碗酱瓜和一碗炒蛋，大家吃得津津有味，一边吃，一边谈笑风生，议论着科学种棉。黄建英在五洞闸十四大队（今岐东村）搞了 22 亩棉花生产试验地，摸索科学种棉规律，试验地每亩高产皮棉 132.5 公斤，全大队平均亩产皮棉 120 公斤。一大队科研队（今岐山村）在黄建英的支持下，在 100 亩棉地上搞棉花技术推广。到 1965 年，五洞闸全社平均亩产皮棉 96.5 公斤，当时为难得的高产。罗祥根由此出席了全国棉花生产会议。

风雨路漫漫

1972 年，黄建英再回慈溪，重新担任中共慈溪县委书记。

原来，黄建英领导群众科学种棉，"文革"时却成了慈溪县的"头号走资派"，被打倒靠边，受尽折磨。连她的孩子读初中，也得回到老家"村小戴帽"的初中去。正直的群众看在眼里，急在心里，由于黑白颠倒，是非混淆，棉地设施破坏，抵御自然灾害能力下降。这一严重局面使上级党组织看到：慈溪要上去，非黄建英回慈溪不可。黄建英重回慈溪，必须顶住"四人帮"路线下的倒行逆施，还要经受自然灾害的考验。当时，她对身边的工作人员说："我这次重返慈溪工作，不是为了做官。说真的，我早把做官置之度外，唯一考虑的是把棉花生产搞上去，提高群众的生活水平。群众生活不改善，谁还会相信共产党。我不怕第二次打倒，只要棉花生产搞上去，我豁出命来也心甘。"

人说农业这露天工厂难办。1973年黄建英上任不久，遇上长期阴雨，棉花发生病疫，全县死苗21万亩，后又大量降雨，受淹棉地1万多亩，棉地再次大量死苗。在这紧要关头，黄建英昼夜深入基层，发动干部、社员一次又一次地补苗，那一年一共补苗七八次。黄建英劳累过度，一次在行走时突然昏倒在地。护送回家之后，她说什么也不要上医院，医生劝告她不能上班，更不能下乡，需要住院检查。可是她还是要坚持下乡去。后来用了个折中办法，让她住在招待所一间普通房间里休息，使办公、看病、休息三不误。即使如此，她也只休息了两天，又去上班了。

在清除21万亩棉地发病死苗过程中，黄建英听取了科技部门意见，用硫酸铜进行防治。当时，国内硫酸铜产量少，国外进口又有限，有关同志在黄建英的领导下，到处寻找硫酸铜货源。外省有一个产铜矿区有硫酸铜，人家却提出了以食油调换为条件。当时食油实行计划供应，从计划内调换食油不可能。黄建英眼看棉苗枯死，遂痛下决心，提出宁可自己少吃油，也要去调换硫酸铜，并立即做好多方面的工作，压缩了食油供应定量，调换来一批批硫酸铜。经硫酸铜喷洒后，棉苗枯死得到了有效控制。

为了消灭棉铃虫，黄建英又采纳了农技人员的建议，用黑光灯诱蛾灭虫、虫口夺棉。那时计划分配商品黑光灯的主要材料——铜材、铁丝非常紧张，远远不能满足棉地需要。由于黄建英的坚定决心，有关部门同志深受感动，想尽办法，于1973年，终于在全县棉地安装了257000盏黑光灯，使慈溪棉花产量回升，逐步恢复到高产年份。慈溪棉花年亩产又回到了 58 公斤。

春花笑盈盈

"春花笑盈盈，迎接黄建英。"这顺口溜最早流传于黄建英重返慈溪的 1972 年。春去秋来，年复一年，成为民谣。因为黄建英的身影总在群众中，她跑田头，跑河塘，遇到抗台、抗灾，总是率先下去，身体力行。

1977 年 8 月 21 日傍晚，大雨滂沱，24 小时内降水 250 毫米，江河、水库水位猛涨，慈溪 26.3 万亩农田受淹，少数棉地被洪水没顶，部分水塘、房屋、桥梁出现险情。次日凌晨 1 时，黄建英急着去查看，3 时左右县委发出紧急通知，要求各级干部组织群众突击抢险抗灾，她在被淹的棉地边，脸色憔悴，眼部浮肿，又冒雨来到崇寿，向省劳模、农科站站长冯宝良请教：受淹棉地怎样才能防治病害夺取高产？冯宝良说，当务之急是开沟排水，降低地下水位，接着又讲了几条措施，黄建英一一记下。

雨依然下个不停，崇寿地处海边，雨大风急，道路更滑，黄建英身穿薄薄的塑料雨衣，衣裤全被淋湿。她穿的那双跑鞋，鞋底早已磨平，加上跑鞋灌满了雨水，走起路来一拐一拐，十分吃力，途中，好心的社员就给她做了一根小木棒当作拐杖，还教她把稻草缚在鞋底上防滑。

1978 年 5 月的一天，一辆吉普车沿着浒庵公路，一早来到四塘头。当地长河区委书记冯顺涨已等候在那里。车上下来黄建英、高成裕同志。他们站在路边，只见公路两旁平整的棉地上，大片绿油油的棉花，使人看了心旷神怡。而黄建英对此，更是一往情深。一年前，她指派县农林局局长杨洪森，协同长河区委，在此低产地，兴建由河、沟、渠、村庄、土地平整配套的棉花万亩畈，半年后竣工，总面积为 1.08 万亩。兴建过程中，黄建英与农民同吃，同睡工棚，同上工地劳动，还利用晚上同干部、农民谈心。

这天，黄建英与高成裕来到万亩畈，更是别有一番深意。组织上决定黄建英担任中共宁波地委副书记兼地委宣传部部长，慈溪县委书记由高成裕接任。

黄建英指着万亩畈，深情地对高成裕说："老高，改造万亩畈是值得的，只用了6个月多点时间，现在棉苗长势很好，下半年可望丰收。"

高成裕说："要是能再造几个这样的万亩畈，我们慈溪的棉花就更有希望了。"

"这靠你了，我在万亩畈向你移交，就是这个目的。"黄建英说，"老高，你一定要举起这面旗帜，这是全县棉花生产的典型。"

两位新老县委书记边说边走，连续几天，他们检查了观城区、五洞闸、泗门区和湖北农场大队的棉花生产，所到之处，他们和干部群众总结经验，1965年全县亩产皮棉65公斤，成为全国有名的棉花生产县，靠的是求实作风和科学精神：大搞农田基本建设，更新优良品种，推广先进技术。

白云情悠悠

黄建英说过："慈溪棉乡的一草一木都牵动我的心。"

1991年4月13日，黄建英再次回到慈溪，回到五洞闸。

五洞闸，海边穷地，因14户人家创办集体农业，共同走脱贫致富路而受到毛泽东主席的关注，毛主席曾亲笔写下过批语。日月交替，世事沧桑，干部群众不断开拓新天地，创造新生活，其中就有黄建英那样的党的好女儿。

这次黄建英到五洞闸，和往常不同，不再是春花笑盈盈。五洞闸乡政府旁边的广场上搭了台，人们自觉地从四面八方围聚拢来，沉痛地向他们的老书记黄建英告别。此时，五洞闸一带棉田碧绿，一望无际；蔚蓝的天空下，飘来朵朵白云，浮在广场上空，不远的大岐山，似乎也跪伏在地，唯有山上青松屹立，显得庄严肃穆。"棉花姑娘"——慈溪县委老书记黄建英的骨灰撒放仪式在广场举行。上午9时半，时任宁波市委副书记的王卓辉陪同家属护送骨灰的灵车来到，哀乐在空中回荡，泪水迷糊了人们的视线。

人们忘不了黄建英和大家捞水草、削棉地、施肥的情景；忘不了同吃同住同劳动时的音容笑貌；忘不了她冒着高温、串村走户访问困难户的场面。慈溪县委主要领导在大会上讲话说，黄建英同志为慈溪社会的建设和发展，贡献了毕生的智慧和力量。她代表全县人民向老书记沉痛告别。此时，人群中一片唏嘘，一些共同劳动过的像岑宏标等人更是泣不成声，人们追思黄建英的不平凡身世。正如时任中共宁波市委书记的项秉炎在黄建英同志遗体告别仪式上所述：黄建英同志 1925 年 3 月生于鄞县横溪区甲村乡石桥村。1943 年 2 月参加革命。同年 3 月加入中国共产党。在抗日战争时期曾任中共鄞奉县委联络站交通员、副站长、站长，中共鄞县鄞江、武陵区委委员。抗日战争胜利后，奉命随浙东地方干部团北撤到山东。解放战争时期，曾在华东军区司令部工作。1949 年南下，先后担任中共鄞县县委通讯站站长，鄞县人民政府文教科科长，鄞县土改工作队队长，中共鄞县县委办公室负责人，鄞县县委宣传部副部长。1954 年后，任中共鄞县县委常委，部长，副书记，县长；慈溪县委副书记、县长，县委书记。1972 年任中共慈溪县委书记。1978 年以后，任中共第七届浙江省委委员，中共宁波地委副书记，并先后兼任宣传部部长、纪委书记。1983 年机构改革，地、市合并，任中共宁波市委副书记。1984 年 8 月任中共宁波市委顾问。1990 年 5 月离职休养。

在任职期间，黄建英前后被选为第三届全国人大代表，第四届省人大代表，第六、第七次省党代会代表，党的十二大代表。

在为宁波锦绣大地奉献的祖国儿女中，黄建英将永远活在慈溪人民的心中。

（本文采写过程中，承蒙史敖正、王雅根、周虹、应锡年等同志提供素材，特致谢！原文题为《"棉花姑娘"黄建英》，选自《慈溪行》，人民日报出版社 2004 年版，文字有改动）

张芳敏的创业生涯

成功人士的经历各有不同，不同的经历却有相似的规律！

张芳敏系中金汇通信技术有限公司董事长，中金汇下属子公司有浙江金诺通科技有限公司、浙江金湛建设有限公司，在全国设 55 个分公司，员工共有 1200 人，涉及 16 个省市，中金汇总部在宁波海曙区古林礼嘉桥工业区，管理人员精简，大楼宽畅明亮，环境整洁清雅，一派现代企业风貌。人们在办公室

张芳敏获 2014 品牌宁波年度人物

见到张芳敏,他中等个子,看上去精力充沛,精明强干;他思维清晰,处事低调,显得朴实而有涵养,且谈笑自若,炯炯双目,折射出睿智目光。张芳敏不凡的个人经历,揭示了成功人士的相似规律。

宝剑锋从磨砺出

从 1971 年 7 月起,每隔两个星期,在由集士港通往岐阳的阡陌路上,总能见到一位小青年挑着担子,扁担两头,一头是米袋子,一头是宁波人家家备用的一桶咸菜及杂物,这是他在岐阳工农学校读书半个月的伙食。因路途远,为赶上学校规定的到校时间,他总是清晨五时出家门,行走在弯弯曲曲的石板小路上,冬天从满天星斗走到东方发白,这样的日子,足有三年多!

小青年名叫张芳敏,1969 年冬从樟水皎口水库移民出来后,在集士港青垫村落户,他是农民家庭的孩子,岐阳工农学校首届毕业生。岐阳工农学校是特殊年代在鄞西办的一所中等学校,师生在那里学工学农,在时代的大熔炉里锻炼出一批吃苦耐劳、刻苦钻研的人才,他则为其中的佼佼者。

他刚开始学的是农业植保栽培理论知识,时常参加农田的植保实验培训活动,该班分成两部,他被分到学工部。当时宁波农村刚刚开始兴办乡村企业,学校也实行学工学农,开设校办工厂为学生提供实践基地。他记得郑聿成校长到邱隘鄞县技工学校调配 2 台皮带车床和 618 冲床,张芳敏和老师及另 3 位同学撑船运发到岐阳,走水路 80 多华里,牵绳拉船把车床、冲床等设备运到学校,建立五金车间。学校从半浦请来的陈师傅做技术指导,加工的产品是内六角和外六角螺丝,张芳敏都干得一丝不苟十分到位。1973 年 7 月张芳敏从岐阳工农学校毕业,他因表现突出留校到校办工厂工作,不到 4 个月就当领班,自己带头劳动,又要指导十几名工人对产品质量进行把关及处理仪表车出现的故障,小小年纪,可不容易。

军徽激发智慧来

张芳敏毕业后在校办厂工作不到半年，1973 年 11 月底应征报名参军，成为"文化大革命"后第一批文化兵。学校为他和另 3 位应征同学举行了欢送会。凌晨 4 点下火车，由解放牌卡车送到大校场军营，早上 6 点寒风刺骨，营房外的水龙头结冰打冻，放不出水。他随即主动用稻草烧火，把水龙头的冰冻融化，可以用冰冷的自来水洗脸，直到脸上被擦得发热。第一顿早餐站立式吃稀饭馒头萝卜干。他就在解放军这所大学校里又迈开了新的步伐。

他在南京空军 39865 部队服役，空军分飞行员、地勤兵、后勤兵等 3 个兵种。他说起自己分配到空军地勤兵很自豪，很值得回味，当时来宁波带新兵的军官是位机械师叫汪祥国，他在带兵前进行家访和到学校摸底，一眼看中张芳敏的特长。汪祥国见他初中毕业后，又上岐阳工农学校读书 3 年，属中专学历，又懂机械加工，对其颇为中意。在体检时，他看着张芳敏道道体检过了关，从素质、文化到技能都符合空军地勤兵的要求，心里暗暗高兴。当时新兵集合的操场，在原甬港饭店的地方，张芳敏穿上新军装，还未戴上红领章时，他就被任命为新兵连的班长。

新兵集训 3 个月后，他被分配到自己感到最理想的航空修理厂，飞机车间修理组，加工各类飞机零部件。同年 3 月修理厂选派他到杭州南空 20 厂教导队学习机械加工理论和实践，在 8 个多月的时间里，车、铣、刨、磨多种机械加工技能都得学习，还要学会机械制图、热处理，凭他那股专心致志的韧性，学习成绩自然优秀，学习结束后回部队又跟老兵学习。第二年部队又送他到河南信阳空军机务学校深造。其间他一直记着岐阳工农学校老师的教诲，班主任朱龙泉老师找他谈话的情景历历在目。除了读书刻苦钻研，还要做到理论和实践结合。他在信阳学习机械之后，回到南京原部队修理厂，把自己的知识和技能应用到实践中，入伍不到四载，年年得到嘉奖，并光荣地加入了中国共产党。

张芳敏参军第四年被提干为机械师

他身为一名共产党员，在单位从上到下口碑很好。适逢汪祥国被提拔为指导员，这机械师的头衔落到张芳敏的头上，他俨然成了军官，军服有四个口袋，成为众人瞩目的年轻军官。但这个搞技术工作的军官，不只是发号施令，既要自己带头实干，又要带领机组辅导别人加工各类飞机部件，用在飞机上的零部件可丝毫马虎不得，好在他车、铣、刨、磨样样精通能干，30多年过去，他对于空军修理厂的加工技术了如指掌，各种车工刀具几何角度和机械图纸徒手还能画在纸上。

也许是能者多劳，正当他在修理厂得心应手时，师参谋长找他谈话，派遣他去创办部队的家属工厂，生产葡萄酒、香槟酒、洋河大曲名酒，而办酒厂的客观条件完全称得上"一穷二白"，除了一块空地和厂房之外，一无设备，二无技术，三无知识，而对他个人来说，也是一张白纸，一无所知，领导唯一给他提供的条件，是派他到安徽砀山酒厂去学习，回来就当酒厂正连级厂长。

酒厂的机械设备，对熟悉机械的他来说，可称得"手到擒来"，从酒厂的总体规划设计到硬件装配，他都可应对自如。但对于酒类这种高档食用产品，他完全是外行。他凭着"劳者多能"、多学习一门技术的念头，进入办酒厂的角色。从砀山请来技师协助他设计制造灌酒设备，白天加工制作，晚上设计绘制图纸，讨论解决加工中遇到的难题。半年时间把灌酒流水线设备制造成功，进入各类酒业加工试验程序，先从砀山拉来葡萄酒原汁，泗阳白酒原汁，按不同酒类配方，进行酿制的全过程。生产的白鹭牌香槟酒、葡萄酒供应部队内部，并销售到南京镇江各网点，既解决了部队家属的就业问题，又为部队增加福利待遇，在当时有很好的影响力，他也得到了部队的嘉奖。

在他的人生词典里，磨炼刻苦是一种财富。其中一个条件是持之以恒，善于总结和思考。他做到了，这成了他闪光人生路上的基石。

人间自有真情在

1975 年 5 月的一天上午，在航空修理厂门口，机械员俞康华正在检修一架轰 −5 飞机。俞康华由于工作责任心强，认真检查飞机起落架上方故障，当时头颅紧贴轮胎上方的起落铝门，因飞机正在加油重量增加，起落架液压系统突然下降，把俞康华头部挤压了，在场的十几个官兵齐力将飞机往上抬，才把他救出来，当时他五官出血，人处于昏迷状态，大家拿用值班室门板急送卫生队。

张芳敏得知后，也火急火燎地把俞康华从卫生队转送南京空军医院抢救，经 3 天抢救，因脑干错裂伤势过重，俞康华光荣牺牲，后被授予"革命烈士"称号。

俞康华的不幸牺牲，使张芳敏悲痛欲绝，往事一幕幕在眼前涌现。

张芳敏和俞康华烈士都来自鄞州，是相邻两村的伙伴，又是岐阳工农学校的校友，一起参军来到南京大校场，又分配到一个修理厂当上空军地勤兵。两人在部队是战友，又是同乡同学，朝夕相处，亲如兄弟，如今他已闭目长逝！更使张芳敏不安的是：俞康华烈士的父母健在，他又系长子，如今在部队牺牲，这消息怎么开口告诉双亲？其父母怎能承受这失子之痛！而组织上偏偏选中他来处理战友后事。痛苦人办痛苦事。他在焦虑！在思考……

当他和部队首长陪伴着烈士的骨灰来到家乡，当时行政辖地为鄞州横街广展村，张芳敏多次向烈士父母表明我就是你们的儿子，一定为烈士尽孝，为双亲养老！他一诺千金，绝不食言，这精神是金钱、物质无可并论的，至今 40多年了，他对烈士父母孝心有加；年年清明，他总到樟水烈士墓前祭扫战友，献上花圈。

人间自有真情在。烈士的父母也被他的孝心、爱心感动，而且深切了解他的人品，执意要把烈士的妹妹俞雪芬嫁给他为妻。作为烈士的妹夫，张芳敏由代为烈士尽孝似的儿子成了俩老的女婿，有烈士精神的熏陶，他的妻子俞雪芬工作努力进步很快，成为当时历年鄞县轴承厂的先进工作者，被评为鄞州工业系统的先进标兵，曾获得宁波市"三八"红旗手的光荣称号，还参加巡回报告团做报告。

镇长岁月亦光彩

张芳敏在部队服役到第十四年时，家乡的地方乡镇企业突飞猛进，他有了转业回家乡的念头，因为他擅长的机械行业大有用武之地。他申请转业，领导开始不同意，他通过师干部科三番五次联系，终于获批转业回乡。后来机务处业务领导得知放走了这位技术骨干，连声说可惜，可惜！张芳敏当时从部队转业，为去鄞县机关还是去乡镇犹豫不决，在踌躇中他听取友人建议，在乡镇更容易发挥他的特长。他自己也明白，他的特长在于企业管理和机械技术，又学习和从事过社会科学的实践，到乡镇企业有利于发挥其各种长处。1989年他先分配到了鄞县望春乡工作，那里由王宏青当乡工办主任，他当主任助理；3个月后换届选举，他当选为党委委员、工办主任，此后又提升为岐阳乡党委副书记，撤区拼乡扩镇后担任集仕港镇党委副书记，高桥镇镇长。他在乡镇工作12年中，从事过党群和政府工作，探索党员教育的新途径，发展考察新党员，提拔党员骨干到企业任职，多次得到上级部门表扬。他又重视农村调查研究，担任鄞西片区政协委员25人的联络组组长，体察民情，为群众办实事，听取群众合理化建议。过去西门外的公路上，晴天一路灰，雨天一身泥，公交车也难以延伸。他任高桥镇镇长兼任望春工业区主任期间为引进企业项目，和其他同志一起走上跑下，联络各方为加快工业区的发展，想办法拓宽原道路与市区接轨，打通了联丰路，使7路、12路公交车路线延伸到工业区，方便了群众出行，推进高桥镇的经济发展。

职务水平两相称

人们常说，千军易得，一帅难求。1998 年底，中国联通因发展需要，在宁波各县市政府内挑选当过行政局级领导职务，又懂企业管理、业绩显著人士，知悉张芳敏担任过乡镇长（镇长和局长同级别），又在部队担任过企业厂长。并得知他精通机械技术，在 1982 年南空修理厂车工大比武中，一口气能把直径 80 毫米 45# 钢材切割成若干段，熟练掌握了车刀的几何角度和切削三要素，成绩列入前三名。还有一次他在南空军区礼堂观看节目时，从舞台幕布自动徐徐拉开的原理得到启发，回来后思考他工作的修理厂大门是否也可用这个原理。该修理厂大门是抗日战争时期留下的，宽约 50 米、高约 28 米的各两边叠型四扇钢门，上下班要 20 多人合力开门关门，才能使轰 −5 飞机进出维修。他用了半年多时间日夜反复琢磨设计，技术革新终于成功，只需一人按电源开关，大门便自动开启关闭。为此，他所在机组得到集体嘉奖，他荣立个人三等功。经考察后他成为联通公司最适宜人选，出任该公司工程处处长兼三产公司总经理，在联通公司上任一年内，完成 300 个无线基站建造，从原创利 100 万元提升到 800 万元以上，后因宁波联通计划单列制取消、联通上市三产剥离，张芳敏经营移动无线通信维护及工程项目，创建中金汇通信技术有限公司。

十多年来，张芳敏在通信技术上形成自己的风格，做到"人无我有，人有我优"。张芳敏在联通维护和工程建设中，培养了一支拉得出、打得响的专业维护队伍，承接了联通和电信基站、室分、塔桅、装拆移维、传输线路维护、设备安装及管线工程等，积累了丰富的经验。

当今社会是智能化和信息化时代，中金汇公司肩负着综合代维的通信保障。网管监控发现设备或线路等故障的方位，立即通知中金汇抢修中心启动抢修流程，迅速组织人员开车赶往故障现场抢修。十几年来，公司保障用户通信，在社会上有良好信誉。

人心凝聚中金汇

在通往栎社机场的宁波机场公路边，"中金汇通信"的横式巨幅标牌，白天赫然醒目，夜里光彩照人。因车辆在瞬间快速奔驰而过，人们常有所疏忽。其实，路边这幢容纳百余人的楼房，正是中金汇公司总部所在地，中金汇公司2019年年产值达23亿元，上缴国家税收1.5亿元。

中金汇公司的年产值相当于某些县的经济总量，其中的奥妙何在？话要说到掌舵人张芳敏。中金汇创业20周年，职工以"奋斗、进取、感恩"为主题的朗诵节目，说出了众人的心声。

中金汇有一支稳定和优秀的骨干团队，其中项目经理和管理员大多从事通信行业达20年以上，获得了通信工程施工总承包一级、人力资源服务五星级的资质，2016年业务延伸到中移建设综合业务、人力资源、工程劳务、中铁市政等建设项目，并有各类体系的认证证书。一批项目经理和管理员跟随张芳敏，在为运营商服务过程中有过吃苦吃亏的经历，也有享受成功胜利的欢欣，孕育了以诚信为本、精心服务的企业文化。

每逢抗灾救灾时刻，维护通信的骨干、施工的队伍，面临着一场大考，就以2013年台风为例。那年10月7日凌晨，第23号台风"菲特"登陆宁波，连续强降雨以及大潮汛导致鄞州、余姚等遭受60年来一遇的特大洪涝灾害。通信机房严重进水，大面积停电，710个基站信号中断，122个固网机房进水，光缆线路断裂。当时中金汇公司启动应急预案，张芳敏亲临现场指挥，不辞辛劳，不畏艰险，发扬连续奋战的精神，保证了重大灾区的通信畅通，得到省电信、联通的通报表扬。

没有故障时，人们面对正常通信习以为常，不以为然。一旦灾害来临，通信成了"千里眼，顺风耳"，无论是领导，还是普通百姓，若遇通信中断，闭目塞听，将造成一连串的损失，后果无可估量。因此，张芳敏和他的同事，每当灾情时节总是昼夜不息，或在办公室值班，或亲临现场指导。

张芳敏和"中金汇"的同事们接受革命传统教育

在中金汇公司会议培训中心，荣誉证书、奖牌琳琅满目，其中就有张芳敏本人获通信网络运营服务"年度人物"的荣誉称号证书，中金汇总经理如今由其子张峥担当，他有着父亲的禀赋，诚信谦逊，办事认真，与宁波联通、移动、电信行业来往多多，在三大代表企业中有良好的口碑。张峥在上海从事工程，在招标、中标到事后服务全过程中，树立了中金汇优秀的形象。培训中心陈列着上海铁塔公司授予中金汇设备安装类"优秀服务单位"荣誉称号证书，浙江铁塔"优秀服务单位"奖。疾风知劲草，困难见人格。抗洪救灾中涌现中金汇人的精神，凝聚在锦旗上永不褪色。2013年10月，余姚遭遇特大洪水，在抗洪救灾中中金汇收到群众赠送的锦旗，上书"抗洪救灾伸援手，风雨同舟保畅通"。2019年8月，中金汇无线维护部又收到一面锦旗，绣有赞词"抗台抢险无私救援，保障通信携手并肩"，催人再接再厉，弘扬传统。

张芳敏说，虽然每个人的分工不同，但总目标是一致的，大至国家，小至企业，人人都在为实现目标积极工作。企业呈现出员工敬业、领导尊重员工的和谐氛围。

作家杨绛在100岁时有人生感言："不同程度的锻炼，必有不同程度的成绩，也获得不同程度的修养，不同程度的效益。"中金汇在2013年还只有2.2

亿产值，6年后业务扩展延伸到全国各地的中移铁通综合业务宽带安装、人力资源、工程劳务分包等项目，产值翻了9倍有余，达到23亿产值。2019年10月，中金汇在浙江省人力资源服务企业信用等级评定中被评为"五星级企业"。

张芳敏的作为、企业的发展，孕育成一流的企业文化。展示在大楼墙上的标语，勉励着员工——"没有完美的个人，可有完美的团队"。

协同攻坚闯四海

2020年党和国家面临着新冠肺炎疫情的大考，在全球范围内出现经济下滑。张芳敏则坦然面对，时值初夏，他对2020年中金汇公司制定了发展目标，向国企、央企靠拢，目标产值突破30亿元，纳税1.8亿元。

前进路上并非没有困难，市场竞争中要有应对的实力。安全生产要防患于未然。那年他和常务副总杨之珩在杭州紫云阁一间茶室里，聆听贵人讲经营之道。创业之人，会自然想到大众。而败家之人却无时不想到自己。与人交道，不做甲方，也不做乙方，不妨做丙方，张芳敏表示愿意积极尝试。他回到单位后把"管理"作为考验自己胸怀和智慧的方式，多年身体力行。杨之珩是中金汇创始人之一。从中金汇成立至今，她与企业风雨同舟，艰苦创业，发挥当家理财能手的优势，在常务副总经理岗位上合理调配人员、车辆，在控制成本、工程结算、提高人员素质等方面起着重要作用。如今中金汇公司上下努力，正能量勃发生机。

中金汇公司坚持开放、创新，依托宁波的开放优势，注册在梅山综合保税港区，得到党和政府的积极扶持，中金汇公司业务分布范围广。

如今，中金汇与中移铁通的合作关系在延伸。在人力资源、工程劳务分包、劳务派遣的基础上，为引进分包项目，扩大经营项目，公司与中铁各局城市地铁建设正在建立全方位的合作伙伴关系，并积极参与5G网络的施工和建设。

也许和张芳敏的军旅生涯有关，中金汇的通信综合业务，还延伸到军工生产领域。公司具备军工涉密资格，公司也在为我国强军做贡献。中金汇公司珍惜在服务单位的良好信誉，良好的合作关系正日新月盛。

大爱无疆树心碑

如今，行政单位经费扣得很紧。有的社会活动，主持者难免向企业伸手要钱，有人戏说企业家简直成了唐僧和尚的肉，总是猎获的目标。更有一些行骗人员，信口雌黄，以多种手段向企业骗钱。张芳敏遇到这种境况，总是低调处置，让下属挡驾。他是农民的儿子，深知企业财富来之不易，钱要用在刀刃上，要用得有意义。

爱心无限，生命至上。张芳敏对于职工的安全保障舍得花钱。在提升预警避险上，排除安全隐患，查漏补缺，决不因未见恶性事故而疏忽安全举措。即使遇上微型小事故，也要认真总结经验教训，提高上下的应急能力，在应急队伍、物资保障上，逐年完善到位，形成了人人参与之风。

张芳敏的爱心不仅反映在职工队伍中，他还把爱心投向社会，并见诸行动。正如他常说的，创业经营，在赚钱的基础上，也要做些自己觉得有意义的事。中金汇的发展，应得上古人所言："不辞辛苦走正路，理当富；存心积德天加护，为善富。"

2013年1月，一场寒潮天灾袭击浙江省，尤以宁波最为严重，持续恶化的冰冻雨雪天气导致宁波海拔400米上的山区积雪厚度超过25厘米，能见度低于10米，电网抗冰灾应急响应二级橙色预警，18条输电线路故障跳闸，5条电力通信光缆中断，网络面临解裂风险，在这紧急关头张芳敏临危不乱、指挥有序，在第一线支援抢修，迅速抢通了多条受损光缆，有效支撑了电网及时送电，得到了省电力公司抗灾指挥中心的高度肯定。

再以建设中山路为例。2016年11月，宁波城里的中山路全长20多公里，有"浙江第一街"之称，为整治、美化中山路，中金汇公司在当年立功竞赛中，得到道路指挥部的嘉奖，荣获优胜单位。2020年初春，张芳敏又以中金汇公司名义，驰援武汉抗击新冠肺炎疫情，捐款10万元。

中金汇公司创造财富，谱写大爱，原因在于党的重要领导。党支部在企业中发挥了堡垒作用。张芳敏是公司的党支部书记，重视党的建设，开展系列活动，注重成效。2018年5月13日，中金汇公司党支部20位党员上井冈山过组织生活。大家在茨坪参观井冈山革命博物馆，过黄洋界到茅坪，接受传统教育，瞻仰毛主席办公的茅坪八角楼。同志们由此对"不忘初心，牢记使命"感受更加深刻，在重温入党宣誓、结合中金汇实际中，表示要像习近平总书记嘱咐的那样"实实在在、心无旁骛做实业"。在企业前进路上纵然有千难万险，比起先辈，更应无所畏惧，乐于奉献。2020年3月，中金汇党支部党员为新冠肺炎缴纳特殊党费2.5万元。当时按宁波市组织部门建议，市局级干部每人为300元，企业党员不做要求，然而张芳敏作为党支部书记个人就缴纳党费5000元。

社会人士认识张芳敏，总是说，你的过去是我的现在，而你的现在希望是我的未来。一个人的物质财富可以衡量，而精神财富留存在人们心中，则为永恒。

越窑青瓷有传人

说到劳动模范，人们总会想到当选者或在经济上成果显赫，或在某领域有轰动效应。而对 2013—2016 年度宁波市劳动模范施珍来说，坚守在上林湖畔，多年来默默无闻地破解唐代皇室的秘色瓷密码，工作看似平常，其中的艰辛却为一般人所不了解。其辐射的文化软实力能量，更难以用经济价值来比照。

施珍正在描青瓷瓶胎

千古秘色瓷

瓷器是中国古代的伟大发明。越窑青瓷有"母亲瓷"之称。春秋时期，越国疆域上窑厂众多，生产出越窑原始青瓷。"一部陶瓷史，半部在浙江"，成为支撑起浙江作为世界瓷器起源的重要依据。古时宁绍一带的陶艺不断发展，东周时已有瓷器的雏形，并开始有上釉的技术。从东汉到三国两晋南北朝，宁绍地域广布越窑窑场。位于上林湖的越窑，到唐时已相当发达，从胎釉配方、造型装饰到窑具烧制都有重大进展，并且设有贡窑。到了宋代，更改为官窑，专门烧制高级的宫廷用瓷。秘色瓷的色彩如何？后人只能从诗文中想象其美。茶圣陆羽撰《茶经》，以当时最有名望的越窑和邢窑做比较，称道越窑青瓷"类冰""类玉"。著名诗人孟郊有诗形容越窑青瓷晶莹："蒙茗玉花尽，越瓯荷叶空。"最脍炙人口的则要数陆龟蒙的诗句："九秋风露越窑开，夺得千峰翠色来。"

诗文中可知秘色瓷的美妙神奇，但很难认准究竟是哪种色彩，上林湖畔也找不到有秘色瓷字样的碎片，更说不上秘色瓷的烧制配方。中外陶瓷学家们力图解开这千古密码。秘色瓷，诚如其名，成为青瓷史上最神秘的一章。

在静穆寥寥中历史经历 1000 多年，到了 20 世纪 80 年代，一场暴雨把法门寺供奉佛祖的 13 级宝塔冲裂，半边坍塌。1987 年 4 月，法门寺原塔重修，在清理原塔塔基时，无意中发现了石函封闭的唐代地宫，在地宫中发现了 2499 件稀世珍宝，"穷天上之庄严，极人间之焕丽"。在一块名为"衣物帐"的石碑上，详细记载着 13 件秘色瓷："瓷秘色碗七口，内二口银棱；瓷秘色盘子、叠子共六枚。"继续发掘地宫中室，在瓦砾堆中，又找到一个漆木盒，里面的 13 件瓷秘色与"衣物帐"记载完全相符。此外，在漆木盒外还有一只精美绝伦的八棱长颈净水瓶，同为越窑秘色瓷。

千百年来，由于缺乏比照的秘色瓷实物，对"秘色"的说法莫衷一是，众说纷纭。法门寺地宫的秘色瓷，揭开了陶瓷史上秘色瓷的色彩之谜，可见千峰翠色、倾国倾城，其质地细腻致密，造型优美柔和，色如山峦之翠，釉似玉石天润，在光线的照射下，碗盘内明澈清亮，玲珑剔透，像是盛着一泓清泉。但认准秘色瓷的真切色彩之后，烧制贡品秘色瓷的配方，仍然神秘莫测。

施珍，土生土长在越窑青瓷土地上，她来自陶艺世家，科班出身，决心担当起破解秘色瓷密码的重任。

上林湖畔建有慈溪市上越陶艺研究所，施珍出任所长。

破解秘色瓷密码

1972年施珍出生在余姚一个书香人家，她的从祖父施于人是陶瓷专家，是景德镇陶瓷学院的创始人之一，施珍称他三爷爷。她小时喜欢跟三爷爷到上林湖玩耍。上林湖群山环抱，千峰叠翠，水光潋滟，湖畔瓷片绝美，在冥冥中注定施珍与秘色瓷有不解之缘。三爷爷假期回乡，看到侄孙女家墙上贴有从幼儿园到小学的许多奖状，又看到她的儿童画作，施于人慧眼独识。他认为陶瓷与美术相互联系，越窑青瓷从造型到图案都需有画家般的颖悟。他说，我们家族中，男的多有人才，出过天文博士、力学博士，但还没有女的。他有心培养施珍。施珍16岁时，就跟着三爷爷来到景德镇，在那里度过了中学和大学时代，她在景德镇陶瓷学院美术专业毕业后，又作为公费交流生，负笈到韩国留学，在首尔产业大学陶艺科接受韩枫林教授直接指导。后来又授业于台湾，往来于海峡两岸，领略不同地区的文化异同。施珍还拜中国工艺美术大师、国家"非遗"龙泉青瓷烧制技艺传承人徐朝兴为师。徐朝兴是浙江青瓷协会会长，中国工艺美术大师。施珍是徐朝兴唯一的嫡传女弟子，博闻强记，视野开阔。

重现秘色瓷，说得上青瓷史上最艰巨的任务。施珍在上林湖畔，选泥、捣泥、弄造型，和泥巴打交道，要耐得住寂寞。也有亲朋好友为施珍惋惜，因为她也有音乐天赋。少年时，父亲单位的晚会活动，少不了这位可爱的小姑娘登台表演。如今施珍却乐于在湖畔捏泥巴，好在爱人还理解她。施珍婚嫁在慈溪，爱人每年给她50万元，支持她耐心专注于"工匠精神"，说是搞不出名堂来，让她玩玩泥巴也好，想不到连续三年后，施珍居然可以自立了。

在法门寺的青瓷贡品出土之前，在漫长的岁月里，没有人见过贡品秘色瓷的真实模样，湖畔众多碎片也仅仅是不同的线索，而且从瓷土配方、釉彩使用到火候控制，更是全皆谜团。施珍自己研究制作的瓷品原料，与古窑考古发现的瓷土遗存一致，秘色瓷的氧化钙、氧化镁含量较高，而成色的关键在于釉彩中的氧化铁含量。施珍不断地尝试不同配比的瓷土和釉彩配方，从烧窑时的热切期待到开窑时的欢喜落空，经历了一次又一次挫折。施珍践行十几年，终究尝到成功的喜悦——法门寺出土的秘色瓷已按一比一的比例复制完成。

千峰翠色在施珍手中重现光彩。"黄中带青，青中带黄"，这是三月春光中的千峰翠色，千峰夺得春光，显得嫩绿黄亮，青瓷夺得千峰翠色，为越窑青瓷所独有。这色彩被施珍通俗地比喻为高档绿茶中第二道茶汤的颜色。用她解密后制作的青瓷茶具冲泡茶汤，茶汤与茶具融为一体，分不出两者的色泽区别，饮茶者既可领略唐代贡品秘色瓷的风采，又能得到美的享受。

业界认定：施珍——"非遗"越窑青瓷烧制技艺传承人。

重塑越窑秘色瓷

越窑青瓷从东汉发端到南宋衰落后至今，风流千年，又衰落千年，如今要重塑光彩，任重而道远。施珍熟谙陶瓷史，对越窑青瓷不同时期的特点也烂熟于心。她一直践行陶瓷专家、三爷爷施于人的教诲："若不知古，无法传承；若只守古，将与时代脱轨。"

从法门寺到吴越王钱镠的大批青瓷贡品，其形状、釉色也非一成不变。北宋之前，宫廷用瓷一直称贡瓷，未见有秘色瓷之记载。法门寺"衣物帐"上说的也只是"瓷秘色"。秘色瓷的正式命名是在北宋前期。这更启示施珍对越窑青瓷要传承，更要创新的理念。

施珍以放松、宽容的心态，扫掸烧瓷失败的阴霾，从古今的不断比较中，找回浑然天成的感悟，并引发了更多的灵感，创造出属于自己的秘色瓷。从2011年2月至2014年10月，施珍重塑越窑青瓷的各种瓷品达80件，每件精品先后要经过淘泥、成型、刻花、烧制等72道工序，作品分珍藏的、礼品的、日用的，又先后获得8项金奖或特等奖。她有一件作品还被联合国教科文组织世界手工艺理事会评为国际工艺精品奖。这件作品的色彩和图案，使人遐想到文静、端庄的江南少女，在阳春三月，戴着斗笠披着云彩翩翩而来，不张扬、不喧哗，是那么的含蓄、优雅——它的名称为云彩斗笠纹瓶。

施珍的作品有诗意灵感，这出于其真切的生活感受。她怀念幼时到外婆家的情景，联想起小蝌蚪找妈妈的故事，以女性特有的细腻又精巧的手工技艺，创作出蝌蚪弦纹瓶。蝌蚪弦纹瓶整个器形明快、简洁，纹样为跳动的蝌蚪，线条流畅，富有生气。这件作品荣获 2013 年中国（杭州）工艺美术精品博览会金奖。

真切的感受和艺术化的遐思，完美地融合在施珍作品中，如她的代表作《上林随想》。作品艺术地体现了上林湖的意境，成了浙江博物馆的永久藏品。

施珍获奖作品

只有民族的、个性的，才是世界的。2013 年夏，施珍带着作品到美国西雅图参加展会交流，其中既有获奖的上林秘色茶具组合茶盏，又有施珍创新独有的越窑青瓷茶碗。当西雅图的女市长和她的丈夫参观完展示的越窑青瓷，向施珍竖起大拇指时，施珍说："越窑青瓷的历史是从烧制茶具开始的，我把烧制越窑青瓷茶具作为融合中国茶文化的最好方式，让它更好走向世界。"

施珍如今是浙江省工艺美术大师。虽过不惑之年，看着仅 30 岁光景，她质朴、高雅的气质，与秘色瓷柔和、淡雅、温润如玉互为映衬。面对未来的使命，人们相信她会攀登越窑青瓷又一个巅峰。

沈永楼与生态茶山

生态道德指的是在做大做强经济的同时，形成尊重自然、顺应自然、保护自然的自觉行为和意识。

四明山人种植花卉，谱写着脱贫致富的凯歌。多年之后，却出现负面影响，销售每株花木，根部带到山外的泥球，每年约有70万吨，给四明山留下水土流失的隐患。访问沈永楼给人印象最深的，要数其高标准的生态道德。他情倾绿水青山，把人们引向金山银山。

沈永楼（左）与日本茶汤学会会长小泊重洋（中）在大岚合影

沈永楼执着于茶园30多个春秋，那古铜色的脸庞、灰白的头发，是他毕生种茶的写照。他像茶树一样，奉献一片绿色。茶树长在地面的碧绿树冠不高，而茶树根深深扎入土中，足有二三米长！

大岚历来有茶，今有茶园2万余亩，为全省最大的乡镇茶场；大岚又是中国高山云雾茶之乡，2002年国家农业部有关权威单位早已命名；山外来客赞美大岚，那是仙人品茶的地方。种茶，不单有直接的效益，更重要的是还有潜在的社会效益。在历史传承、现实创新中，涌现了四明大岚沈永楼。从沈永楼身上，我们看到生态建设既难又不难！难的是人对生态建设的理解！

君立风景头

丹山赤水风景区闻名遐迩。它坐落在6平方公里的大岚镇柿林村。沈永楼是柿林村人，1984—1997年担任柿林村党支部书记，那时正是柿林村开发旅游风景区时期。

在未开发之前，柿林藏在深山幽谷中。那年我从蜻蜓岗入村，真切地感受到何谓"生命系于千钧一发"。入村道路上虽有弯道缓坡，但在外人看来却如

四明山赤水丹崖

悬崖直冲而下，我乘坐的手扶拖拉机远比公园里的过山车惊险，让人宁愿徒步走去。我高声叫机手停车，但因嗒嗒的马达声盖住了我的喊话声，拖拉机一股劲地下冲把我送到柿林村中。

如今旅游车在平稳的弯道上行驶，安全舒适进村，人们游览浙东山乡古村，有绝壁、悬崖、古道、飞瀑、清溪，景致瑰丽又含文化底蕴，从道教文化、革命史话到如今文明之歌，融合了山乡古村和山水之胜，把大自然赋予的江南山水灵秀之美，展示得淋漓尽致。成为难得的修身养性之地。

去丹山赤水的游客络绎不绝，许多人都会想到带些特产好茶馈赠亲友、孝敬长辈。手工制作的茶叶不仅别有风味，而且价格实惠，只是包装略显简陋，这在品牌时代，馈赠亲友不够体面，难以得到消费者青睐。曾有一名游客讲到峨眉山上的遭遇，购了一包名叫"青山绿水"的茶叶，到家冲泡，见茶汤鲜绿非常，经行家点拨，原是加了色素所致。同样，四明山上的游客，也希望买到品牌正宗、货真价实的好茶。沈永楼像当年配合有关部门开发丹山赤水景点一样，顺势而动，在丹山赤水风景区入口之上，蜻蜓岗台地之处，办起余姚市四窗岩茶叶有限公司。

游览丹山赤水，四窗岩茶叶公司为必经之路，由于公司门前车路平坦，驾车时匆匆而过极易忽视，唯当归途中爬坡上来，方惊觉这里有个好地方。青砖黛瓦粉墙，屋外"老沈家茶宿"这几个大字在门前白墙上十分显眼，屋内茶室，茶香飘逸。沈永楼的本意不在揽客，重在结交茶友，招来四方朋友。公司还可住宿，尤其是避暑时期，北京、上海来的茶客纷纷，有的还带着家眷上山，过上天然氧吧生活。

幽谷带路人

沈永楼在大岚镇，通常被称作阿楼书记。他是柿林村第八任党支部书记，在柿林村党史陈列室里，沈永楼的姓名赫然在目。

说起丹山赤水景区里的柿林村党史陈列室，与别处自有不同风范。1939年，党领导四明山茶农运动，马青、陈布衣、朱之光等先辈培养村中党员积极分子，组织万名茶农，手持青柴棍，从大岚、鹿亭、菱湖、左溪一路走去，参加的人越来越多，直奔余姚城南最良桥，向县政府请愿，迫使当时的县政府派人与请愿茶农代表谈判，改变了"一斤茶叶一斤米，不卖饿肚皮，卖了出眼泪"的惨状，调整了茶价，又发放救济粮，拯救茶农于水深火热之中，得到了当时任中共浙江省委书记刘英的肯定，派杨思一上柿林予以鼓励。四明山老区第一个党支部也在柿林村诞生。

1984 年，沈永楼出任党支部书记，率领村民脱贫致富走的道路和以前不一样。他说，要继承革命传统，探索致富门路，开展多种经营，开发竹山，种植果树，还利用山谷飞瀑溪流落差，建设小水电站，建有柿林电站、山潭电站水力发电，山村长放夜明珠，电量还并入大电网，增加村里收入。在深山幽谷柿林村，沈永楼想的是山民不出村，财源滚滚来，就是说，让山外人把钞票装到村民的口袋里。当时有人提议开发旅游景点。回想当年从设想到开发、到付诸具体行动，他组织村民干部从中斡旋，着实费了一番心血。如今，以柿林村为中心，远近闻名的丹山赤水景区，被国家权威部门评为最优古村。景区多有农家乐，可餐饮、可住宿，方便了游客，实惠了村民。每逢节假日和夏季更是游客如云；秋高气爽时节，丹山赤水年年又举办柿子节，万千吊红柿子，如青山高挂红灯笼，村里的柿树王更让人看得心情愉悦，游客可看可食，大快朵颐。

在脱贫致富路上，沈永楼总说，革命传统不能丢，传统产业不能丢。沈永楼从党支部书记退下来，则用更多的精力，专心致志经营大岚茶业，可前进的路上并不平坦。他回顾自己走过的道路：这位土生土长的柿林村人，1952 年出生，9 岁丧父，在时代的风风雨雨中成长，仿佛丹山赤水处赤水桥下的清溪，在乱石崩云中，左冲右突，奔腾向前。沈永楼在服务群众中，也升华了自己。1994—1995 年，沈永楼被评为余姚市优秀共产党员、省先进工作者。

走上名茶路

　　1988 年初春，室外大雪纷飞，室内热气腾腾。这是大岚柿林的泥桥茶场，村党支书沈永楼，余姚市高级茶艺师刘尧暄，还有几个镇、村干部围坐着，雪天话茶。沈永楼的发言让大家精神振奋："让大岚走出困境只能依靠茶叶，也必须依靠茶叶，这是大岚的环境优势，要让茶叶衍生出更好的企业。而如今创制名茶，已是时下创新的话题。"

　　大岚有好茶，但只是在宁波、余姚一带有口碑。说起名茶品牌还是新鲜事。大岚茶叶在 1957 年之前由当地供销社和茶商同时上山收购；1957 年之后，大岚由于茶叶质地优良，成了出口珠茶的重要原料基地。茶叶在大岚只是粗加工，过后送到山外精制茶厂加工成天坛牌珠茶，由浙江省茶叶进出口公司统一经营出口。1984 年 9 月，在西班牙马德里举行的第 23 届世界优质食品评选会上，有 60 多个国家和地区的食品参加评选，天坛牌珠茶为我国获得唯一的金质奖。但是，在这金质奖的背后，大岚优质的茶原料，外界并不知道，而内行人则心中有数。大岚茶叶，天然优质。在各地名优茶生产兴起之时，在刘尧暄的支持

大岚茶事碑亭

下，沈永楼和他的同志一致表示："我们也要直接生产名茶。"

说起名茶，四明山在古代名茶迭出，早有瀑布仙茗，后来有四明十二雷、南王茶、建岅岙茶、阴地茶、鹁鸪岩茶等，这些名茶产地，大都和大岚泥桥茶场山脉相连，尤其与瀑布仙茗更是一脉相承，仅仅被羊额岭相隔。据古籍记载，"汉仙人丹丘子"示"余姚人虞洪"，"山中有大茗"。汉仙人丹丘子骑着羊群往来于羊额岭。羊额岭地名也因此而得。唐代之前，大茗为浙江省四大名茶之一。唐代茶圣陆羽到羊额岭傍道士山考察，称大茗为"仙茗"，并记入《茶经》，指出茶叶"越州上，余姚县生瀑布泉岭，曰仙茗"，"大岚咫尺是仙关"。大岚茶叶在古籍上未见详细记述，但这并不意味着它不存在。大岚早称大兰，因千峰万壑中多长兰花，茶叶受到兰花的朝熏夕染，带有兰馥幽香；又因高山云雾之多，雾岚烟霞，更宜种茶，后改名大岚。

回顾名茶历史，在泥桥茶场创制名茶，大家信心十足。名茶是品牌，该有个好听的名字，大家七嘴八舌，讨论好久，正好时值龙年，恰巧沈永楼生肖也为龙，有人提议将沈永楼带头创制的名茶称为四明龙，但又想到称四明龙还不足以体现茶的特点，干茶细嫩形尖，最后定名"四明龙尖"。

四明龙尖的制作工艺，与传统的茶叶加工用烘青、炒青的做法大有不同。以泥桥茶场为基点，沈永楼广邀各路茶叶专家到山上现场指导，有浙江省农业厅的，有中国农科院茶叶研究所的，余姚的茶叶专家更是频频光顾，共商名茶发展大计。沈永楼既是领导，又是制茶能手，他手工制作茶叶的方法还传授给女儿：要四指并拢，伸直去抓揉紧贴茶锅的茶叶。那年泥桥茶场生产的四明龙尖条形名茶，就达 5 万公斤。

1989 年，四明龙尖在宁波市名茶评比中荣获第一名；1991 年，在杭州国际茶文化节上获"名茶新秀"称号；1995 年获第二届中国农业博览会金奖。四明龙尖声名鹊起，外形细紧略扁，众口称誉其茶，色泽绿翠，香高味醇；清汤明亮，可闻到兰花清香。

1997 年，已连选连任 13 年的村党支书沈永楼成了大岚镇镇聘干部，分管茶叶，适逢镇茶场转制，沈永楼在泥桥茶场的基础上，成立四明龙尖名茶开发有限公司，担任第一任公司经理。此后，四明龙尖也好事连连，在评比历年名茶基础上，宁波市人民政府命名八大名茶，四明龙尖名列其中。在宁波全市 11 个县（市）、区众多乡镇街道中，名茶之花落在大岚山中，实属不易。2009 年 2 月，四明龙尖又荣获浙江省著名商标。登峰造极总有限，沈永楼又思忖另辟茶路。

四窗岩与茶

从泥桥茶场雪天话茶到创制四明龙尖名茶，走过了近 30 年历程，沈永楼从当年的年轻干部变成年逾六旬的老人。可能是种茶有利身心健康，现在他依然身板硬朗，双目有神，自驾小车，行驶在山间路上，忙着创办余姚市四窗岩名茶有限公司，开拓四明龙尖茶业。

四明龙尖品牌是响亮的名片，对当地青年人吸引更大，沈永楼就让给大岚的青年人去创业，他则另辟蹊径，创办余姚市四窗岩名茶有限公司，公司好茶屡屡获奖，如 2020 年 7 月在中国茶叶流通协会推荐活动中获"中绿杯"金奖。公司名称含有"四窗岩"，熟悉四窗岩掌故的，无不赞许公司名称内涵丰富。位于大岚境内的四窗岩，自古神奇，唐代著名诗人刘长卿《游四窗》有诗："四明山绝奇，自古说登陆。苍崖倚天立，覆石如覆屋。玲珑开户牖，落落明四目。……"八百里四明山的山名由此而来，蒋介石年少时在四窗岩洞中得梦，飞黄腾达会有时，后来他数度涉足那里。东汉年间刘阮遇仙的神话故事就出在四窗岩洞，这洞中有位仙茗道姑能种茶、识茶，又能品茶、奉茶。四窗岩与茶有着千丝万缕的联系。

在沈永楼夫妻眼中，养育的一对女儿，也像四窗岩洞中仙女一样可亲可爱。大女儿沈亚红仿佛更有仙茗道姑的气质，也许是从小在农村干部家庭成长，为人大大咧咧，待人接物落落大方。沈亚红从小跟随父母上山护茶、采茶，下山向父亲学习制茶。如今她在山外开茶叶专卖店，人脉资源众多，生意红红火火。沈亚红是余姚市女企业家协会的骨干、余姚市政协委员。

大岚茶山的平均海拔在 550 米左右，因其特有的土壤、气温、湿度，其茶味醇厚有回甘。但由于地势高峻，春茶上市要比平原茶场稍迟；但行家里手总是看好大岚茶叶。有家单位早在每年春茶上市之前，就向沈永楼订货 150 公斤，直送北京，已连续数年未间断。

女儿在外奔波，父亲沈永楼稳坐山中，守护着千百年来的大岚茶叶，并讲究科学种茶。2009 年，宁波市林业局授予沈永楼"十大种茶能手"称号。他在山上注重早熟、中熟和迟熟茶树品种搭配，引进黄金芽新品种 2.5 万苗。曾有一段时间，山民大兴花木，连茶园也套种花木，有的干脆毁茶树种花卉。花木的培植必须施农药，而茶叶是直接入口喝的，施农药是生产上好茶叶的大忌。沈永楼深知，这也事关人的良心道德。他说："在我的茶园坚持不种一株花卉。"用建设生态文明的话，他坚守的是生态道德。

大岚镇历届党政领导尊重当地老党员、老干部，对沈永楼更是赞誉有加。大岚镇副镇长朱铁炯说阿楼书记"坚守传统茶叶，推陈出新有方"。

（原载《茶韵》2015 年第 4 期，文字有改动）

蒋丽萍的茶业人生

蒋丽萍的创业之路，以屹立茶厂为基地，在种茶、采茶、制茶、卖茶的岁月中，诚心诚信，赢得了人们的尊重、口碑和业务。如今，蒋丽萍当选为余姚市瀑布仙茗协会会长。

当年的大学同学评价说，同班的王岳飞教授，以从事茶叶生化产品的研究见长，而在茶叶的种植、加工上，蒋丽萍已是班上同学中的佼佼者。

且看蒋丽萍的人生足迹。

山村乖女孩

蒋丽萍在茶厂

四明山中有条清流，名叫左溪，它发源于茭湖南黄。茭湖岭高峻雄伟，南黄村碧空清幽，地方志上记载南黄产名茶，《姚江竹枝词》称："省识诗人品味清，春秋分采两般馨，南黄茶叶胜山菊，可补当年陆羽经。"南黄还出过皇后喜姐，在北京十三陵定陵有介绍，她是明代万历帝的孝端皇后。

左溪流入的梁辉水库，似同湖泊，湖山凝翠。"入行万籁无声里，一湾溪水几家楼"，在这青山绿水间，有户村庄，从前叫龙坑，如今称雁湖。1968 年，蒋丽萍就出生在这个村里。

四明山水滋养了蒋丽萍，她长得清秀灵巧精干，具有南国佳丽的风采。可以想象，当年她就是一位聪明伶俐的山村小姑娘。她的母亲回忆丽萍小时，脸上洒满幸福。别看现在丽萍锻炼得能说能做，小时候她却是个胆小内向的女孩。母亲当年是农村医生，碰见孕妇生产，常常彻夜不在家，雨打芭蕉，山风呼啸，丽萍是家中的长女，下有一对弟妹。黑夜她胆小害怕，总是关紧门窗，呵护着弟妹，从小就会帮家里做事。

蒋丽萍 6 岁时，母亲想让她提早上学，老师见到这可爱的小姑娘，同意试读。说是"跟得上读上去，跟不上就当上幼儿班"。结果，比其他同学小的蒋丽萍，不仅跟上了，成绩还是班里前几名。小学毕业后，蒋丽萍读初中面临选择，一是读当地的黄明中学，一是读区里的梁弄中学。当时梁弄区有 10 所初中，梁弄是所完中，相当于后来的重点中学，黄明中学仅分配到两个初中招生名额，而且还要考试合格，才能录取入学。结果蒋丽萍考上了梁弄中学。

坐落在革命老区的梁弄中学，治学严谨，山区的孩子刻苦勤学，在蒋丽萍入学之前，学校还出过全省理科高考状元。当时 13 岁的蒋丽萍上梁弄读书，步行近 10 公里山路，要翻越有 70 多个弯道的高地岭，还得常常自己挑着米、菜，这样度过了 6 个年头，这个经历锤炼了她艰苦耐劳、坚韧不拔的品格。蒋丽萍还当了 6 年班长，学习成绩、工作能力在那种环境中得到了全面锻炼。1986 年 19 岁的蒋丽萍考上了浙江农业大学。

当年大学生

如今大学生比比皆是，可是在 30 多年前，"文革"刚刚结束，高考恢复后不久，广大青年求学心切，强手如林，考取大学本科的人乃是凤毛麟角。尤其在山村里，蒋丽萍考上大学，简直是山旮里飞出金凤凰。

蒋丽萍第一次上省城杭州，到浙江农业大学茶学系读书。也许是冥冥中注定，她出生的四明山地域余姚市为中国茶文化之乡，古名茶瀑布仙茗的原产地就是在梁弄白水冲。山区浓厚的茶文化氛围促使蒋丽萍专心致志地读茶学。浙农大茶学系 86 届只招了一个班，全班 30 名学生，其中 7 个是女生，包括蒋丽萍。但当时这已是国家重点建设学科。它如今隶属于浙江大学农学院，由"当代茶圣"吴觉农创办的茶学系于 1954 年高校院系调整时，迁到了杭州华家池。

蒋丽萍（左）与浙江大学童启庆教授（中）合影

蒋丽萍入学时，得到一批年富力强的教师的教诲，如今他们多为教授和博士生导师。蒋丽萍至今记忆犹新，童启庆教授既教茶叶栽培，又懂茶艺茶道；龚淑英教授搞茶叶审评，几十年来言传身教；刘祖生和胡月龄两位教授，在茶树育种上独有造诣。在老师们的辛勤教育下，许多学生已成为全国茶界的顶梁柱。王岳飞现任浙江大学农学院副院长、博士生导师，在从事茶叶的生物化学研究中，开发茶叶终端产品 30 多种，成为浙江大学永平杰出教学贡献奖（100 万元）得主。蒋丽萍爱读书、善思考，在茶叶加工、审评方面也有独到功夫。

蒋丽萍还积极参加社会活动，从中学到大学，一直担任学生干部，热情关心同学。班上有位同学家里遭火灾，当时她和班长商量，发起救助活动，同学们多来自农村，手头没多少钱，但都乐于助人，当时国家发给每个同学每月的伙食费只能是食堂饭票，同学们就省下饭票，用来救助同学。蒋丽萍和班长段连根心往一处想，带头做好事，两人惺惺相惜，毕业后结为夫妻。

修炼真功夫

1990 年蒋丽萍大学毕业后，分配到省级单位浙江省南湖监狱工作。她虽身上穿着警服，但本职工作仍然离不开茶。

南湖监狱地处安吉县，有万亩茶山，足够蒋丽萍施展才华。她在那里 5 年，开始几年，与服刑人员打交道，上山采茶，进厂制茶，从烦琐的道道工序中学到了很多东西。

把书本知识运用到实践中，蒋丽萍学会炒制多种茶类。当时南湖监狱与日本企业合资，她投入眉茶、清蒸茶的制作，了解外销茶叶的特点和国外人士的嗜好。她在生产扁形茶方面更有一手，炒制好的绿茶名品，与西湖龙井难辨真假。蒋丽萍大学毕业后，从最简单的一片茶叶做起，万亩茶园成了她的用武之地。单位服刑人员众多，茶叶产量高，蒋丽萍加工茶叶的水平渐臻佳境，后来专门从事茶叶的检测、审评，俨然成了单位茶叶的把关人员。

她在南湖监狱工作这几年里，逐步摆脱烦琐的事务，按人之常情，应乐得清闲自在。但蒋丽萍不是一个好逸之人，从小爱读书，有志向，与茶结缘，奉献茶业要让青春闪光。

1996 年，日本有家企业叫伊藤，与全国先进企业余姚茶场合资，创办中外合资企业，招聘茶叶技术人员。蒋丽萍得知消息后，想到余姚是她的家乡，想发挥自己的技能，为家乡父老服务。

天遂人愿。蒋丽萍经过考试，被招聘到家乡的这家中外合资企业，专业从事出口茶叶的审评工作，凭着她在原单位的技术，可谓轻车熟路，游刃有余。可是，她不满足现状，又到宁波外贸部门进修外贸业务，学习金融单据、外贸英语。在茶业上要有所作为，她采取了主动进击姿态。2002 年，蒋丽萍筹划要创建屹立茶厂。

情倾四明春露

天高任鸟飞,海阔凭鱼跃。如今,正是能人施展才华的时代。蒋丽萍每年审评的茶叶出口业务多达 3600 万元,为单位领导所器重,得知她要在离企业不远的老家雁湖村办茶厂,领导积极支持她,并保留她在合资企业的一份工作。

蒋丽萍在老家雁湖村办茶厂,思想上有足够准备,认为不能目光短浅,急功近利,一般企业要经过 7 年左右运转,才能从困难中突破重围,企业定名屹立茶厂,寓意不怕挫折,克服困难,巍然屹立。

办厂缺乏人才,她手把手地教弟弟学习茶叶加工,让弟媳到余姚城里开专卖店经销茶叶,能干的父母也都来参与办厂事务。如今,弟弟蒋丽洪学得一手茶叶加工技艺,对茶叶流水线工序应付自如。蒋丽萍说,弟弟在控制茶叶的干湿度上,质量稳定,已是行家里手。

有艰辛、有付出,自然带来收获。屹立茶厂经过多年建设,有 2500 米的全套生产流水线,投资建成 1500 平方米标准化包装车间,各种设备经检测合格,早在 2013 年已被评为浙江省标准化茶厂。

屹立茶厂出产名茶四明春露。2008 年注册商标之后,已经纳入瀑布仙茗母子品牌系列,声名远扬,从 2010—2014 年,连续三届荣获全国绿茶评比最高奖项"中绿杯"金奖;2013—2015 年又连续三届获得浙江省绿茶博览会金奖。在每一块奖牌背后,都有蒋丽萍付出的心血和精力。

"一杯春露长留客,两腔春风几欲仙。"蒋丽萍将自己制作的茶叶命名为"四明春露",这自有一番深情厚意。她说,"四明"两字是家乡茶叶的独有符号不可少,"春露"凝聚着春茶品质的优势,那滋润的春茶,又有泽被家乡父老的寓意。企业在村里村外承包茶山,建设生态茶山,改变着山乡面貌。

从山村出来,她的知名度也日趋提高。她是宁波市十四届妇女联合会代表,在茶界更是声名远扬,已是余姚市瀑布仙茗协会会长。

当上会长之后

蒋丽萍种茶、读书，低调为人，哪知不想出名偏出名。

2015 年 12 月 28 日，在余姚市瀑布仙茗协会换届大会上，经选举，蒋丽萍成了瀑布仙茗协会会长。这个名茶组织于 1999 年成立，上两届会长都是由市农林局负责同志担当。

瀑布仙茗是地理标志产品，著名商标，在唐代已是全国 46 个名茶品牌之一，系中国历史名茶。茶圣陆羽所著世界上第一部茶书《茶经》中有记：汉仙人丹丘子在四明山上示意余姚人虞洪，"山中有大茗"。晋代《神异记》书中记述了这项茶事，据《浙江省农业志》和《浙江省茶叶志》记载，这是浙江省最早有文字记载的茶叶。人说"杭州有西湖龙井，余姚有瀑布仙茗"。2013 年，瀑布仙茗列入上海世博会顶尖名茶。

2009 年余姚市政府决定，每年投资 1000 万元，连续 3 年，加强瀑布仙茗品牌建设，实施母子

瀑布仙茗生长在白水冲瀑布上面

品牌战略，屡获金奖的四明春露，被列入瀑布仙茗品牌系列产品，"瀑布仙茗·四明春露"更使名品增辉。

余姚瀑布仙茗协会由 30 多家著名茶企业组成。蒋丽萍说，既然当了会长，就得认真担当，出于公心，不图私利，不辜负大家的信任。首先要把自己的屹

立茶厂办好，提高名茶品质，诚心诚信经营，为大家做出示范；其次在副会长和秘书长的大力协同下支持各家茶企业个性化发展。

如今协会组织在蒋丽萍的领导下，建立制度，加强学习，如组织学习广告法、食品法，加强茶业人员的法治意识。一些企业人员反映，过去人在基层，忙于茶山，信息不灵，现在可以沟通信息，扩大发展门路。

在建设丝绸之路经济带和 21 世纪海上丝绸之路新常态下，宁波作为节点城市，蒋丽萍看到，这对余姚茶叶走向世界既是机遇，也是挑战。她已在筹划，并鼓励在国外求学的女儿参与，把茶叶专卖店发展到宁波，还广泛联系宁波茶友，弘扬宁波的地理、文化优势，目标为与"一带一路"沿线国家互联互通，友好包容，合作共赢。

2020 年 7 月，在中国茶叶流通协会等单位组织的名优绿茶质量推选活动中，"瀑布仙茗·四明春露"再度获得"中绿杯"金奖。

如今，蒋丽萍还兼任宁波茶文化促进会副会长。

（原载《海上茶路》2016 年第 1 期，文字有改动）

一杯曲毫堪会友
——访《奉茶》作者方乾勇

奉化曲毫与别处名茶相比，其形其味的独到之处，得从茶人方乾勇说起。

民间传闻方乾勇识茶神奇。他一见干茶，便知其是春茶还是秋茶，茶叶长自山地阳坡还是阴谷，甚至能认定其茶叶的采摘时间。询问此事，方乾勇则一笑了之，说是"实践触摸、积累所致，实乃雕虫小技"。中国农业出版社出版的方乾勇的专著《奉茶》，才是他的倾心力作。

方乾勇在茶园细察茶叶生长情况

方乾勇是恢复高考后浙江农业大学首届茶学系毕业生，后到日本进修茶业。数十年来他与茶农打成一片，注重实践，把论文写在大地上，茶农称他为"科技活财神""奉化曲毫之父"。在逾天命之年，他把实践的经验和理性的感悟总结成《奉茶》一书。全书以奉化茶文化为基础，以茶科技为中心，反映当地茶经济的发展。时任奉化市市长陈志昂在该书序言中评述："《奉茶》一书，有敬奉好茶、好茶来自奉化之意，隽永而耐人寻味。"

奉化曲毫茶可匡正时下饮茶误区。误区之一，茶叶越早越好。每年谷雨节气，自古有谷雨鲜茶之称。如今清明、春分多有新茶，甚至清明前一两个月已有新茶流转，这类面市早的茶，冲泡两次就淡而无味，且价格不菲。此类茶尝鲜可以，但作为常年用茶储藏，并不明

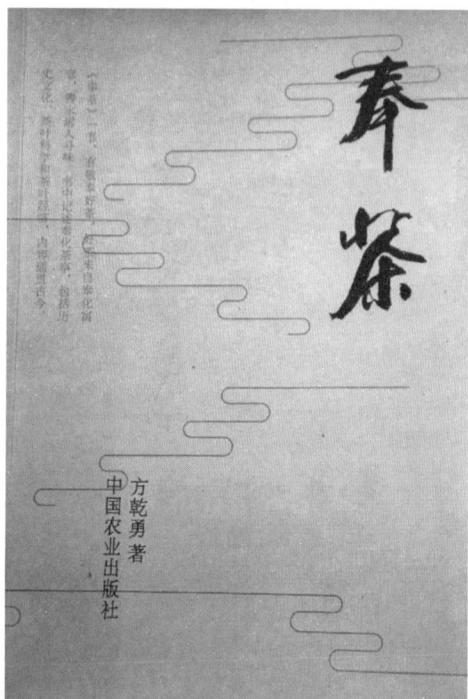

方乾勇所著《奉茶》一书封面

智。方乾勇说："现在购茶不宜过分求早、抢早，过早是很难买到好茶叶的。"饮茶的另一个误区是越嫩越好，外形越细越好。现在有许多名茶用单芽制成。方乾勇又说，这种茶其实是中看不中喝，当第三次冲泡时已无茶味。原中国十大名茶的采摘标准在一芽一叶以上，其中如名茶太平猴魁更是一芽三叶。这是因为单芽茶有效成分含量低，不耐冲泡，还因茶芽失水困难，容易加工成带涩味的茶叶。饮茶还有一个误区是越新越好。其实，刚炒制的新茶，多饮易使人上火，不过这种热性存在时间短暂；又因为刚炒制的新茶含茶多酚多，对寒胃的人有刺激性，所以，方乾勇建议，新茶购进后最好放置半个月至1个月再饮用，滋味会更佳，品饮后肠胃更舒适。

　　早在1995年，方乾勇探索名优茶生产，旨在开拓市场，帮茶农致富。他在奉化发挥我国绿茶主产区的天然优势，弘扬厚积的茶文化底蕴，并融进现代茶科技元素。奉化曲毫外形盘曲，不抢茶叶早市，有其历史的、现实的奥妙之处。

曲毫还有个历史典故。史载，宋仁宗梦游名山后，诏召名士"网天下名山以进"，唯独奉化雪窦山为梦境之地。于是敕赐龙茶。自此以雪窦山为中心，奉化生发蟠龙茶。后来宋高宗赵构逃难途经奉化，得蟠龙茶以排忧；宋理宗御书"应梦名山"，至今遗迹存于雪窦山御书亭内。茶名"奉化曲毫"出自古籍"荼荈不同亩，曲毫幽而独芳"。

人们所见曲毫多呈螺旋状、盘曲形，茶生白毫，它与扁平挺直的片茶、纤细如针的针形茶迥异，冲泡后叶底成朵，多为一芽一二叶，茶汤清香鲜醇。刘祖生等全国著名茶叶专家把曲毫品质归纳为八个字："色绿、味醇、香高、形美。"

曲毫何以独扬其天然优质茶味？方乾勇说："《西游记》第一回写孙悟空出世：花果山上有三丈六尺五寸高的巨石，'每受天真地秀、日精月华'，内育仙胎，化作石猴，这就是天地精华所生的孙悟空。奉化曲毫茶长在原生态的茶山上，也是撷取日月

方乾勇与茶农在查看奉茶

精华，顺应其生长规律，天然成熟。"曲毫自有其独到之处，难怪市场销售额每年以30%递增！

奉化曲毫是国家原产地地理标志保护产品，跻身全国名茶行列，在全国"中绿杯""中茶杯"评比中多次获金奖、特金奖，又荣获世界绿茶大会最高奖。方乾勇对已获得的39项金奖另有一番理解，他说："评上金奖，可以代表一个地区、一个单位加工茶的最高水平，但不能代表这个地区或单位的整体茶叶水平。我们却一直注重于如何提高奉化曲毫的全面水准，采摘自然成熟的鲜叶，

比抢早采摘的单芽成本低、质量高，让消费者真正得到实惠。"

奉化曲毫由奉化市雪窦山茶叶专业合作社统一生产，该社的 128 名茶业行家在奉化各地实行统一品牌、统一标准、统一包装、统一价格、统一监管，由奉化市茶叶首席专家方乾勇统一把关。如今有核心示范区面积 3000 亩，辐射面积 12000 亩，并在尚田建成宁波首家规模最大的茶叶加工、包装中心，集收叶、摊青、加工、精制、包装为一体，以保证奉茶的整体水平并降低成本。如今出产的奉化曲毫系列名品，有奉化曲毫、弥勒禅茶、弥勒白茶、弥勒香茶等。

茶为国饮，饮茶有利于身体健康，茶文化是中华民族传统文化的重要组成部分，茶又有"清、教、和、美"的精神品格。原奉化市委书记张文杰为《奉茶》出版题词："一杯曲毫堪会友，何需佳肴闹奢华。"

（原载《文化交流》2014 年第 3 期，文字有改动）

宋光华与茶叶世家

当代宁波名茶迭出，源于浙东山水得天独厚的地理环境，还有种茶加工能手辈出。在宁波，真正称得上有一流茶叶加工技术的，老中青人数众多，其中要数宋光华影响深远。他现任宁波市茶叶流通协会副会长兼秘书长。

宋光华是绍兴市平水镇宋家店人，2018 年他清明回家祭祖，当地记者抓住机遇采访宋光华，这位平水日铸茶和平水珠茶第十代传人的后裔。

宋光华在灯下钻研

平水日铸茶早在唐代即被誉为"珍贵仙茗"。到了北宋,大文豪欧阳修曾在《归田录》中赞曰："草茶盛于两浙，两浙之品，日注（铸）第一。"及至南宋时期，日铸茶的产区——平水王化日铸岭，被钦点为朝廷的御用茶产地，称为"御茶湾"。平水日铸茶也被称为"贡茶"。

宋光华介绍，据记载，王化宋家店宋氏始祖是宋汝为，官至国子监司业，护驾南渡，得罪秦桧而被罢官；南渡四世、会稽日铸始祖宋朴恩为国子监兵部侍郎，后谢归居于会稽平水王化宋家店；自从宋室南迁，传至守仁公（即宋周瑞）25世。从守仁公起，建立10世排行：周、人、师、孔、孟、汉、世、焕、经、纶。周瑞子孙、族亲、乡里，多有事茶者，子子孙孙，世代相传。

宋光华家祖孙四代都为茶人。"听父亲说，曾祖父、祖父都是平水一带有名气的'炒茶头脑'，父亲从小闻着茶香长大，并以茶为业，到了我这代，已是祖孙四代茶人了。"宋光华说。

宋光华的父亲宋荣林，便是浙江茶界的"四宋"之一。1946年，吴觉农创办了浙江省茶叶改良茶技班，宋荣林便是学生。1950年，宋荣林到省农业厅特产局茶叶科供职。1952年至1964年受省厅派遣，参与筹建杭州（余杭）茶叶试验场，直至担任绿茶初制厂厂长。1965年奉命调到奉化，长期担任绿茶初制厂厂长和茶场副场长，直至1990年退休。

母亲张银花，曾是20世纪50年代国营绍兴茶厂"七朵金花"制茶能手之一。后随丈夫宋荣林援建国营奉化茶场，为茶场培养了一大批制茶操作能手，在"抖、搨、挪、撒、扇、炒、烘、焙、理、藏"加工过程中，总结出炒制平水珠茶"十大手法"。

在车间检查茶叶质量

宋光华出生在绍兴茶厂，在杭州茶叶试验场长大，初中毕业后在奉化茶场工作，事业发展在宁波。

茶叶世家的传统，前人的基因是基础，但更重要的是后天自身的努力拼搏。宋光华从小闻着茶香长大，少年时学会双手采茶，动作之敏捷如鸡啄米，连心灵手巧的采茶姑娘也比不上他。从 1975 年开始，他就在奉化茶场做学徒，接触茶叶生产和加工；到 24 岁时，即 1982 年，成为奉化茶场

"天坛牌"特级珠茶获国际金奖

负责茶叶生产加工技术的副场长。在他任技术场长期间，茶场产品先后获得国家优质产品银质奖。由浙江省茶叶进出口公司出口的"天坛牌"特级珠茶，曾荣获过国际金奖。奉化茶场也成为全省 18 家珠茶重要生产加工基地之一。

此后，宋光华于 1988 年调任宁波出口茶叶拼配厂厂长，其间累计出口珠茶达 5500 吨，合格率在 95% 以上，为国家创汇达 1300 万美元，在浙江省同行中名列前茅。1990 年，他还参与制订省级行茶（平炒青）标准样和国家贸易标准样（平水珠茶）。

他凭借着几十年的茶叶生产加工经验，运用传统茶叶制作工艺和现代茶叶加工技术，指导宁波市区多家茶叶生产加工企业制作各类红、绿名优茶，特别是指导宁海县紫云山茶场和俞氏茶业的"望海茶"，还有余姚白水冲茶厂生产的瀑布仙茗，海曙区国昌茶厂生产的"它山堰绿茶"，慈溪南茶和戚家山"大山牌"绿茶，宁海太阳山"岳峰牌"绿、红茶，余姚市河姆渡天峰茶厂生产的"七千春"野茶，等等。并从 2005 年开始，在"中绿杯""华茗杯""浙茶杯"名优茶评比活动中，由宋光华制作和指导生产的茶叶，获得过金、银奖 50 多次。2002 年，国有企业转制后，宋光华成为技术型和管理经营型两全人才。

如今，宋光华被聘为宁波俞氏五峰农业发展有限公司技术总监，在那里参与望海茶小镇建设，又受聘于台州一家大型企业的茶叶技术总监，为推动名优茶的发展积极奉献。

棠云竹纸胜宣纸

我国古代四大发明——造纸、印刷术、指南针与火药，为世界人类文明做出了伟大贡献。

能再目睹古代纸张的风采否？

能！在奉化萧王庙的一个原生态手工作坊，坊主袁恒通生产的棠云竹纸，走出深山，走向全国，震撼世界。

春雨桃花时节，我们慕名前往那里采风。

破解天一阁难题

天一阁建于明代，至今已有 450 多年！

天一阁藏书丰富，然珍藏的众多古籍因年代久远，虫蛀纸损，不仅借阅困难，而且难以保存。天一阁有一批修复古籍的专家，却找不到适当的纸张去修复，可谓巧妇难为无米之炊。

20 世纪末，天一阁博物馆副研究员李大东等一批同事商议，修补破损的一批明代古籍，要用相同的竹纸。于是相继走访了安徽、湖南等国内许多著名的造纸厂家，却一直没有找到理想的纸张。近于山穷水尽之际，他们想到奉化多竹，造纸历史悠久。据《奉化市志》记载，棠溪（即今棠云）竹纸最早记于史书的时间为明正德九年，距今约 500 年。1946 年重印的《棠溪江氏宗谱》上记载，棠云造纸业最兴旺时，当地有 1000 多人从事这一行业，光操纸槽就有 300 多个，生产的竹纸远近闻名。萧王庙有个竺梅先，以继承家乡造纸的优良传统闻名。20 世纪 30 年代，他在沪杭一带创办华丰造纸厂、民丰造纸厂，又联合 5 家造纸企业，在上海成立国产纸版联合机构，所得盈利用于抗日。他还收养了 600 余名流浪灾童到奉化，创办"国际灾童教养院"，造纸善举名垂千古。

于是，天一阁修复古籍专家来到了萧王庙棠云，得知在 20 世纪 50 年代，由于机制纸业还不发达，棠溪的竹纸业仍十分兴旺；但是到了 20 世纪 80 年代末 90 年代初，随着机制纸业的兴起，手工竹纸迅速受到市场挤压，手工纸作坊经营难以为继，纷纷歇业。说来还幸运，专家们遇到了袁恒通，在造纸之乡，还剩他一家手工纸作坊。

袁恒通时年 81 岁。他 16 岁时从事手工造纸，至今已有 60 余年。记得那年他和天一阁博物馆李大东等专业人士反复磋商，经过上百次的试验和修改配方，袁恒通研制出一种少见的以苦竹为原料，能防虫，又适合画画的苦竹纸，专家们赋予袁恒通造的纸一个新的名称：棠云竹纸。这解决了天一阁修复古籍的一大难题。

古法造纸成绝活

袁恒通在"打浆"

当我们置身原始的手工作坊时，仿佛看到古代劳动人民的智慧结晶。一根厚实的竹竿要变成柔软轻薄的竹纸，多不容易。作坊中的设备多为木头、石头制作，工艺复杂。袁恒通说："从竹子到纸张，至少经过 72 道工序——在砍料、浸料、剖料、腌料、洗料、煮料、捣料、打浆等前道工序之后，进入操纸、晒纸等工序，最后才出品纸张。拿前期工序来说，在选定原料后，用大水缸腌料就大有一番讲究，古代用石灰，后来用老碱，煮竹料用的镬桶直径有两三米长，竹料装入镬桶，底下用柴烧煮，夜以继日，连续多日。"袁恒通一辈子都没离开过造纸，几十年如一日，连轴转的日工作时长在 12 小时以上。也许是山中劳动能健身，年逾八旬的老人身板硬朗、思路清晰，和子女们一同施展着古人造纸的绝活。

我们采风到作坊，正遇袁恒通在作坊的水碓房捣料、漂浆，对我们局外人来说，这古老工艺中最为难得的要算操纸和晒纸，这两道工序现在分别由袁恒通的女婿江仁尧、女儿袁建兰担当。

操纸工序至关重要，江仁尧站在石板筑成的操纸槽旁，双手端着帘床，浸入有纸浆的操纸槽，用帘床将纸浆均匀操起，前后一晃，提起来，沥干水分，见到一张湿纸，再把帘床的湿纸放至案基上，掀起帘床。就这样在浆水中一撩、一提、一掀，低头弯腰，若一天操纸

袁恒通的女儿把已榨干水分的纸逐张揭开，送往纸焙房

六七百张，就得重复六七百次。等到案基上的纸积到膝盖高时，经木榨把水挤干，再送入纸焙屋。

纸焙屋，从前称为焙弄。"焙"字为用火烘干的意思。我们到纸焙屋只见袁建兰正用晒帚在晒纸。她从木榨压干还湿的厚叠纸堆上，把纸一张又一张揭开来，用晒帚贴在焙墙上烘干，待干燥后，又一张一张从焙墙上撕下。

用来晒纸的焙墙很特别，墙体厚近半米，中间有空隙。从前用干柴由外口进入空隙烧火，室内晒纸。

冬天双手浸入冰冷的操纸槽，夏天冒着高温在纸焙屋晒纸，整天下来，虽

然又苦又累，但袁恒通一家都感到自豪。袁恒通的手工纸作坊为各大图书馆提供国内罕见的纸张，被认定为专供厂家，又是浙江省非物质文化遗产纸制作技艺传承基地。

72 道手工造纸工序，归纳起来，其中的 5 道传统工艺给人印象尤深，先后程序为斩竹漂塘、缸炉烧煮、石臼捣料、石槽操纸、焙屋晒纸，仿佛再现了蔡伦造纸的工艺。袁恒通生产的棠云竹纸不仅被专家认定为最接近古代用纸的纸张，也成了留住乡愁的最佳载体。作坊坐落溪畔，棠溪宽绰清澈，又有廊桥茶亭，一派深山幽谷古风，为萧王庙增添异彩。

棠云竹纸胜宣纸

天一阁修复古籍有好纸。消息传开后引得一批古籍修补专家纷至沓来，这些专家来自北京大学图书馆、武汉大学图书馆和国家图书馆等。袁恒通制造的棠云竹纸，分白色、彩色多种，经专家检测，能存放 400 年至 1000 年！

随着现代科技的进步，传统纸张制造和保护技术的发展面临着巨大的挑战。有鉴于此，联合国教科文组织于 2008 年发起"纸张保护：东亚纸张保护方法和纸张制造传统"项目，选取了东亚五国传统造纸工艺和造纸材料保存完整的地区作为项目点，其中包括奉化棠云。中国、日本、韩国、朝鲜和蒙古等五国研究人员做了大量的实地考察和调查研究。天一阁博物馆成立了纸质文物保护中心，成了文化部"国家级古籍修复中心"。

这一项目，历经 7 年运转，2015 年 12 月 9 日，联合国教科文组织"纸张保护：东亚纸张保护方法与纸张制造传统"项目成果发布会在宁波天一阁举行。与会各方专家到棠云村，参观了古法造纸技艺中心，对原生态手工造纸作坊和手工技艺啧啧称赞。南京博物院副院长、全国纸质类文物保护专家奚三彩、南京图书馆副馆长宫爱东、美国普利斯顿大学东亚图书馆馆刊主编罗南熙等都对棠云竹纸给予了充分肯定和评价。

其中日本纸张专家冈兴造对棠云竹纸的评论使各国专家更为震撼，他说：

"造纸是从中国起源的，竹纸和宣纸都是中国特有的，但其实竹纸更古老、更好。"冈兴造来自日本最有名的纸质文物保护与修复世家，120 年来修复古籍事业代代相传，目前已经传到他儿子冈岩太郎一代。他现任东亚文化遗产保护学会纸质保护专业委员会会长。此次父子俩一起前来天一阁参加联合国教科文组织的"纸张保护：东亚纸张保护方法与纸张制造传统"项目成果发布会，并在学术论坛上做交流。冈兴造来过中国 120 多次，非常了解中国的纸和颜料，认为"宣纸和竹纸是中国特有的，日本的竹子制作不了良好的竹纸"。他又说："其实竹纸非常好，年代比宣纸久远，希望中国更重视竹纸，复原中国最好的竹纸制造方法。"

联合国教科文组织驻华办事处文化遗产保护专员、复旦大学教授杜晓帆非常认同冈兴造之说。他介绍联合国组织纸张保护的缘起，开始只是为了解决技术问题。因为日本收藏了许多中国宋元明清时期的古籍，这些古籍都需要保护、修复，但发现如今生产的纸张竟然比不上过去，并且买不到用来修复古籍的纸张。

从联合国教科文组织这次成果发布会上获悉，中国、日本、韩国、朝鲜和蒙古专家经过 7 年的努力，联合编写出《纸质文明保护与修复操作指南》，其中中国部分有《古籍与文书修复导则》和《书画修复导则》，分别由天一阁博物馆和南京博物院编写。纸张制作和纸张保护技术已是东亚共同文化遗产的重要部分。

如今，袁恒通老先生已把传承棠云竹纸技艺的接力棒传到了其子袁建增的手里。怀有深深使命感的袁建增，放下了在宁波的生意，筹集大笔资金向奉化区申请建设古法造纸文化中心项目。奉化区宣传部长亲自协调此事，环保、国土、规划、文化、街道等多个单位齐心协力，该项目已于 2020 年 10 月动工开建。

（原载《文化交流》2016 年第 5 期，文字有改动）

六

名家行踪

虞世南故里与清泉井

唐太宗李世民评价虞世南有五绝——"德行、忠直、博学、文词、书翰"，又说"世南于我犹一体"。虞世南出身望族，历史记载他一直是余姚人。然而他的故里在余姚何地并不清晰。慈溪地方志倒有记载，称"慈溪定水寺为虞世南故宅……世南陪葬昭陵，子孙皆居长安，遂以故宅为寺"。

因历史上行政辖区的变更，名人籍贯与故里常有不一致的。余姚和慈溪两地行政区调整频繁，某些地域过去属余姚的，后来属于慈溪；而过去属慈溪的，有些现在则属于余姚。虽然我们难见到唐代余姚县的行政地域详图，"虞世南，越州余姚人"是肯定的，与故宅在定水寺并不矛盾。余姚虞氏望族从三国时代虞翻（164—233）到唐代虞世南（558—638），历经400余年，虞姓人士从最早的姚江南岸双雁乡、凤亭乡发展到江北，从城里发展到城北，再发展到余姚东北地带，虞世南的父亲虞荔就在那里，与上林湖相邻。虞荔于南北朝时在陈朝为官，

"唐虞秘监故里"纪念碑

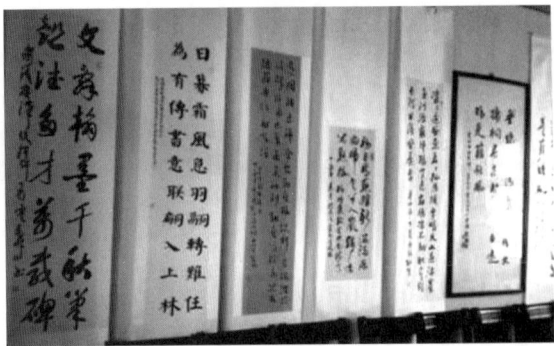

虞氏书法家捐赠的部分作品

《陈书》和《南史》有虞荔传记，于陈"天嘉二年（561）卒，时年五十九。文帝甚伤惜之，赠侍中，谥曰'德之'。及丧枢还乡里，上亲出临送，当时荣之。子世基、世南，并少名"。清光绪年间《慈溪县志》第 45 卷转录明代天启年间县志：唐虞荔墓在杜湖山虞家湾。可见虞荔、虞世南父子的故宅在定水寺一说早已有之。

虞世南故里在杜湖西南端，地处今慈溪市观海卫镇杜湖村解家自然村，北端临水，那里湖光潋滟，三面是山，翠竹茂密，以盛产杨梅、竹笋而闻名浙东。在村北的定水寺，方志记载："世为虞世南故宅，旧名清泉寺，建于唐贞观间。寺前一井，泉潆洄泛滥，袁韶夫人以金钗投之，波旋宁静，遂更名定水，韶卜葬于此。"由于唐代贞观时期距今已有 1300 余年，唐代虞世南的遗迹已荡然无存。后人有诗抒怀："生前妙墨空遗世，湖上荒基半属僧。"21 世纪初，有宁波天行书友会在定水寺立碑，上书"虞世南故里"，碑文为宁波文化名人曹厚德先生所题。

当年的清泉井，至今依然终年不涸，水深 2 米，澄清透亮，仿佛诉说着虞世南的佳话。虞世南是著名文学家、书法家，青少年时代临池攻读，精思不倦，书法承袭"二王"精髓，把楷书技艺推向新的高度，与欧阳询、褚遂良、薛稷并称为唐初四大书法家。虞世南徜徉在江南家乡的青山绿水中，又得茶和茶文化的熏陶，勤学不懈，才华横溢，在茶文化史上也有一定的地位。他在《北堂书钞·茶篇》辑录了诗赋名作，尤其是唐之前的茶事，有晋代杜毓的《荈赋》、张载的《登成都楼诗》、王浮的《神异记》等。作为余姚的虞姓望族，在永嘉年间，"汉仙人丹丘子"遇"余姚人虞洪"，"示山中有大茗"，后来虞洪派家中仆人入山采茗而成就千古茶业。虞世南家位于四明山名茶产区，瀑布仙茗在唐代已列为名茶。其茶篇中有"获茗""鬶茗"等记述，可以推想虞世南是爱茶之人，而且他生活的杜湖区域当时生产青瓷茶具，这在体悟中增加了其品茶情趣。他在编录杜毓《荈赋》时说到茶具："器择陶拣，出自东瓯。"杜湖至

"虞世南纪念堂" 2017 年 4 月 2 日在慈溪观海卫镇
洞桥村建成

今发现众多越窑青瓷遗址，如躲主庙遗址、栗子山遗址。经考古挖掘，同为相邻的上林湖越窑青瓷遗址。虞世南在编录茶篇中，又介绍了茶的作用，"烦闷恒仰真茶""芳冠六清，味播九区"。

定水寺，旧名清泉寺，寺前有两口泉井，袁韶夫人投金钗使清泉井波平涌止水盈。袁韶是南宋淳熙年间名臣，为官造福一方，去世后谥赠太师、越国公，他并非当地人，百年后入葬于定水寺旁，百姓传为王坟。据老人回忆，在虞世南故居的袁韶墓地，从前十分气派，有石牌坊，解家、洪家两村有墓道，三重拜台、四座石亭，文武石翁在道旁威风凛凛。

在杜湖村解家还有梅园，靠近定水寺，为杜湖岸水浸沉，那是浙东书风创始人梅调鼎掷笔归去的故地。书法大师沙孟海在 20 世纪 30 年代曾撰文介绍梅调鼎。梅调鼎，号赧翁，为"清末书法第一人"，在日本被誉为"清代王羲之"。梅调鼎晚年选择解家村生活，也许仰慕虞世南的书法，把山水风光融入其笔端。

解读虚堂高僧象山故里

在象山县当地人中，说到虚堂高僧，知之者甚少。而在外地佛教界、茶文化界、书艺界，则以虚堂为翘楚。象山人听到了或足以自豪，或以不了解为憾！虚堂穿越历史、跨越国界，在日本影响很大。他的一幅残破书法作品辗转流传到东京博物馆，成为日本的国家级文物。

象山故里考

虚堂出生的故里在象山县何处？众说纷纭，连他的出家之地普明寺，也鲜为人知。好在有《虚堂智愚禅师行状》的文字记载："师谓智愚，象山陈氏子，虚堂其号也，家近邑之普明寺，相距一里许。"这篇行状可为史实凭据，因为其出自虚堂弟子小师云手笔，而且成文在虚堂逝世 5 年后。

虚堂是象山人，毋庸置疑。作为象山人，却不知他是象山何地人。文字里记着离普明寺一里许，可东、南、西、北四面八方都有一里许的距离，而且由于年代久远，地名变迁，各有所说，似乎是常理。2018 年 6 月 2 日，笔者偕友人赴现场考察，象山县原宗教局领导、象山茶文化促进会副秘书长许成德陪同亲往现场。

史说虚堂故里离普明寺一里许的"邑南坎头"。坎头为自然或人工垒石，形似台阶，村名因有坎头而得名。只是难以按坎头来找到具体村落。因为那是吴越晚期的小村，历经千年变迁。但是坎头陈氏始祖为避兵乱，由福建航海至象山坎头，有方志和谱牒可考。那地方俗名"小鸡地"，而且一直有故事流传，讲的是村庄不远处有座老鹰山，冲着村内，形成"老鹰叼小鸡"之势，这"小鸡"就是村中陈氏子孙。为保后代兴旺，陈氏子孙在村之四周遍植毛竹，以挡住"老鹰"的视线，使它叼不到"小鸡"。翠竹繁茂，后人皆按其特色称竹家坎头，经久岁月，又借用谐音简称竺家坎。当时小鸡地人还请象山主庙"圆峰庙"之神泽侯来佑护乡人，这便是当地的象山庙。至今，象山庙犹存。1958 年因象山庙邻近建黄土岭水库，竺家坎小村已荡然无存。

一泓澄碧，翠竹茂盛的竹家坎地段，现已划入珠水溪村中。现在的行政村人口之多，地域之大，与古代的自然小村无可比拟，现在珠水溪村有名企业家视野开阔，请来福建造像大师，依照虚堂画像，制作漆灰全身塑像，方便中外人士访问高僧虚堂故里，重拾名人记忆。

象山以山海著称，正如文天祥所写诗句："海上仙子国，万象图画里。"从珠水溪村不同视角，看老鹰山影影绰绰，雄鹰飞翔。山峦起伏，隐藏着风水宝地，虚堂出世时的传奇至今还有文字可稽考。在 700 多年前的《虚堂智愚禅师行状》中就记有这样一段传奇故事，说的是虚堂的祖父请风水先生到附近山上选择生圹。风水先生说，此地高处可让子孙富贵发迹，低处后代中会出高僧大德。虚堂祖父笃信佛教，表示愿意出位僧人。祖父逝世后坟墓就在山之低处。数年后虚堂的母亲郑氏梦见一老僧来家乞饭，后怀孕生了虚堂。《虚堂智愚禅师行状》还记载，虚堂 16 岁在普明寺出家为僧。

考察虚堂故里，必然要去他出家的普明寺。其寺到珠溪村直线距离一里许。《浙江寺院揽胜》《象山县宗教志》都有文字记载。《浙江寺院揽胜》记普明寺为"普明讲寺，又称普明院，位于丹城镇南黄士（土）岭东，距县城 14 公里"。那里是象山古代十八寺院之一。

普明寺在历史上屡毁屡建，20 世纪 50 年代废弃，1998 年重修后，它同一般的小寺庙相差无几。那哪里是普明禅寺，简直让人产生疑窦。好在寺门前立有一块指示牌，直书"象山县老普明禅寺"。在路牌旁，公路下的涌泉井，在古籍上也有明确记载，那是最好的佐证。

普明禅寺最早的名称为涌泉院，源自这口古井，如今仍然供应寺院用水，水质甘冽爽口。泉井说来也有些蹊跷，位于公路下面，顶部之上由水泥预制板铺成，人看井水要弯腰匍匐进去。我们3人前去考察，算得上古井遇稀客。在这初夏季节，并非寒冬，却有3只白羊在井栏边"侍候"，仿佛告知我们这里可避风御寒，冬暖夏凉。古有"三阳开泰"之说，也许通过信息传播，普明寺会重放光彩。今日寺院内仅一老者常年看守。据他所述，修复普明寺的发起人是当年在寺院看牛的牧童之子。这位牧童年近百岁，嘱咐儿子牵头筹款修缮普明寺，至今佛像金身，遗迹犹存。

象山县老普明禅寺

三羊涌泉井

茶宴茶道辨

2006年4月，日本茶汤协会会长仓泽行洋参加宁波海上茶路国际研讨会。会后他即去径山寺考察。笔者在接待过程中，得知仓泽行洋的径山情结与日本茶道相关。

径山地处杭州市余杭区，因径通天目山而得名。径山寺全称兴圣万寿禅寺，唐天宝元年（742）国一法钦禅师到径山开山结茅种茶，南宋时径山寺被列为"江南五山十刹"之一，成为佛教研究中心，大德高僧辈出，参禅求教者纷至沓来，鼎盛时，僧众三千，蜚声中外。

《续余杭县志》记："径山寺僧采谷雨茗，用小缶贮之以馈人，开山祖法钦师曾植茶树数株，采以供佛，逾年蔓延山谷，其味鲜芳特异，即今径山茶是也。"古代寺院有寺产，僧人有亲自种茶、采茶之风，径山寺的茶宴也由此而来。

自古禅茶一味，虚堂更甚。他生长在象山茶乡，在那里度过了童年、少年，直到青年。象山的茶和茶文化滋养了虚堂。象山具备生长名茶的生态气候，"云气东南密，龙腾上碧空"，出产的"天地翠"被评为宁波市八大名茶之一，得全国绿茶评比最高奖项"中绿杯"金奖。《浙东通志》《象山县志》等史书中亦记载："郑行山产佳茗，珠山更多。"

美丽的象山半岛历来茶风绵长，茶韵幽深，虚堂浪迹天涯，依然不忘茶事，这位高僧才识超群，有茶为伴，读万卷书，行万里路。法音法师（即胡建明博士）《宋代高僧墨迹研究》记："虚堂智愚（1185—1269），号息耕叟，明州象山人，俗姓陈氏，母郑氏。十六岁时随同邑普明寺的师蕴法师出家，后依同州雪窦资圣寺的焕和尚、杭州净慈寺三十世住持中庵皎禅师参禅，后又向润州（今镇江）金山龙游寺的掩室善开问道。……南宋理宗绍定二年（1229）五月朔日，在嘉兴府兴圣寺出世，从虚堂主持兴圣寺开始，后四十年间又在其他九处名山大刹作住持，即嘉兴府天宁寺、嘉江府显孝寺、庆元府瑞岩开善寺、庆元府万松山延福寺、婺州云黄山宝林寺、明州阿育王山广利寺、杭州北山灵隐寺、南山净慈寺、径山兴圣万寿寺。南宋度宗咸淳五年（1269）十月七日于径山天泽庵圆寂，世寿八十五岁，其会下的得法弟子有无尔可宣、闲极法云、禹溪一了等，日本有建长寺的南浦绍明、巨山志源。另外，还有不少日本留学僧得其熏陶……"

虚堂终老于径山寺，他在最后的径山生涯中，寺院举办茶宴仪式，这是寺院的传统特色。寺院饮茶之会以"径山茶宴"最著名，被日本僧侣带回国后，逐渐演变成日本的茶道，内容和形式更为丰富。尽管僧人诵经念佛，需要以茶醒脑，驱除睡魔，禅茶一味为众多寺院共享，但径山茶宴经历岁月之久，场面之郑重，形式之讲究，为僧侣所钦佩。

在这些径山寺高僧举办的茶宴中，最著名的要数无准师范和虚堂智愚。法音法师评述："在日本的影响力，能与无准师范相比的也只有虚堂智愚，应该说是有过而无不及，特别是在日本的茶书上，有关论及无准的有三十余回，而论及虚堂竟有七十余处之多。"

声誉之谜解

与王阳明一样，虚堂未到过日本，却在日本誉驰四方。虚堂精通禅茶，学识渊博，之所以跨越国界，穿越历史，与南浦绍明密切相关。

说到南浦绍明，据日本国本至道给石帮良信中所述（曹建南译）："日本之禅据说从中国来的有 38 位之多，为数众多的日本高僧学成归国，还有许多中国高僧来到日本传道。在历史的长河中各有盛衰，大致来说，可分为曹洞宗和临济宗两派，前者是道元学了如净禅师之法而传入的，后者是南浦绍明学了虚堂之法带回日本的。两派各以道元、南浦为中心取得发展。"

虚堂《自赞顶相》（妙心寺本）

南宋时南浦绍明从日本来华留学拜虚堂为师，崇敬有加。虚堂到哪家寺院，他也跟随到那里学禅。史料记载，南浦绍明先在杭州净慈拜虚堂为师，此后，虚堂出任径山寺住持，南浦绍明也跟随虚堂上径山。自古名师出高徒，南浦绍明领会虚堂宗旨，得益匪浅。南浦绍明在日本作为临济宗的代表，他与众弟子成为日本临济宗最大、最有影响力的流派。他们以《虚堂智愚禅师语录》10 卷为衣钵，将对虚堂的虔诚和崇拜传了一代又一代。

虚堂又与"茶墨结缘"。他的书法、诗文具有清雅、质朴、自然美的美学特征，同样有名家的历史地位。以《述怀偈语》为例，那是日本留学僧、京教佛心寺开山祖无象静照，向虚堂求字所得："世路多巇险，无思不研究。平生见诸老，今日自成翁。认字眼犹绽，驻谭耳尚聋。信天行直道，休问马牛风。日本照禅者，欲得数字，径以述怀赠之。虚堂叟智愚书。"虚堂墨宝多被尊为日本国宝。

书墨结缘是中华优秀传统文化的组成部分，日僧南浦绍明从虚堂处学得精华。根据佛学《百丈清规》规定，"吃茶去"为佛门约定俗成。径山寺定期举办茶宴，更使南浦绍明长期受到中华茶文化的熏陶和滋养，《禅与茶道》记：南浦绍明从径山将中国的茶台子、茶典七部传至日本。其中《禅苑清规》《茶堂清规》等对后来日本茶道思想的形成影响巨大。现在日本盛行的茶道，其发源地径山寺，也为日本社会广大人士所认定。

虚堂的禅茶一味，传到虚堂的七世法孙、大德寺的一休宗纯（1394—1481）。从一休宗纯开始，茶道文化日趋殷盛。

虚堂禅茶，代代相传。

"茶圣"吴觉农出自四明山

2006 年的盛夏，上海举行全国少儿茶艺研讨会，与会者专程参观吴觉农纪念馆。馆内以丰富的史实，记叙吴觉农爱农、为农、献身茶业的一生。陆定一曾经评述："如果陆羽是'茶神'，那么说吴觉农先生是当代中国的'茶圣'，我认为他是当之无愧的。"

吴觉农于 1897 年出生在当时的上虞县县城丰惠镇。丰惠地处四明山中，和浙东抗日根据地梁弄镇仅相距 10 余公里。吴觉农的父亲郑忠孝年轻时，在梁弄镇上做雇工，年过三十，无钱娶亲，后来到丰惠西大街吴家当了上门女婿。按当地习惯，郑忠孝的儿子也随母亲吴阿凤改姓吴，这是吴觉农姓氏的由来。

吴觉农先生在工作中

吴觉农生长在茶乡故土，与曾任全国人大常委会副委员长的胡愈之的老家仅一河之隔。胡愈之的父亲是翰林家庭出身，少年吴觉农和胡愈之相伴为友，参与办家庭报,受到文化熏陶。胡愈之的父亲还在上海《申报》上发表诗作鼓励:"自古家庭无报纸,家庭办报吾家始。"吴觉农在当地县立小学毕业后,考入浙江省甲种农业专科学校,就读农学,主攻茶业。那时他把自己的名字"荣堂"改为"觉农",认为农民遇上天灾人祸去求神拜佛是缺乏觉悟的表现,农民要翻身,只有自己觉悟起来,改名"觉农"既勉励自己要成为有觉悟的农民,也含有启迪农民觉悟的意思。他 90 岁时,在一次公开讲话中还说:"我的名字叫觉农。为什么叫觉农呢? 我的一生中,最关心的是农民的生活和他们的生产。现在农村里,茶农有许多困难,希望你们到农村去看看,帮助他们解决困难。特别是帮助茶农搞好科学种茶和制茶,增加经济收入,使茶农一天天地富裕起来。中国茶业的前途是很有希望的。茶叶发展了,中国茶文化也会兴旺起来!"吴觉农在甲种农校攻读 4 年,又留校任教 3 年,其间积极参加早期共产党人俞秀松、杨贤江、叶天底等人发动的反帝爱国运动,这为他后来爱国忧民、积极参加社会活动打下基础。1919 年,吴觉农公费留学日本,在日本静冈县"牧之源"国立茶叶试验场专事攻修茶叶科目。

吴觉农留学日本,4 年后学成回国,没多久,凑了 3000 银圆,在四明山麓的泰岳寺试办茶场,还在上海筹建茶栈,在当地开启了大规模种植茶叶的历史。12 年后,他向浙江省建设厅争取农业赈款 5000 银圆,在家乡办起浙江嵩坝茶场,开垦茶园 1000 余亩。而吴觉农对浙东茶业的深远影响要从在三界办起的浙江茶叶改良场说起。那时正处在抗日战争时期,吴觉农带领茶界一批年轻人来发展茶叶,以茶叶换取抗日军火为目的,到了四明山麓和会稽山麓分

吴觉农先生在品鉴茶汤

界的三界龙藏寺，与吕允福等配合，办了一期又一期的茶叶培训班，每期都由吴觉农亲自讲课，讲授茶叶现采现制、早采嫩制技术，一时使山明水秀的三界热闹非凡。他们又在那里编辑出版《茶人》，吴觉农亲自撰写发刊词，提出要推动整个茶业生产，维护后方经济命脉，加强内地生产和对外贸易。

吴觉农先生（第二排左一）在浙江茶叶改良场

在三界浙江茶叶改良场，吴觉农培养的茶业人才，后来成了振兴中华茶业的骨干，如上海尹在继、四川裘览耕、安徽俞凤璋、台湾李品璇等；培养的浙江茶业人才就更多了，如孙守成、吕璋见、刘祖香等。其中有一位叫陈玉汉的新昌人，在三界受到茶业培训，后来到四明山的梁弄、大岚、白鹿等地指导茶农种茶，如今大岚成了浙江省拥有最大茶园的乡镇，茶园面积达 2 万余亩。20 世纪 80 年代，北京有家杂志发表长篇通讯《四明山上三十年》，记述种茶农艺师陈玉汉的经历，陈玉汉后来成为其家乡新昌县的政协委员。薪尽火传，吴觉农培养的茶人也在致力于培育和恢复名茶，在浙东有兰亭花坞茶、会稽日铸茶、诸暨石笕茶、上虞后山茶、嵊州剡溪茶、余姚瀑布仙茗、余姚化安瀑布茶等。

吴觉农作为我国著名的农学家、茶学家、教育家、社会活动家，从浙东走向全国各地。早在 1931 年他被调入上海商品检验局，负责茶叶的出口检验，又负责筹建复旦大学茶叶系，并任系主任，还出任上海兴华制茶公司总经理。他出席中华人民共和国开国大典，登上天安门城楼，后来担任农业部副部长兼任中国茶叶公司经理。

位于上海曹安路百佛园的吴觉农纪念馆，全面反映了吴觉农爱国忧民、矢志为农、科教兴茶的不平凡一生，生动地再现了人们所说的茶人风格。全国少儿茶艺研讨会闭幕式上，中国国际茶文化研究会常务副会长宋少祥先生向大家提议，要发扬吴觉农的茶人风格。何谓茶人风格，当代茶圣吴觉农毕生事茶，且听他亲自所述：

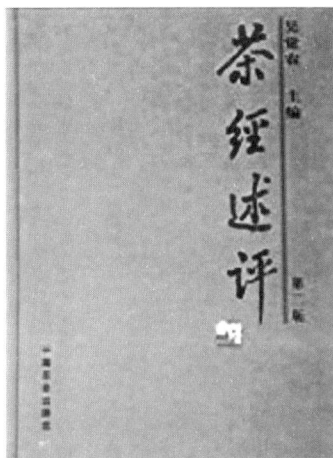

吴觉农主编的《茶经述评》

　　"不求功名利禄升官发财，

　　不慕高堂华屋锦衣美食，

　　不沉溺于声色犬马灯红酒绿，

　　勤勤恳恳埋头苦干，

　　清廉自守无私奉献，

　　具有君子的操守，

　　这就是茶人风格。"

宋庆龄母亲倪珪珍的余姚之谜

孙中山奔波于海内外,上海是他频繁活动之地。前期他到上海,总是住在宋家,后来又有与宋庆龄成婚的非凡经历。这与宋庆龄的父母宋耀如、倪珪珍有密切关系。当时宋耀如主外,忙于社会活动;倪珪珍主内,在家中很有权威。她从自身岗位上支持革命,却鲜为人知。

上海宋庆龄故居前的宋庆龄塑像

倪珪珍是余姚人,知者甚少,却有历史定论。

倪珪珍是余姚何地人,考辨不易,成了谜团。

尘封的谜团

调查倪珪珍是余姚何处人,还得从 20 世纪 80 年代初说起。当时余姚县委统战部老张同志积极支持笔者潜心研究这个课题。只是在业余时间,笔者虽尽力关注,却处于断断续续、疑窦丛生之中。

按当时县域，笔者从余姚倪姓聚居地着手，调查分析周巷倪家路、低塘倪堰头、城北永丰村和龙泉山北侧清晖佳气楼的倪姓状况，查阅《姚江望族》全书，仍难以找到倪珪珍的父亲倪蕴山的信息。

笔者又借出差之际，到上海寻觅史料。万国公墓里有宋庆龄和她父母的墓园。墓园全由青灰色大理石筑成，宋庆龄长眠于其父母墓地左侧，右侧为其保姆李燕娥墓穴。然而，笔者在墓园并未发现有价值的史料。后来又到上海淮海中路（1843号）访问宋庆龄故居。那是一幢船形建筑，掩

宋庆龄之母倪珪珍像

映在绿树丛中，室内按宋庆龄生前的原样布置，挂着她母亲倪珪珍的照片。接待笔者的是一位复旦大学历史系毕业的女士，凭我持有余姚县委统战部的介绍信，她明白我的来意后，明确地告诉我，倪珪珍是余姚人氏，从倪珪珍60岁生日的祝寿辞，61岁去世时的悼念文，都有文字可鉴。笔者询问，能否借阅有关档案，按照严格的档案制度，接待的女士表示无能为力。相关档案在到30年后，即2016年7月，由宁波民革的汪校芳处长从上海搜集到，现摘录如下：

"先妣姓倪氏讳珪贞（珍），先外王父蕴山公之次女。蕴山公原籍余姚，以庠生习法家言，游幕川沙遂寄籍焉记。外王母徐，徐故沪西望族。……"

从上文可知，倪珪珍是余姚人倪蕴山的次女，因此，倪珪珍也是余姚人无可非议。

倪珪珍原籍具体在余姚什么地方？这个问题长期未得到解决。有数处文字材料，说她是余姚白龙岗人。那么，白龙岗又在何处？余姚有几处叫白龙潭的地名，但和当时的情景不符。有一个地方叫白龙岗的，在现在的余姚市陆埠镇东面。浙江省孙中山研究会理事、民革党员叶立标曾到实地勘查，那里山低谷浅，并无人烟，山外平原现在开发为工业园区。故此地应不是倪珪珍生平所记中的

白龙岗，最重要的依据在于 1954 年前，那里一直属慈溪县辖地，并非余姚地界。

大路岗与白龙潭

寻不到余姚的白龙岗地名，并不意味着没有白龙岗这个地方。后人或借用口语易记，或借用谐音方言，在岁月沧桑中变动地名。

倪珪珍出生在 1869 年，按此推算，其父倪蕴山在余姚生活，也应是 19 世纪中叶。如果在这时段有一套完整的余姚地名全图，则考证倪珪珍原籍会排除好多难点。

可以想象，要找到 100 多年前一个县的村落全图并非易事。而余姚到底是"文献名邦"。10 年前，余姚文化部门重印了《余姚县志》，该书编纂于光绪廿五年，即公元 1899 年，书中的县境分图标得十分详细。笔者在上千个村名山名的地图上反复寻找，却一直找不到白龙岗。为此，笔者又想到白龙岗地名或为谐音所致，当时余姚地图上标的可能是与方言读音相近的名字，于是在黄箭山边找到一个叫覃路岗的地名。

黄箭山在 1993 年版《余姚市志》上有记。在该志《余姚市文化遗址、名胜古迹分布示意图》上标志明确。黄宗羲著的《四明山志》也记得翔实："黄箭山，有龙湫，祈雨多应。有松阳湖，洪武间始废。有黄竹浦。元柳道传所谓'延连黄竹浦，隐见白龙堆者是也，有溜水台，在山坳间，下为白龙潭'。"

又是覃路岗，又是白龙潭，笔者由此想到黄箭山实地调查，便邀请了交情甚笃的陆晓旺同去。陆晓旺是百科全书式的人物，又是邻村十五岙人，熟谙这一带的乡土文史。这位从工商银行退休的老友十分支持，2016 年 8 月 6 日，同去黄箭岙村。

在村办公室得悉光绪《余姚县志》地名"覃路岗"，现在称为"大路岗"，可能是因为"覃"字冷僻所以改掉。其实，"覃""大""白"三字方言读音相近。陆晓旺也认为大路岗极有可能是白龙岗。这同他老家十五岙的地名演变一样，原来叫剡湖岙，由谐音转化为十五岙，易记易写。大路岗虽有村落，但已无倪姓。像梁弄原有梁、冯两姓，古称地名梁冯，后改为梁弄，现已无梁冯姓氏。大路岗与梁弄的情况相似，何况相邻陆埠镇上仍有倪姓人家。

大路岗又连着白龙潭。上为岗，下为潭，历来属余姚地界。年逾七旬的晓旺谈及白龙潭故事多多，幼时曾跟祖母到白龙潭烧香拜佛，也见过向龙王祈雨的热闹场面，与《四明山志》所记相呼应。村干部陪我们到白龙潭，只见这里树木葱茏，生机盎然，殿宇辉煌，拾级而上来到白龙潭，所见巨岩叠加，泉水从岩石中涌出，汇成清潭。遐想倪蕴山青少年时代乡人向龙王求雨的热闹场面，白龙潭带给倪蕴山许多不泯的生活记忆，即使后来他在川沙定居，也一定会把记忆中家乡的美好生活，向倪珪珍等讲得活灵活现，以至于远在上海的倪珪珍把大路岗与白龙潭理解成一处。

鉴于上述分析，倪蕴山是当年覃路岗、白龙潭一带之人，倪珪珍的原籍由此可以认定，在余姚市梨洲街道黄箭山村。

黄箭山由 15 个自然村组成行政村，村中的黄竹浦更是黄宗羲的故里，那里文化底蕴深厚。

谜团的历史因由

认定倪珪珍是余姚人，一直是尘封的历史话题。20 世纪 90 年代，宁波市政协副主席毛翼虎老先生熟悉民国闻人，笔者也曾向毛老请教倪珪珍原籍，他也觉得非常费解。倪珪珍是孙中山、蒋介石的岳母，她若是余姚人，即使孙中山、蒋介石未曾顾及，宁波和余姚当地人也会大做文章。但是，史实有时会随着岁月推移、人事更迭，变得扑朔迷离。其实，倪珪珍原籍问题，从历史视角看，自有其尘封的原因。

其一，倪蕴山开始以传教为业，定居川沙。倪珪珍生于浦东川沙，从小在上海长大，成年后养儿育女，忙于生活，待到晚年，才会深切回忆当年父亲对余姚原籍的记忆。

其二，倪蕴山妻子徐氏，出身名门望族。先祖徐光启是明代科学家，翻译介绍西方文化、科学，著有《农政全书》，其后裔统率淮军，捍卫上海，阵亡于川沙，有功勋，当地人为其建了忠烈祠，徐氏在当地颇有声望。而倪蕴山来自四明山麓农村，难免被冷落。

其三，倪蕴山当过传教士。19 世纪中国的传教士生活水平低下，地位不高，打个不贴切的比方，好比乡村企业创办期的供销员，全靠头脑活络，凭一张嘴和两条腿求得生存和发展。倪蕴山的命运是到后来才有转机，但也来不及将自己的身世记入族谱中。

其四，倪珪珍一家都是基督教徒。她从小反封建，不缠脚，读西洋文，学科学知识。倪珪珍在余姚没有亲人，与家乡几乎没有联系。不像倪珪珍的母亲一方，在上海与徐光启其他后裔关系密切。

倪珪珍（1869—1931）四五岁就在家塾读书，9 岁入新学，14 岁入西门培文女子高等学堂，17 岁毕业。她擅长数学，爱弹钢琴，18 岁与宋耀如结婚，育有三女三子。1931 年夏，误传一则消息——其子宋子文在上海北站被刺，此时倪珪珍已身患癌症，听闻此事血压骤高，倒下身亡。

宋氏三姐妹

中华民族几千年来，许多仁人志士的母亲便是他们的启蒙之师。倪珪珍教育的子女，个个成才，实属罕见。探索倪珪珍家教之秘，外国人评价她对子女要求从严从实，禁止他们饮酒、赌博和参加其他不健康的活动。她在家中有权威，对子女教育又敢于放手。就以 3 个女儿到美国读书的年龄来说，宋霭龄 17 岁、宋庆龄 15 岁、宋美龄仅 9 岁。3 个儿子宋子文、宋子良、宋子安也受到严格的家庭教育。

（原载《阳明史脉》2016 年第 2 期，文字有改动）

楼适夷的故乡情结

1984 年 7 月，楼适夷重回故乡。那年他到厦门参加丁玲作品研讨会，由丁玲特邀。因楼适夷是"五四运动"以来新文学的见证人，他绕道来到故乡余姚。故园已经没有他的直系亲属，却到处有他的亲人。当时余姚县政协副主席姜枝光、卫生局长熊国耀全程陪同他走

1984 年 7 月，楼适夷在余姚挥毫题书

访。其间，笔者也曾拜谒这位文坛宿老，至今音容笑貌宛在，他那殷殷乡情记忆犹深。

新文化运动的骁将

楼适夷与鲁迅、郭沫若、老舍、茅盾、郁达夫、胡愈之、杨贤江、阿英、林淡秋、应修人、冯雪峰、傅雷等人关系密切。1933 年 9 月，楼适夷在上海被追踪他的特务逮捕，是鲁迅第一个写信通过相关人士使党组织知道情况，信中说："适兄忽患大病，颇危，不能写信了。"他被捕后在何处无人知道，当

鲁迅从张天翼处得知楼适夷已押解南京，鲁迅又立即写信告诉楼适夷在余姚的亲人。在编选一批当时有才华的青年作家作品集时，鲁迅积极推荐楼适夷写的小说《盐场》。

在抗日战争时期，楼适夷在香港、上海等地协助茅盾编辑《文艺阵地》，五卷本上还署名"茅盾、适夷主编"。1945 年 8 月，郁达夫在印尼被日本宪兵枪杀，最早表达对郁达夫命运关切的是楼适夷《忆达夫》一文，发表在 1946 年 3 月 20 日延安《解放日报》上。1952 年中央人民政府追认郁达夫为烈士。

柔石、殷夫等"左联"五烈士牺牲后，楼适夷遭逮捕入狱，被判处无期徒刑，在 1937 年国共建立抗日民族统一战线时才被释放。他在狱中翻译苏联高尔基的作品《在人间》《文学的修养》，以及日、法等国的多部作品。从访问楼适夷之子楼瞻瞻及相关资料中获悉，他还是胡风、梅志的大媒人（《人民政协报》发表过通讯）。由于他之前为避难去过日本，略懂日语，20 世纪 30 代初，党派楼适夷再去日本，与日本共产党联络，一路由胡风暗中照顾。后来胡风回国担任"左联"党组书记，楼适夷在"左联"与胡风共事。

全面记述楼适夷生平的文章有《我谈我自己》，此文的存世颇曲折。1984 年，楼适夷到上海住了段时间，包子衍等和他进行了多次交谈，谈话内容根据录音被整理成 3 万余字的文章，题为《楼适夷谈生平》，准备发表在《新文学史料》季刊。文稿到了楼适夷手上即被"没收"，说是写别人的"生平"都可以发，写他的不行。"咔嚓"一声，锁入抽屉禁闭了多年。后来他在此文的引言中又说，包子衍"不幸中年谢世，我心痛如割，整旧作见此稿，拿在手里是一团火。《新文学史料》主编牛汉又多方设法要稿，想到整理者'辛苦劳作，岂能白费，话句句是我说的'"，"他们实事求是，一句没空话"。于是，楼适夷最后自己重新整理，改成今题《我谈我自己》。

楼适夷自谦是"大时代小人物，人家叫我老作家，我感到惭愧，老倒是老，只能算个文学工作者"。

楼适夷逝世后，一批著名人士写成回忆楼适夷的文章，汇成 32 万字，由人民文学出版社、上海鲁迅纪念馆编辑出版，书名为《楼适夷同志纪念文集》。

四明山上的文化抗日

楼适夷五岁启蒙，在余姚念德小学读完初小、高小，共八年，随后到上海在他父亲任职的钱庄学生意，受"五四运动"的积极影响，参加革命活动。1927年入党后，回家传播革命火种，第一个建立中共余姚支部，以他家为活动据点，楼适夷任书记，联络许多革命志士，来往于上海和余姚之间。

抗日战争后期，楼适夷来往于余姚实获中学、上海储能中学之间，以教育工作为掩护，从事抗日斗争。其时，黄源已在四明山上，他通过进城卖柴的山民带信给楼适夷，请他上四明山。楼适夷到四明山根据地，见到一派热气腾腾的景象。

后来，他到浙东行政公署文教处和浙东鲁迅学院工作。浙东鲁迅学院从创办到北撤，时间不长，发展迅速，以灵活多样的方式培养了800余名干部、战士，如乔石夫人郁文等。在战争环境中，浙东鲁迅学院的史料不多，楼适夷在香港出版《四明山杂记》一书，后来在《我谈我自己》中都有提及："新四军浙东游击纵队的根据地已有三年的历史，我去的时候是抗战最后的时期了，是一九四四年的十二月，力量已相当强大，中心地在梁弄，是四明山工商业比较集中的大镇。从城区到山区中间有敌伪的岗哨，我是通过水道绕道上虞县境进去的。熟人中郭静唐是司令部秘书长，黄源是浙东鲁迅学院副院长，院长是谭启龙。不久，举行了一个浙东地区的参议会，成立了政府，这个政府叫浙东行政公署，黄源是文教处长，我当个副的，担任文教工作。"

楼适夷还写道："文化方面，报纸属于党的区委宣传部直接领导，搞刊物没有条件，我们就搞了地方戏剧，地方戏剧就是越剧，民间叫'的笃班'，影响很大。一个社教队，招了民间艺人演传统戏，自编抗日新戏。文学还谈不上，我在教育方面管了这么件事：那时小学教科书不能用汉奸编的，我们就自己动手编，招刻字匠刻板，我主持了这工作。"

楼适夷在《四明山杂记》中又写道，他们办了一个《解放周报》，"这日文的报纸专门给日本人看的，这报纸是我主持的。我的蹩脚日语大派用场。我还在鲁迅学院讲课，鼓励群众生产，还要支援前线"。

1994 年《余姚市志》编纂成功。楼适夷年届九旬，为之欣喜，承诺作序。序言所记"余姚浙东大邑"，"这也是自己度过黄金时代的最亲爱的土地，久背乡井老而不归"。

年届八十故乡行

中华人民共和国成立后，楼适夷纵然情系故土，仍全力投入工作。他曾说："文艺工作上，我的职业是后勤服务，得首先尽我的本分。"1957 年他和魏金枝同去天台时，回过家乡一次。1984 年夏重访余姚，这是 1949 年以后第二次，也是最后一次。时隔 27 年，更是乡情满怀。

当时许多人景仰楼适夷，只是没有机会拜见。我在余姚从事新闻报道，也同样难以听取这位名人的聆教。好在接待楼适夷的姜枝先老人，对后辈厚爱有加。我在作家出版社出版的《新观察》上发表过《迷人的杨梅王国》报告文学，有些影响。姜枝先为奖掖后人，把我引见给楼适夷。

楼适夷下榻在政府第一招待所，1984 年 7 月 5 日下午 6：30。我按时赴约。

我所见的楼适夷，脸庞方正，头发稀疏，理着平顶头，穿着上下一色的素色纺绸衣衫，一见面，就觉得是一位平易近人的长者，十分和蔼，完全是平等式的聊天，我们讲到《浙江日报》发表他的纪实散文《夸我的故乡》，题材信手拈来，写得亲切感人，也谈到余姚是中国杨梅之乡。我请楼适夷前辈参加小型业余文学爱好者座谈会，他欣然答应。由于他参观河姆渡遗址归来患感冒，行程安排又紧，会未开成。后来他还给我写过长信，鼓励业余作者学习写作，持之以恒，必有所获。

请楼适夷参观河姆渡遗址那天，老人兴致盎然，说是在报上看到原始文明河姆渡遗址，深为自己是河姆渡后人而自豪。在和陪同人员的谈笑风生中，他又打开随身所带的折扇，请大家一一签名留念。

城中有山十分难得，余姚城中有座龙泉山，人文厚积，景色迷人。《适夷诗存》一书首篇为作于 1923 年的《龙山放歌》，写出了年轻作者献身革命的激情，其中一节为："啊，我的鲜红的血液／已如海潮一样狂奔／我的蓬勃的心儿／

已如火山一样爆喷。"楼适夷在山上梨洲文献馆看了王阳明写给其父亲的手书，又看了日本人送来的朱舜水先生生前所刻的雕像和出土的越窑青瓷，又访问了龙泉山麓、当时所在的余姚瓷厂。他在瓷厂题词："龙山霭霭，舜水泱泱，人文齐秀，美哉我乡……"

四明山是楼适夷战斗过的地方，到了余姚，自然不能不去。驱车到梁弄，狮子山上有高耸的烈士纪念碑，徒步登山有数百石级，对八旬老人来说上山谈何容易！陪同者劝楼适夷在山下纪念馆看看，心意到了就好。楼适夷坚持徒步登山，在纪念碑前低头默哀、祭扫。回忆 1964 年他在北京得知建造四明山纪念馆，诗兴大发，为之题诗："锐气英姿迥不同，擎天立地悬奇峰。千岩屏障挺秀竹，万壑云雷傲古松。石骨嶙峋见劲节，泉流浩荡发东风。当年冰雪枝头赤，今日山花烂漫红。"如今在烈士碑前，楼适夷缅怀先烈，抚今忆昔，以致热泪盈眶。下狮子山后，他说这才了却了他的心愿。楼适夷还去横坎头，参观浙东区党委旧址、浙东鲁迅学院遗址，并当场吟诗："四十年前横坎头，故园今日又重游。当年战友音容在，豪气英风万古流。"

1984 年的一次探访，余姚已成"现代化工商都市，陌不相识了"，他借唐人贺知章之句感慨道："少小离家老大回，乡音无改鬓毛衰，故园相见不相识，自问我从何处来"。

念德桥畔适夷亭

发源于四明山的姚江，由西向东横贯余姚城中，经宁波入海。姚江人文荟萃，孕育了严子陵、王阳明、黄宗羲、朱舜水等历史名人。楼适夷的旧居，是余姚历史上第一个党支部的遗址，又是名人出生之地，曾设为纪念馆，后因城市扩建道路需要，将馆中

余姚念德桥畔适夷亭

文物移至余姚名人纪念馆和博物馆,在城中姚江岸边、念德桥畔,建造适夷亭。亭中碑文的落款为中共余姚市委、余姚市人民政府。全文照录如下:

楼适夷(1905—2001)

楼适夷,原名锡春,余姚人,著名作家、翻译家、编辑出版家。一九二六年加入中国共产党,一九二七年受党组织派遣由沪返余姚,成立中共余姚支部,任书记。支部主要活动地点就在楼家。历任新四军浙东根据地浙东行政公署文教处副处长,《新华日报》编委,东北军区后勤政治部、宣传部部长,人民文学出版社副社长、副总编辑、顾问,中国作家协会名誉副主席。

楼适夷热爱家乡,虽长期在外工作,多次回乡。一九八七年又把旧居房产捐赠给国家。在其散文《夸我的家乡》中说:"正如生为中国人使我感到自豪,我的故乡也是我毕生的荣耀。"而余姚人民则为有他这样的赤子引以为荣。今特在其故居旧址东南姚江之滨建此亭,作为纪念。

中共余姚市委 余姚市人民政府

二○一○年春立

念德桥架于姚江之上,适夷亭掩映在苍松翠柏之中。读着适夷亭内碑文,举目望江桥,伫立遐思,楼适夷文以载道,品格高尚,如姚江之水,长流不息,诉述着楼适夷的故乡情结。

(原载《文化交流》2015年第11期,文字有改动)

蜗寄庐走出邮票设计大师
——记孙传哲纪念馆

　　2015 年是我国著名邮票设计大师、共和国第一位邮票设计专家孙传哲诞生 100 周年。4 月 18 日孙传哲纪念馆在他的故居开馆，同时举办了"宁波籍邮票设计大师孙传哲生平暨邮票展"。

　　孙传哲纪念馆坐落在宁波天封塔旁，那里为莲桥第塔前街 4 号。那是一幢青砖黛瓦的两层楼清代民宅，史称"蜗寄庐"，早以藏书著名，1915 年孙传哲出生在这里。其父孙家溎（1879—1945）是宁波著名的藏书家。民国《鄞县通志》记载，他"专讲版刻，初收艺

孙传哲正在设计邮票

术小品，渐及四部，遇有精本则以前蓄新滕以银币易而得之，故其所藏版本精美"，收藏有元刻《隋书》《范文正公全集》，明刻本《蔡中郎集》，明抄本《圣宋名贤四六丛珠》，等等。1979 年 10 月，由孙家后人将孙家溎收藏的古籍及字画，共计 14941 卷，捐给天一阁博物馆和宁波大学。

　　孙家溎的第三子孙传哲（1915—1995），从小受家中丰富的古籍书画浸染，临摹习画，在小学和宁波中学读书时，其美术绘画已经出名，后以优异成绩考

孙传哲故居

上上海美专西洋画系，又到中央大学艺术系深造，成为徐悲鸿、潘玉良、刘海粟等大师的嫡传弟子之一。1947年上海邮政局招收邮票设计人员，孙传哲成为80名竞聘者中的幸运儿，从此踏上邮票设计之路。

上海解放时，解放军进入上海城的场面使孙传哲深受启发。他设计的邮票上，八一军旗引导下，人民子弟兵正在大步行进，邮票上方有毛泽东和朱德的头像，既点明了这是共产党缔造和领导的人民军队，也表现了部队"解放全中国"、英勇向前的雄姿。

1949年，孙传哲调入北京邮电部邮政总局，成为共和国第一位专业邮票设计师。他从设计共和国第一套纪念邮票中的《中国人民政治协商会议》开始，陆续又设计了第一套特种邮票、第一套普通邮票、第一套航空邮票和第一套欠资邮票。在整个邮票设计生涯中，孙传哲先后设计及参与设计了153套邮票。这些邮票在孙传哲纪念馆的2个展示厅中得以展示，其中的许多获奖邮品，可谓是邮票中的经典。

邮票虽小，却是国家的名片。周恩来总理曾题词："邮传万里，国脉所系。"从纪念馆展示的多种多样的邮票中可见祖国邮票熠熠生辉，享誉世界。2015年是中国抗日战争暨世界反法西斯战争胜利70周年，在抗日战争胜利15周年时，孙传哲设计了毛主席和朱总司令策划对日反攻作战的邮票。当时共产党倡导和促成抗日民族统一战线，孙传哲在设计这套邮票时，突出了在这场伟大的民族战争中，国共两党携手合作，为抗日战争胜利做出贡献这一主题。他设计时，参考了徐肖冰拍摄的照片，当时朱总司令紧挨在毛主席身边，双手伏在桌上，他头上戴着八路军军帽。现在纪念馆的展厅里，既有当时发行的毛主席和朱总司令共议抗日反攻策略的邮票，又有徐肖冰拍摄的原始照片，还存有抗日战争胜利 15 周年纪念邮票，供人缅怀当年全民抗日场景，"地无分南北，人无分老幼，无论何人皆有守土抗战之责任"。

邮票设计背后的故事，可从展示的多种邮品中生发开来。在纪念馆里，有孙传哲的生前遗物、邮品文字、设计手稿以及由他亲笔签名的明信片等，其完整性和珍贵性非同一般。据中国残疾人集邮联谊会常务副会长兼秘书长李少华介绍，1980 年对那些专门为中华人民共和国成立 30 周年而设计的邮票进行了评选，孙传哲的作品占全部"最佳邮票"的三分之一。在纪念馆里可目睹孙传哲 11 套最佳邮票的真容，如《中华人民共和国开国纪念》《金鱼》《黄山风景》《金丝猴》《台湾风光》《花卉》《关汉卿戏剧创作 700 周年》《中国古代科学家（第一组）》《中国古代科学家（第二组）》和《梅兰芳舞台艺术》等。1981 年 5 月，孙传哲应奥地利邮政部邀请，以中国高级邮票设计师的身份出席了维也纳国际邮票展览会（WIPA）。

孙传哲在奥地利"WIPA"国际邮展展厅

在孙传哲故居院内花坛上，火红的杜鹃花簇拥着的无花果树，历经沧桑，长得高大挺拔，似乎诉述着蜗寄庐主人的心声：心系方寸邮苑，邮品荟萃生辉！

（原载《文化交流》2015 年第 7 期，文字有改动）

周大风和他的天赋茶韵

周大风（1923—2015），宁波市北仑区大碶人。他作的《采茶舞曲》风靡全国，享誉世界。剖析周大风生前的天赋茶韵，离不开生他、养他的浙江大地。

青年周大风

由《采茶舞曲》提出的思考

2016年在G20杭州峰会实景交响音乐会上，第二个演出节目就是周大风的《采茶舞曲》，300多名采茶姑娘在西子湖畔翩翩起舞，给来宾留下了对江南、对中国的美好印象。50多年来，《采茶舞曲》久演不衰。1983年被联合国教科文组织作为亚太地区优秀民歌保存起来，并被推荐为亚太地区风格的音乐教材；1990年亚运会上，还作为我国运动健儿的入场曲；又作为我国东方红一号火箭上携带的音乐，与外星人交流。

50多年前的初春时节，周大风在浙南泰顺县体验生活，在山村的土楼里写出了《采茶舞曲》。

《采茶舞曲》出自泰顺！

《采茶舞曲》出自周大风！

两者相互联系，却引起人们的探究思考：周大风在泰顺3个月中为什么能写出这首名曲？如果说是那里的山水茶园所致，那50多年来泰顺为什么还未出现类似的脍炙人口之歌？如果说是周大风个人的作用，他所到地方之多，为什么只在泰顺写出这样的经典？

这令人想到宋代苏东坡的诗《题沈君琴》："若言琴上有琴声，放在匣中何不鸣？若言声在指头上，何不于君指上听？"联系周大风在泰顺写出的《采茶舞曲》，让人不得不做一番深入剖析。因为任何一个优秀的艺术作品，都是一定的客观条件和主观能动性相结合的产物。

家乡土壤孕育天赋

周大风的天赋茶韵，源自宁波故乡的厚土，熏陶于杭州秀丽的山水，最终在泰顺迸发出音乐创作的灵感。周大风80岁那年，还在大碶故居题诗，诉说故乡对其养育之恩："月是故乡明，水是故乡清，茶是故乡香，人是故乡亲！"

周大风6岁上私塾，9岁入离家3里的灵山小学。在20世纪20年代那是个新式学校，6个班级有22名真才实学的教师分科教学，不像私塾只有一位老师。学校采用的是一种天才教育的体制，当时又称"道尔顿制"，学生只要那一门功课好，就可不受基本班级限制而升降，如甲科在一年级，乙科却可以在五年级。（《镇海县志·文选》）学校开设国语、算术、自然、社会、音乐、绘画、体育、劳作八门功课。每学期都有远足、登山、野外写生、演剧、歌咏、演讲比赛、街头演出、社会访问等。学校经费充裕，并由灵峰寺香资资助。在当时是师资最强的学校，学校培养出王博平、王起、王子达、李俍民、周大风、戴纬文等政治、文学、音乐方面的优秀人才。（《镇海县志·文选》）灵山小学所在地，在宋代为鄞县辖地，后析出为镇海县（今北仑区）。少年周大风上灵峰寺，登灵峰山，山上风景秀丽，盛产茶叶，此茶称灵山茶，它在宋代已列为全国名茶。（《茶道·历代名茶》）周大风晚年还故地重游，与灵山寺方丈交往，作了《葛仙翁歌》。

周大风在灵山小学念书时名叫周之辉，他在那里度过了 5 年半时间。因为算术比其他科要低一个年级，又是必修课，毕业时必须及格。周大风在数学老师的精心辅导下多读了半年。除算术外，他其余各科都在 90—100 分。那里是周大风求学时间最久的地方，直到晚年

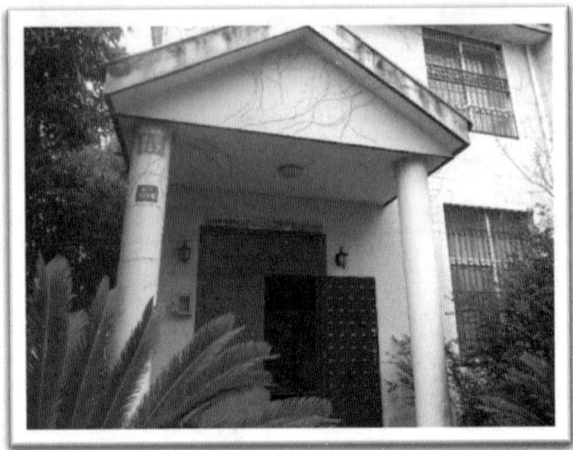

宁波北仑区大风故居

他还回忆说："我在这个学校里整整生活了五年半之久，似乎并不感到我是在读书，而是感觉我正在愉快地过着游戏生活和追求人生乐趣。"

如同参天大树离不开肥沃深厚的土壤一样。家乡的土地孕育了周大风的音乐天赋，而后天的功夫是他创作的基石。周大风又说："在离开学校 50 多年内，我干过工厂的打样间学徒，也干过小学、中学、师范、专科学校的音乐、美术教师，新中国成立后又担任过文工团业务团长、省级剧团的艺术室主任和作曲、艺术学校的教师等等，也写了十几本书及发表了几百篇文章，虽然成就并不太大，但我的兴趣的由来，我的基础知识，基本上还是小学里的老师赐给我的，因为在小学毕业后，我只读过商业职业学校一年，学的又是外语及数学，而没有自然地理历史及音美体劳等课。"在周大风身上，足以体现马克思所说的"天才就是勤奋"的观点。在周大风大碶故居，三个楼层的房间里，布满着多种书籍及录音磁带，他曾对侄女山涓说，学习作曲，必须听 3000 首外国歌曲、3000 首中国古代歌曲、3000 首中国现代歌曲。

唐代白居易曾响亮提出："文章合为时而著，歌诗合为事而作。"凡是优秀的艺术作品，总是和时代的脉搏一起跳动，奏出时代的最强音。1939—1941年，周大风在上海的爱国报纸上，陆续发表20多首抗日歌曲及多篇文章。在他17岁那年，当时世界最有影响力的反侵略联盟，在中国等多个国家征集以反侵略为主题的歌曲。周大风创作了一首《国际反侵略进行曲》应征，歌词为："全世界二十万万的人民，快放弃国家民族人种的私见，为着人类生存文明，为了世界永久和平，一齐起来，向侵略者作一次最后的斗争！"这首歌被国际反侵略协会定为会歌，不仅国内广为演唱，而且被译成多国文字，唱响全球。蔡元培先生曾赞誉该曲"全球同声，为国争光"。

在建设社会主义时代，周大风遇上施展天赋的大好时机，在音乐理论和音乐教育的天地里徜徉，乐而不倦，西湖山水熏陶他写出江南烟雨的经典，人文环境更激励着他。1958年初春，正是社会主义建设高潮兴起之时，《采茶舞曲》就在天时地利和作者天赋发挥中产生，这是作者长期实践、经验积累和思考探索的结果。天赋也只有在丰厚的土壤和阳光雨露中，才能绽放出艳丽的艺术之花。

风声茶韵穿越时空

故乡人们铭记着周大风。在大碶九峰山景区附近有乡土文化馆，内设周大风展馆，入门就见醒目的序言展板，题为"风声茶韵"，还配着周大风的照片。

周大风为国家一级作曲家、研究员、教授，曾任中国音乐家协会常务理事兼音乐教育委员会副主任、浙江省音乐家协会主席、省音乐教材主编。他对故乡的茶事总是关心备至。1999年4月4日，周大风回家乡，到太白山北麓的北仑区新路峎龙角山茶园参观，并写出《龙角山香茶赋》："太白之麓，新路之谷，云雾缭绕，林木苍郁。荆路草径，山重水复，奇石怪岩，悬崖飞瀑。密林沃土，香茶幸出，碧绿青翠，淡泊质朴，不同凡俗。嗟哉！如美人兮束之高阁，嗟哉！如逸士兮隐栖山窟。"（《北仑奉茶》）

据周大风自述，他生在饮茶世家，祖父、父亲都爱饮茶，受家庭影响，他幼年时开始尝茶，一直爱喝绿茶，以至晚年茶瘾较大，每月喝茶在2斤左右。20多年来，故乡北仑名茶迭出，通称玉叶。2002年6月24日晚上，家乡人送给周大风10包天赐玉叶，激起他满怀乡情，随即作《天赐玉叶赋》："故乡有嘉木，隐藏群山窟。暗自吐清香，千年嫌冷落。智者一声呼，天赐玉叶出幽谷。玉叶闪春光，碧波泛新绿，异香扑鼻来，氤氲又清越。沁心兮明目，回气荡肠添愉悦。"（《北仑奉茶》）

以茶为友，以歌为媒，让世界更好地认识宁波，周大风还欣然允诺作《宁波茶歌》。那是2009年春，周大风应邀到宁波茶文化促进会做客，参加了第五届宁波国际茶文化节，还参加海上茶路启航地揭碑仪式。他创作的《宁波茶歌》通俗易懂，把宁波的名茶元素、宁波的传统曲调元素写进歌曲，又推陈出新，有意境和想象空间，可用宁波话和普通话演唱，反映"港通天下"的宁波特色。

周大风2004年又在故乡大碶创办"大风艺校"，年逾八旬还亲自出任校长，安排课程，并在开学和毕业典礼上讲话、颁奖。学校门前由著名书法家刘江敬题的"大风艺校"匾额分外醒目。大风艺校开设茶艺课，每逢周五晚上上两节课，手把手教你学茶艺，而且免交学费。

周大风在故乡的歌声茶韵，也随着《采茶舞曲》走向全国，走向世界。音乐对于社会和谐、人类进步，有其独特的作用。而茶通过各种途径，发挥"茶和天下"的作用。周大风的茶歌声韵，把音乐和茶有机结合，惟妙惟肖，声播天涯，人皆赏心悦目，他是当今音乐界和茶界独一无二的翘楚。

周大风对社会的高尚奉献精神，对他的故乡宁波更是影响深远。宁波在唐代已是海上丝路的重要港口，出口茶叶、瓷器和棉花，如今又是21世纪海上丝路的始发港之一，在实施"一带一路"倡议中，宁波的茶和茶文化，凭借歌声会更好地在全国、全世界传扬。

（原载《文化交流》2018年第3期，文字有改动）

七

文脉传承

襟怀坦坦见慈容
——徐季子先生印象

有人忙难熬，空也难熬，活得很累。徐季子先生却全然不是这样。报上有一篇题为《一书一茶一人生》的文章，介绍他毕生以书为伴，爱茶以乐，工作岗位从大学教授到宁波市政协主席；退休后过着清廉的日子，越过米寿（88 岁），接近白寿（99 岁），身板硬朗，人们预祝徐老度过茶寿（108 岁）。

宁波市政协原主席徐季子在书斋

徐老喜欢喝茶，感悟茶的灵性，朴素自然，清新淡泊，调适自己，拥有一份美好的情怀。宁波茶文化促进会成立至今，徐老一直为顾问。记得 2003 年 8 月成立宁波茶文化促进会那天，徐老上午参加大会，下午议程是考察茶场，好多人没去，83 岁高龄的徐老坐着大巴，和大家一起上茶山，在福泉山茶场山顶捧着青瓷大碗，在泉井现场品尝福泉，连声赞许："甘洌！甘洌！"宁波茶文化促进会的宣传刊物名称，开始拟了好多，最后徐老审定，刊名为《茶韵》；在徐老的点拨下，《茶韵》内容丰富，图文并茂，出版至 44 期。

年逾九旬的徐季子老先生精神矍铄

徐老的茶文化造诣很高。宁波茶史图的巨幅长卷和相关的传统文化书籍，好多由徐老作序或写前言。宁波茶文化促进会组织出版《当代茶诗选》，时年87岁的徐老作序，文字简练生动，在领悟陆羽《茶经》方面，提出茶可以和佛门的"醍醐"、仙家的"甘露"抗衡，序言指出，"'茶为国饮'已经成为公论。茶是人们日常生活的必需，又是人们精神生活不可或缺的益友，工人清茶一杯解困消乏，商人清茶一杯寻找商机，文人清茶一杯助长文思，各种各样的人都可以从茶中品出各式各样的味道来，就是出家人也要用清茶一杯来消除贪、痴、嗔三毒，赵州和尚'吃茶去'，成为禅门不移的话头。"徐老从自身的感悟中看到，"茶中有诗，诗中有茶"。

茶是谦谦君子，人生如茶。徐老谦和，在待人接物上没有高低贵贱之分。这可从我和徐老第一次见面说起。1995年，我的第一本散文集《迷人的杨梅王国》，由宁波出版社出版，经陈继武先生推荐，叫我去找徐老，请徐老为书作序。久闻徐老大名，我却一直未和他单独见过面。我只是一名普通的机关工作人员，书中收录的文章，虽然有几篇在当时社会上有些影响，但为了凑足10多万字，蹩脚的文章也收录不少。徐老是否会为我动笔写序，我怀着试试看的心态，找到了徐老。想不到徐老满口答应。在审读书稿后，出于鼓励，他在序文结尾时写道："这是一本记述美丽的风土，淳朴的乡情，既富于生活情趣，又具有精神美的好书。"《迷人的杨梅王国序》后来收录在徐老的《畅堂文集》下篇《四明文采》中。在徐老的鼓励下，我的第二本拙作《中国可有第二庐山》完稿后预订印数有1.2万册，徐老又帮我牵线，请浙江省作家协会副主席杨东标作序，徐老还亲自到宁波市作协礼堂出席《中国可有第二庐山》首发式，并在现场发表讲话。

　　徐老与书与茶结缘。后来我在茶文化促进会又有幸聆听他的教导。他参加茶会活动，办事认真、热忱，完全称得上不折不扣。茶文化促进会领导总是反复强调，请徐老参加茶事活动，必须安排专人，自始至终照顾好。为了保证徐老身体健康，尽量少去劳驾徐老。

　　大千世界，芸芸众生。前人有言，君子坦荡荡，小人长戚戚。由徐老的高风亮节联想到茶。茶的至清至洁，清澈明亮，高雅却不高傲，无矫揉造作，无喧嚣之感，融入徐老的精神境界。摘录几句杨东标先生写给徐老的贺诗，这也许是本文最恰当的结尾：

徐季子出版的著作（部分）

　　　常道先生君子风，
　　　襟怀坦坦见慈容。
　　　论文谈艺经纶饱，
　　　培土育苗桃李红。

（原载《茶韵》2016 年第 4 期，文字有改动）

怀念曹厚德先生

　　曹公厚德仙逝于 2018 年 12 月 10 日。那天上午 8 点多，儿子光飞和小女儿巧飞来到床前招呼父亲起床，曹公回答说"好的"，起身后脚放到床边说没力气，就偎依在女儿身旁歇一歇，不一会儿就由儿女陪伴着安详地走了，享年 89 岁。信佛之人以为他事佛有功，佛祖保佑他无疾而终；茶界以为他嗜茶养性，人格完美所致。

　　12 月 13 日在宁波颐乐园永逸馆举行曹公追思会。会上人头攒动，200 余人被四周重重叠叠的挽联、花圈围堵。自发来的有白发苍苍的老者，也有年轻有为的后生。送花圈的有日本曹洞宗中日友好协会、陕西省书法家协会、宁波茶文化促进会等单位；个人送花圈的人数众多，其中有宁波茶文化促进会创始会长徐杏先、浙江省人民检察院原副检察长刘建国、著名书画家马其宽等。浙江省工艺美术协会发来长篇唁电，现场致辞的有 7 位宁波文化单位代表和名流。生前好友杨古城先生在致辞中回忆曹公为保护地方文化遗迹奔波呼吁，不辞辛劳，感人肺腑。各位致辞人忆及曹公生平事迹，催人泪下。

　　曹公厚德，号碌翁，宁波人，幼承庭训，自学成才，后得沙孟海、陆维钊、诸乐三等大师指授，博采众长，真草隶篆无所不工，诗书画印无一不精，治印数千方，存诗 500 余首，发表论文数百篇，书法还被刘少奇、朱德、沈钧儒、郑板桥、齐白石等名人纪念馆及黄帝陵、严子陵等名胜地收藏、勒石或制成楹联匾额。曹公为高级工艺美术师，曾任宁波市工艺美术厂首任厂长、市工艺美术研究所所长，专擅雕塑，对佛教艺术研究尤深。1979年任天童寺和阿育王寺重塑佛像工程总指挥，中国佛教协会会长赵朴初为之大为赞叹，说浙江有人才，宁波有人才。曹公相继为江、浙、闽、皖、辽、鲁六省主持修复名寺20余座，造像2000多尊，主著《中国佛像艺术》一书，开我国该领域的先河，此书多次重版，在国内外广为流传，又有《碌翁吟稿》《厚德篆刻》《扶桑行印存》等著作。

最早认识曹厚德先生是在2004年，宁波市政府主办第一届中国宁波国际茶文化节，其间市供销社有个茶事活动，方案为祭茶圣品茗仪式，托我请曹厚德先生亲撰茶赋。主办人唯恐邀请曹公落空，由我上门去试试，想不到一见如故，曹公满口答应。没过几天，一篇充满激情和文采的《祭陆羽茶神赋》就面世了，在首届中国宁波国际茶文化节的活动现场，境内外人士品茗赏赋。台上穿着唐装的茶人朗诵《祭陆羽茶神赋》，声情并茂，抑扬顿挫，颂扬了陆羽对四明茶韵的笃爱之情，赢得满堂喝彩。

曹公由于毕生嗜茶对茶文化活动倍加关注。从他的《碌翁吟稿》著述中可读到关于茶的诗赋，如《贺宁波茶文化书画院成立》《茶文化书画院四明山庄雅集即兴》《宁海茶山望海亭》等。但是宁波清源茶馆请曹公提供墨宝却被他婉拒了。事情缘于20世纪末，曹公为中山路上一家大型商场题写店名，已经上门楣的繁体字要换成简体字，在换字过程中有名职工从脚手架上跌下，造成事故。此后曹公再不答应题写商店招牌。后来笔者和清源茶馆的主办者共劝曹公写《宁波茶赋》。茶文化是中华优秀传统文化的组成部分应予以传承，且茶赋只在茶馆内部展示，增加茶文化的氛围。曹公听了允诺后，在品茗听取宁波古今茶事过程中，写了洋洋大观的《宁波茶赋》。茶赋突出了宁波的地理环境，海上茶路、栽茶典故、茶具发源地、东亚禅茶、宁波八大名茶等融会其中。当时的清源茶馆在天一广场药王庙，为茶赋举行了庄重的揭牌仪式。由宁波茶文化促进会副会长兼秘书长殷志浩同志揭牌。曹公手书500多字的茶赋，一改书法往日的圆润端庄，运笔狂草气势流畅，大有怀素高僧遗风，已为宁波市档案馆收藏。

（原题为《曹公亦是一茶人》，载于《海上茶路》，2018年第4期，文字有改动）

钱政和他的甲骨文书法

钱政近影

宁波钱政先生，先从教，后从政，爱好书法，特别是对中国最古老的文字——甲骨文，情有独钟。是甲骨文造就和成就了他，还是他传承和弘扬了甲骨文？这引起了人们的浓浓兴趣，我也在寻找自己的解读：或许是两者兼而有之。

汉字，就是记录汉语的文字。中华民族辉煌灿烂的历史与宝贵的智慧财富依靠汉字得以保存。汉字，从甲骨文、金文到大篆、小篆，再到隶书、楷书，为中华文明的进步做出了不可磨灭的贡献。因有了汉字，人们才得以叙写商王的梦境、孔子的思考、诗词的风韵；因有了汉字，中华民族的苦难与辉煌才得以记载。相较楷书，我们对甲骨文却知之甚少。在信息化时代，人们交流只要对着手机说几句话就行，在忽略文字作用的现象中，更不必说几千年前的甲骨文了。但是，互联网传递信息新技术，代替不了语言文字的全部功能，还应当正视文字的价值，它的储藏最能经得起历史检验，何况古老的甲骨文内涵丰富。美国、英国、墨西哥等国家的学者在美洲发现了甲骨文遗迹，他们发表考古论文，提出殷商时代中华民族先民已到达美洲。黑龙江出版社出版的《中华祖先拓荒美洲》反映得较为具体。甲骨文在美洲的考古发现，启示了那里断层的玛雅文化，而且比哥伦布发现美洲大陆还早 2800 多年！2019 年 11 月，在发现甲骨文 120 周年之际，习近平总书记为纪念活动发了贺信，向长期致力于传承弘扬甲骨文等优秀传统文化的专家学者们表示热烈祝贺。

甲骨文，是用刀刻在龟甲、兽骨上的文字，是商代的文化产物，距今约 3600 多年的历史。它也是目前我们所见到的最早、最系统、最集中的文字。甲骨文闪耀着 3000 多年前中华文明之光。1899 年，国子监祭酒王懿荣在古董商售卖的骨头上，发现了一种神秘的符号甲骨文，肯定其珍贵研究价值，轰动学术界。河南安阳殷墟成了甲骨文故乡。先后有研究者以解开这古老的文明密码为使命，其中就有一批著名学者包括罗振玉、董作宾、王国维、胡厚宣等。120 年来已发现不重复的甲骨文字 4500 个左右，其中已识读的约三分之一，余下的多为人名、地名。

甲骨文作为书法，有自己独特的艺术风格。钱政先生的甲骨文书法作品，仿佛带着大家穿越时空，从 3000 多年前的殷商时代走到当今的现实生活。品赏古老甲骨文的奥秘，可享受其别具韵味的艺术之美。从甲骨文的象形、会意和形声到楷书的遒劲洒脱，呈现在甲骨文书法作品上，可感受到其诸多特色，其文字劲健工整，撇捺直画，疏密有度，结构宽松。其作品，有形、有趣、有神。

其一，有形。书法艺术历史悠久，但长期来还未曾系统地追溯到 3000 多年前的根脉——甲骨文。比之大篆、小篆，甲骨文产生早，研究却在后，这固然与它出土仅百余年有关，更在于识别甲骨文比篆书要难得多。全面研究甲骨文领域 100 多年来，

钱政甲骨文书法

进入书法门类还是近几年的事，全国从事甲骨文书法的人士更是寥若晨星。多年来，钱政先生在业余时间了解甲骨文，研读甲骨文，他运用了20世纪初我国著名学者王国维提出的"二重证据法"，即以地下出土的甲骨文等史料，来印证传世文献；又以传世文献印证甲骨文的识读，对1500个解密的甲骨文运用自如，将玄奥的甲骨文用于书法作品上，笔画刚劲有力，笔势婉转，曲直相错，起笔多圆，收笔多尖，富有变化。书风谨饬守法，严整一致，行款整齐，字画平行对称。布局大气、文雅，并用当今通行的行楷，一对一加以注解，从旁重释，从相互对照中加深品读书法作品上甲骨文的丰富内涵。如用甲骨文书写的王阳明"知行合一"，又如"看五车书、知千古事"等作品，人们在静赏细品中，进入言已尽而意无穷的境界。

其二，有趣。钱政先生的甲骨文作品，用笔如用刀，爽利劲拔，笔画瘦硬方直，线条挺拔遒劲，有古意、古气和古韵，体现了先民运刀如笔的艺术技巧。他的甲骨文书法作品，线条自然流畅，写得非常爽利，曲张富有弹性，生动活泼，既有"刀笔"特色，又彰显出笔情墨趣，这是其甲骨文作品的"神韵"。不少字通过巧妙地、恰如其分地移位、夸张与变形，使造型更生动、活泼、遒劲、爽美，通篇透露出神秘诡异、潇洒浪漫、古穆空灵的艺术氛围。如甲骨文书法作品"天道酬勤"，"酬"字的"酉"缩小放在右上角，这个字就神了。同时，钱政先生的甲骨文书法作品充分展示了古汉字象形文字"以形表意"的特性。如"人""日""雨""车"等，大多象形文字犹如画面，简洁生动，以至有生态之美。会意文字会意深刻。

我国的农耕文化，崇尚"耕读传家"，那是由甲骨文时代"晴耕雨读"的生活演化而来。钱政先生书写的甲骨文"耕"和"读"，由集字而成，每个字的结构组

钱政在海滨

成意味隽永。又如甲骨文作品"天意恋幽草，人间重晚晴"，其中"恋"字的结构，既有象形，又有会意，还有形声，内涵之深，使人见后有许多话好说。甲骨文书法蕴藏着古代生活的自然艺术之美。按照《说文解字》中许慎的说法："象形者，画成其物，随体诘诎。"可见象形字是先民思维概念的"外化"产品，是一种"以形表意"和"依类象形"文字。如卜辞中山、水、火、鹿、马、虎、象等字，形象生动、妙趣横生，给人以身临其境之艺术体验。

其三，有神。书法字形，让其活起来，就有张力。钱政先生在书写甲骨文作品中，运用甲骨文的契刻方法，融入金文大篆笔法，做了既符合"刀笔"特色，又体现笔墨情趣的尝试。历代书家，有"字如其人之说"，也有"横平竖直皆风骨"之称。王羲之的飘逸端秀，颜真卿、柳公权的法度庄严。著名书法家的书法与为人，陶冶着一代又一代人的情操，书法精华可从甲骨文中寻到文明内涵。钱政先生书法作品在 1500 字中见集字功夫之深，这当中不仅有大量实词，还有集成的虚词。他用甲骨文写成多种内容的书法作品，反映社会生活中的精神文明。甲骨文的文化符号会融入当今时代潮流中去，扩大到现代设计、建筑、工艺等领域，弘扬中华民族的优良精神文明，在推进人类文明中发挥作用。甲骨文的文化符号，随着其书法艺术的传播，将会在国内外产生积极反响。相较于世界上其他古文字，如古埃及的圣书字、古印度的印章文字、中美洲的玛雅文字都未流传下来，唯有汉字甲骨文流传至今。2019 年，钱政先生率政府代表团出访墨西哥、秘鲁，携带甲骨文作品为国礼。那里的玛雅文化和印加文化，古文字已经断层，出访所到的两地市长接受甲骨文作品，惊喜万分。如今越来越多的外国人走上学习汉语之路。

在国际港口城市宁波，甲骨文书法以其举世无双的风貌，独特的文化魅力，引起中外人士的广泛兴趣！

寻访大隐石文化

　　"非遗"石雕基地花落余姚市大隐镇。那里精美的手工艺中流淌着文化血液，闪烁着人类社会的文明之光。在青山掩映的天下玉苑附近，横卧的巨石上书有"浙江省非物质文化遗产项目石雕传承基地"字样。2013 年 11 月，浙江省文化厅批准宁波市新增 18 名省级"非遗"传承人，其中石雕石刻项目仅金星乔一人，他就在这基地。

　　那日，金星乔陪同笔者调查大隐石文化。大隐紧靠的河姆渡遗址上存有大量石斧、石刀、石枪和刮削器等，也有玉石制作的璜、管等饰件。先民以石器为主要的生产、生活工具，故被称为新石器时代。历经 7000 年的风雨侵蚀，石器未曾风化。这些石器理应出自优质石料产地。20 世纪 70 年代末，我国著名地理历史学家陈桥驿前来考察河姆渡文化遗址，当时由笔者全程陪同。他说，行前有人说河姆渡遗址在平原稻区，他对此存疑。在现场考察时，他登上岸边小山看大隐、车厩一带群山逶迤，早时姚江北流，水面狭窄，陈桥驿认定遗址区域视野要稍宽一些，先民在依山傍水的地方生活，取山中光滑坚硬石料，以石制作工具来进行农耕操作、砍伐木材、建造房屋、制造狩猎利器等。

　　城山渡在姚江南岸大隐镇，其北岸为宁波市江北区慈城地界。《宁波港史》记载，宁波从古代河港延伸、发展到今日海港，经历了河姆渡、城山渡和三江口时代。春秋时期，越王勾践开发甬句东，建立句章县，县治就在城山渡，开采的大隐石料，由人工手拉车推，再利用姚江水从城山渡外运，2000 多年来，城山村有"七宕"史记载，著名的有龙尾巴宕、三槐宕、万利宕等。附近山峰不高，而好石料又在地层深处，许多石岩地下开采深达四五十米。金星乔介绍石岩深处沁出泉水，又从石缝底下流转，都是活水，澄澈清亮。当地志书记载，北洋军阀时期，英国人与荷兰人船上饮水，皆从城山渡石岩深处取水，直到 1928 年为止，村民称其为外国人水宕。1952 年解放舟山群岛时，用船来装宕水供部队饮用。这使人想到东汉孝子董黯在大隐溪边筑室汲水奉母，其母嗜饮溪水，得以治病健身，传为千古佳话，成了慈溪市（县）地名的缘由，真如俗谚所说"四明山高，大隐水好"。

城山渡石宕从一脉相承的山峦中来。金星乔说，从前大大小小的石宕有二三十处。小国石料厂的石宕旁有别墅住宅，站在曾经开采过的石宕地面仰望，岩壁陡峭，高近 200 米，岩顶杂树丛生，有水从悬崖冲下，泻入岩潭，水色碧绿，不知水深几许！水边栈道回环，有石亭建于其中，可供人闲坐休憩，称得上一道风景。

气势雄伟的石宕，在古代已是风景点，其中最好的要数谢山庙后的蝙蝠洞。据金星乔回忆，蝙蝠洞地面下的岩潭水深达 70 米，地面岩壁高达 280 米。古代没有机械设施，全靠人工用锥子凿石开采。那时的采石工分多个档次，最强的称"高头师傅"。上班时高头师傅查石宕险情，先在自身上方的岩壁上，打个小岩桩做依靠，然后身系绳索再向上打大岩桩，从下往上攀上去，边打桩边查险情，发现石块有石缝可能滑下成安全隐患，就用撬棍撬或用炸药爆破的方式来排除隐患。高头师傅平时组织石工，从横向斜插采石，由浅入深，进入六七米处；宕潭积水用龙骨水车排水；绞索搬运深处巨石到地面上，再车装水运去销售。人们置身于石宕中，能感受到浙江省非物质文化遗产项目石雕传承基地在大隐绝非偶然！

金星乔说，现在石宕采石汲取前人智慧，可做到定时定向爆炸，石料可大可小，可多可少，各种现代的交通、机械设备使采石工作更为便捷，这是前人想象不到的。金星乔这位年近花甲的宁波美术大师，他把古代石宕的智慧和石雕的技艺融合在一起，在传承与创新结合中谱写新篇。

在石雕传承基地，金星乔的石雕作品琳琅满目，梅兰竹菊等各种花卉惟妙惟肖；狮子、麒麟、貔貅等传统吉祥物，形神俱佳；而雕刻的观音、财神等多个佛像，工艺精致，衣纹流畅飘逸，势如飞动。金星乔追求作品气质神韵、形似神似，采撷大隐福地灵气，融佛学慈祥教理。基地悬挂的数十张奖状证书中，有一张是省委宣传部、省文联颁发给金星乔的金奖作品证书，作品名称《石屋》。这是他用青石雕刻的一座古代宫殿，无论是石级、窗棂，还是飞檐翘角，处处雕工细腻。

大隐石文化名扬四方。普陀寺、五磊寺、天童寺、阿育王寺以及浙东各地的大型建筑，都有大隐石业作品。国外友人也喜爱大隐石雕，1999年，法国一名旅客在大隐购走一对高60厘米的石狮；同年，又有日本友人购走一对高1.5米的石狮。2011年11月，金星乔到日本考察，与日本石文化专家中江庸先生友好洽谈，又同北海道石器研究会、冲绳石材研究会探讨石文化。自古至今中国运往日本的石材、石雕成了双方探讨的热门话题。2000年6月，在宁波召开的农贸会议上展示的大隐石雕观世音菩萨等佛像和100余件其他石雕作品，被销售一空。但世上没有十全十美的事物，大隐石业虽历史辉煌，历经千年，但如今石料开采有限，以至于供不应求。

好在金星乔人脉畅通，对浙江省内各地的石料了如指掌。他熟悉全国各地名石产区，对东北、华北、西北、华南各省的石料自有一番评述。我国有名的三大沙石，分别产自广西、山西、四川，其中要数广西最佳。在传承基地有座大型的石刻浮雕，松柏旁的仙鹤嘴巴尖细，坚硬如钢，石料即为广西沙石。如今，金星乔所用的多数优质石料来自外地，2012年从地处长江三峡的重庆万州就采购了石料300吨。

"非遗"传人金星乔，专注在传承基地弘扬大隐石文化。

（原载《文化交流》2014年第11期，文字有改动）

书法之乡的学书人

20 多年前那天，我行进在宁波潜龙巷上。手机响起，是媒体要求补充陈启元与圆瑛法师的书缘文稿内容。正好那时陈启元先生还住在潜龙巷，但我不知他家住址门牌，电话又联系不上。好在潜龙巷不长，想到凭陈启元的知名度，也许问路人可知，但找了三四人未能如愿，又见到路边报摊，摊上写有"电视周报"四个大字，一看那是陈启元的笔迹，便向摊主问陈启元家在何处，她随手一指，说就在这二楼东首第一间。

与陈启元会面，讲到"电视周报"笔迹引路。他笑着否认，说是那天小钱刚巧在家，是小钱写的。小钱是我熟悉的茅山中学团干部，叫钱丁盛。他拜陈启元为师，想不到书法学得与老师竟如此相似。

陈启元，名宁鹏，斋号怀椿庐，1937 年 3 月出生于宁波鄞县，曾任宁波市书法家协会主席，系中国书法家协会会员。2008 年 10 月和 2012 年 6 月中国教育学会分别授予陈启元"全国书法教育突出贡献奖""书法教育特殊贡献奖"。陈启元发起成立宁波市书法教育研究会，40 多年来建设了 130 多所书法实验学校，使近 20 万人受到正规的书法教育。作为书法教育家，他身体力行，宣传书法是中华民族文化的瑰宝，也是传承和发扬优良传统文化的重要载体。在以书法进行人文教育的过程中，汲古创新，丰富文化底蕴，提升文化涵养。小钱受陈启元的聆教，深切感受到先生的学问渊博、涵养深厚并虚心学习先生的为人之道。

那天，我在陈启元家中，还听到他的夫人胡静芬女士赞许小钱是位热爱学习的好青年。5年多来，每逢星期日上午，小钱从茅山中学骑自行车到潜龙巷学书法，单程要花近2小时，上午8时前必到，风雨无阻，从不缺席，中午11时后回去。好多次叫他吃了中饭再走，总是被小钱谢绝。连小钱的父亲钱明岳也讲过，偶尔在老师家用餐也无妨，劝儿子不必过于拘谨。但小钱总是说，到老师家的任务是做学问、练书法，应养成一心一意做事的好习惯。再说在老师家吃饭互不方便，即使肚饿了，在城里吃饭也容易得很。

学书、做事、做人，融合在小钱身上，发挥着正能量。小钱从茅山中学一位普通教师被提拔为李关弟中学校长。刚上任时适逢教师节，教职员工们从学校门口悬挂庆祝教师节的大幅大字标语开始认识了这位新任校长，大家团结一心把学校教育搞得有声有色，书法教育更是呈现"七叶一枝花"。后来，小钱从校长岗位调到鄞州区教育局、区委宣传部工作。

2013年，"中国书法之乡"花落鄞州。书法之乡的殊荣有严格的申报手续，由各省级书法家协会申报，由中国书法家协会组织专家实地考察、评定后命名。评定的标准严格，包括地方政府重视程度、组织健全、书法人才、办展能力、群众基础、特色活动和书法教育等方面。鄞州在20世纪就有赵叔孺、马衡、沙孟海三大书法名家，现在更是培育了一批人，包括中小学生，打开了书法普及繁荣的新局面。

小钱未曾想到，书法竟成了他的职业。在被授予"中国书法之乡"称号的前两年，即2011年1月，小钱已来到东钱湖畔，在那里的沙孟海书学院担任院领导。这是一个既要懂业务，又要从事社会活动的岗位。"70后"的小钱对现实有清晰的认识：社会上有信任、佩服他的；也有些不服、看衰他的。他总是宠辱不惊，在实践中学习和锻炼。当地基层单位邀请他讲课或辅导时，他总是考虑到方方面面，按程序联系。如今，在"中国书法之乡"鄞州，小钱又兼任区书法家协会主席。俗话说"酒好不怕巷子深"，小钱作为中国书法家协会会员，如今甚至在北京都小有名气，邀请他去讲学的很多！

沙孟海书学院院长小钱——大名钱丁盛，名扬四方。

（原载《宁波同乡》2020年第618期，文字有改动）

《台前幕后》序

冬日暖阳，在王阳明故里文化论坛上，我遇上钱百治老友，他正在整理姚剧老艺人费凤鸣的自传，也希望我为此写点文字。老钱和我在20世纪70年代中期，在余姚文教局共事，姚剧团人士与我也常照面，但与专职文化干部老钱相比，我下笔行文难免有些为难。而回忆费凤鸣的夫君楼忠轩，则使我有了写作信心。楼忠轩当过余姚中学中共党组织的副书记，后到余姚镇主持当时全镇的文教工作，办事认真负责，为人诚恳低调，曾同我讲起夫人费凤鸣在姚剧里饰演多个主角，充满着自豪。我相信对费凤鸣自传有话可说，但到底写什么，终究心里无底，等着看电子文稿本再说。

费凤鸣自传《台前幕后》电子文稿收到后，我原准备在工作之余陆续读完。想不到文稿读来引人入胜，顾不得办公室案头他事，从下午1点开始，直到下班延迟，真的是一口气读完，这是我多年未有的。《台前幕后》内涵丰富，读后仁者见仁，智者见智，但至少在以下几个层面确实感人至深。

首先，费凤鸣是姚剧奠基人之一。1956年余姚姚剧团正式成立，这是具有划时代意义的里程碑。说费凤鸣是姚剧奠基人之一并不为过。姚剧原称余姚滩簧，早在17世纪中叶，就是流行在浙东余姚、慈溪一带的地方剧种，民间与越剧、绍剧并论，曾任浙江省文化厅厅长的钱法成讲到姚剧是越剧的奶娘之一。各剧种各有其特色："绍剧打天下"，高亢雄壮；"越剧找对象"，委婉缠绵；"滩簧讲野话"，幽默风趣。姚剧生活气息浓厚，符合大众品味。所说"讲野话"，被伪道者诬为淫词滥调、有伤风化。好在余姚滩簧上演全是男性，凑拢班子五六个人，近于京剧男扮女旦，越剧女演男人。姚剧团首任团长黄承炳当初就是演旦角出身。费凤鸣是姚剧团的女旦角，为姚剧团成立前后的顶梁柱。阅读《台前幕后》，仿佛看到当年费凤鸣还是位聪明伶俐的小姑娘。她演旦角，比费承炳团长这个大男人当然更俊美、招眼。从保留的各档剧目看，费凤鸣所演的女主角，配合形势，紧跟时代，为群众所喜闻乐见，为滩簧走上姚剧新台阶铺平道路，使得共和国初期一些区乡干部改变了原来对滩簧有低级趣味的偏见，纷纷要求他们到自己所在乡村演出，为上级政府批准成立姚剧团打下基础。

费凤鸣为人不卑不亢、不骄不躁，正如熊达老局长为《台前幕后》的题词："清清白白做人，认认真真唱戏。"费凤鸣出身名门望族，家学渊薮。祖父费德昭既是文化人，又率领当地盐民暴动，20 世纪 30 年代就是浙东工农红军第一师师长。白色恐怖年代家道中落，小凤鸣艰难求学，在时代风雨中锤炼成姚剧名伶，此后又遭到"文革"动乱，中年又遇丧夫之痛。但费凤鸣在风霜雨露中，如同耐寒茶花，顽强不息。这位才艺双全的姚剧老艺人，晚年在培育姚剧后起之秀方面，依然功不可没。

其次，费凤鸣自传是后人励志的力量源泉。她在时代风雨中的成长过程成了后代的精神财富。当她进入青春演艺的黄金时代，她正确对待工作、生活和家庭，以共产党员的要求，践行毛泽东《在延安文艺座谈会上的讲话》精神，上山下乡为群众演出。姚剧团为工农兵服务的先进事迹见诸报端，扬名全省、全国。剧目在基层越演越精彩。自传中还写到姚剧进大上海，演出达一个半月，连解放日报社也宴请剧组人员，到报社礼堂演出。费凤鸣走过的人生艺术道路，对今天的青年人来说，似乎不可思议。历史虽然不是简单的重复，却又有惊人的相似之处。一个有前途的青年人，尤其是年轻演员，必然不忘历史，薪火相传，从前人走过的道路上汲取力量源泉，《台前幕后》可谓是鼓舞人们砥砺奋进的好书。

再次，自传《台前幕后》是研究姚剧历史的重要文献。全书虽写的是费凤鸣个人经历，但她走过的足迹，与姚剧的发展密切相连，从中可以看到姚剧前进路上的轨迹。特别是费凤鸣主演的并在姚剧史上保留下来的众多节目，从人到事，在文献名邦余姚更有其历史价值。

　　《台前幕后》写到姚剧团方方面面的人士，有领导、师傅、同事、徒弟等台前幕后的许多人，称得上一花独放艳丽，万紫千红相映。书中以事带人叙述实事求是，而且配上相关人员的个人照片。当时姚剧团团部与文教局相邻，都在龙泉山南麓，我与书中写到的人士大都相识，看到照片，他们的神情笑貌跃然纸上。出于全书行文局限，提及剧组中人士的文字不可能多，但配上照片足以体现分量。后人看到定然会感慨唏嘘。人事有代谢，往来成古今。许多事物，在当时当地抑或为常，但经过岁月沉淀其意义会日益彰显。正式授予名号的姚剧老艺人还有两人——胡永棣和胡秀纹夫妇。胡秀纹在姚剧中饰演老旦，不论声腔打扮还是举手投足，在台上就是一位活灵活现的老婆婆，而卸妆后却是一位清雅、娴静的中年女性，与台上恍若两人。我曾听她说过："在台上演出，彻底忘记了自身，完全进入剧中角色。"也由此想到一个人无论地位高低、职务大小，一辈子认认真真做好一件事，于公于己，足以慰藉矣！

　　《台前幕后》也从侧面反映了姚剧团的光辉业绩，正如曾任浙江省文联主席、著名剧作家顾锡东赞扬的："四明山水百花香，唱彻余姚新乐章。乡土情深编好戏，讴歌时代曲悠扬。"有特色、有个性的姚剧团如今涌现一代又一代传人，姚剧一定会更好地走向全国、走向世界。

　　全书叙事的文字平实贴切，语言朴实无华，读来没有矫揉造作之感，称得上鲁迅先生推崇的白描手法。这自然与传主费凤鸣相关，同时也与老钱的经历、风格相关。他从事行政工作时间长，从余姚市文化馆馆长的岗位上退休多年，仍笔耕不辍，为姚剧老艺人立传下功夫。有些史实，传主年事已高可能记忆模糊，需要反复核实，还有书中叙事简洁明快，介绍的70多个传统剧目内容，演出要几小时，书中介绍却不到几百字，能使人最快了解全剧轮廓，又有具体细节，直至唱词，让人重拾记忆。

　　阅读《台前幕后》可称得上一种读书的生活享受。书中还写到让人感动又令人钦佩的自传主人家庭生活。无论是从艺的，还是从事其他职业的，都会开卷有益。

　　有感如是，权充为序！

八

故里情怀

"诸暨三隐"出店口

王冕、杨维桢和陈洪绶，通称"诸暨三贤"，三人以诗书画登临文化高峰，名传千古。三贤皆出自元明时期的枫桥。更早还有"诸暨三隐"，隐居在宋代的紫岩乡，今为店口镇。"三隐"生不逢时，斡旋于南宋朝野，有心报国，却无力回天，隐没于历史深处，鲜为人知。"三隐"分别为陈协、周靖和屠道。

王冕《墨梅图》

先说陈协，他是店口陈姓始祖，进士出身，随宋高宗赵构，从河南迁到浙东。他在岳飞统帅的部队任监军，近似当代军队的政委，在襄阳前线随同岳家军英勇抗敌，大败金兵。他与岳飞志同道合，坚持抗金，反对议和。但朝廷奸佞当道，

店口城市会客厅外景

今日诸暨店口镇夜景

陈协受到排挤，被贬金华令。岳飞有题诗相赠："钦君骑鹤上金华，北望云山是故家，兵革历身心不改，一腔热血溅黄沙。"离南宋都城临安不过百里的店口，陈协数度卜居，1140年在白鹤山隐居下来。店口陈姓今已传至30余代，仅店口当地就有数万人之多，人说"协久太公子孙散驻五洲"。

再说周靖，于1142年退隐盛厚里，这位进士官居国子监博士。其先祖周敦颐写《爱莲说》，赞荷有千古名句"出淤泥而不染，濯清涟而不妖"。1141年岳飞遭"莫须有"三字狱之冤被害。周靖随后隐居在盛厚里，其墓在大将山。2014年清明节，周氏联谊会公祭周靖。周恩来总理的侄儿，扬州市老干部局局长周华瑞参加公祭。照周氏宗谱排行，周恩来和鲁迅是绍兴周桥（今周家桥）同宗，鲁迅比周恩来要长一辈，周靖是他们的祖先。周华瑞说："现在看来，大将山先祖周靖的坟墓，不光是诸暨等地周姓第一太公，也是我七叔周恩来的祖莹，是宋代历史名人的古墓。"

三说屠道，名天叙。他于1163年退隐到店口琴坞，此前任监察御史。屠氏古人有诗："耳梦宗先隐暨阳（诸暨）……一脉芳名万古香。"屠道在任时，岳飞在杭州被害，冤死37年后才得以平反迁葬于西湖。屠道在20多年中，为岳飞申冤，与奸佞斗争，最后病辞，隐退到琴坞。屠道素来好琴，风晨月夕，鼓琴于山中，其地故名琴坞。朱熹曾作《琴坞记》，文中评价屠道琴艺，说是"予闻声音之道与政通。故君子穷，则寓其志，以善其身。达则推其和，以激诸人。盖心和则声和，声和则政和，政和则物无不和矣"。琴坞后来人才辈出，清代屠倬中进士入翰林，曾任江苏仪征县令，惩治盗匪恶霸，发展农业蚕桑，使仪征蚕肥丝白，绢成烁金，社会安宁。屠倬政绩赫赫，官有清名。他自比郑板桥爱竹："民则已肥吾竹瘦，此心只有板桥知。"屠倬书画也是嘉庆道光年间一绝。他又是浙江巡抚、金石大家阮元的门生。阮元评述屠倬有"馆阁之才"，为浙江三大"文笔"之一。

春秋时期，店口原是越国建都之地，称为埤中，为越王勾践之父允常所建，后来勾践迁都会稽。店口早称巅口，当时地界三面环山，由东向西，山峦环立，分别为琴坞、里市坞、大山坞、小山坞、蔡家坞等。陈协隐居的白鹤山位于山川相接处，面南一马平川，早谓上、下金湖，天高地远，气势辽阔。而各个山坞中峰峦葱郁。松竹声声，鸣禽相应，流泉淙淙，山花相映，恍若仙境。

当今店口镇，行政区域已扩大。

（原载《义门陈氏第十四次宗谱·卷七》，文字有改动）

先辈茶事可传人

　　陈氏族谱主编天岩先生约我选篇拙作入谱。这令我有些为难。我离家乡50余年，虽然出版过几本拙作，遗憾的是没有写家乡的文字；虽编过店口小学校庆百年纪念册《摇篮情思》、店口中学校友会会刊《店口忆》，但两书中由我写的短文，又难入族谱大雅之堂；经天岩先生点拨，想到在外发表过多篇茶和茶文化文章，那就写写和协九太公相关的茶文吧。

　　始祖协九太公曾任"浙东茶盐公事"。当时茶和盐的税收为朝廷主要财源，而南宋建都临安，中原陆路因战事隔绝，浙东成为交通要塞，南北货物多通过海上经宁波、过浙东运河入临安，协九太公又肩负监察举刺州县一级官员的职能，相当于宁波、绍兴、台州三地的财税局长和监察局长。太公理茶，势必过问茶事，了解茶业；而当时风云变幻，宦海浮沉，在错综复杂的局面前，太公宠辱不惊，后来定居店口，开发店口，自然饮茶养性。这不可谓不与茶有缘。

御题诗烹茶图紫砂壶　清乾隆

　　传承太公茶事，如同溪流曲曲弯弯，有起有伏。从世界大趋向看，陈氏将来必有茶之传人。

　　虽然开门七件事——柴米油盐酱醋茶，人人见过茶，并不感到茶的新奇，但当今时代对茶的深刻认识已不可等闲视之。茶可解渴消暑、除腻利食、提神益思，这只是前人的感觉体验，这感性认识在不断上升到理性、科学的高度。到了 21 世纪，经现代科学分析已有定论，绿茶成为世界卫生组织推荐的

煮茶图（局部）明代 王问 台北"故宫博物院"收藏

六大健康饮料之首，其余依次是红葡萄酒、酸奶、豆浆、骨头汤和蘑菇汤。国家卫生部首席健康顾问洪昭光说"绿茶是健康的天使"。日本人对茶研究颇深，1945 年 8 月，一颗原子弹使广岛 10 万人丧生，数十万人遭受原子辐射的伤害。若干年后，大多数人又患上白血病或其他各种癌症，先后死亡。但发现三种人侥幸无恙，他们是茶农、茶商、茶癖者。这特殊的关联被称为"广岛现象"，引起科学家极大的兴趣。经分析，茶叶中含有一种特殊的物质，能中和原子弹爆炸后的放射性裂变产物"锶 90"，同时能减少亚硝胺的生成，对抗自由基的损伤。可见饮茶防癌保健确有依据。"中国地热之父"任湘老人，在谈到自己养成品茶习惯时也说，他在苏联留学期间对放射性稀有元素勘探时，单位经常发茶叶。因为放射性物质的毒性对人体影响大，当初喝茶纯粹为了排毒，也不讲究茶的好坏，见茶就喝，于是形成习惯。

随着科学技术的进步，医药家证实，茶有利于"三消三降"，有抗氧化、抗辐射和防癌的作用。所谓"三消三降"即指消炎、消菌、消毒，降血压、降血糖、降血脂。当然这是指保健，并非药用，而且贵在持久饮茶。

在开启人的心扉方面，茶经过几千年的积淀，形成博大精深的茶文化，成了中华民族优秀文化的一部分。明代进士出身的礼部尚书杨守陈写过一篇《茶酒说》，文中写道："茶性凉而清人，酒性烈而和人，饮之皆有益而不可过，过则皆生疾而酒尤甚。"该文又指出："茶为廉洁之士，酒为旷达之人……然廉洁者能充广而有旷达之才量，旷达者能拘检而有廉洁之操行，则皆为全德

矣！"这位名士的高论，说的是酒和茶不同的特性可以互补，而且只有互补，才称得上"全德"。全德者，既要有茶的俭性，又要有酒的豪爽，对此一定会有人拍手赞同！在培养高雅情趣、传播文明风尚中，前人综合以茶养廉、以茶自省、以茶明志、以茶会友、以茶待客等，形成了茶人风格和茶德。于是，以茶积德，恩泽后人。有许多国家要员的祖上，留有与茶结缘的逸闻。茶在事业成功者心里，其奥妙不完全是解渴，茶在养性健身上，使人逾越大喜大悲的境界，帮你立于不败之地。

如今，人们的工作和生活节奏越来越快，精神压力也越来越大，以致经常处于身心俱疲的状态。怎样让传统的文化和现代文明有机结合，进而释放压力、解脱疲惫的身心？最好的举措就是品茶，尤其是到典雅幽静的地方去，置身其中，一杯香茗在手，喝上一口，清香悠悠，茶意盎然，可放松身心，从而更加理性地对待社会、对待工作、对待自己。

我国是茶的故乡，茶文化的发祥地。我国的茶叶，在公元4—5世纪期间，传播到朝鲜、日本及欧洲，围绕着饮茶是否有好处，荷兰与德国发生过激烈的论战，荷兰认为茶是"灵草"，是最珍贵的饮料。当年英国刚接触茶叶时，不敢轻易尝试，于是找来囚犯先做饮茶试验，后来第一个"饮茶皇后"凯瑟琳皇后提倡英国皇室饮茶，如今英国年人均消费茶叶达3.1公斤。

我国是产茶大国，但还不是茶叶消费大国，据有关资料统计，2009年全国人均消费茶叶仅0.66公斤，其中西藏3.75公斤、广州2.5公斤。历史上茶是珍贵之物，民间有客来敬茶之礼，国家领导人也常把茶叶作为国礼赠送给外国元首。店口人颇有陈协太公的遗风，多有嗜茶者。陈观沧是茶业的行家里手，一辈子在浙江省茶业公司工作，经手的天坛牌特级珠茶于1984年在西班牙马德里第23届世界优质食品评比会上荣获金质奖。20世纪70年代，日本朋友在饮龙井茶之后，希望能品尝到瀑布仙茗。可是，瀑布仙茗已湮没多年。事后省有关部门通知各地寻访，我在四明山上调查，考证出瀑布仙茗出自四明山中的余姚市梁弄镇道士山。此事在《影响中国茶文化史的瀑布仙茗》一书中，有明确的记述。2003年3月，宁波茶文化促进会成立，我作为驻会工作人员，10多年来负责编写《茶韵》44册，这加深了我对浙东茶和茶文化的历史与现状的认识。茶圣陆羽在世界上第一本茶书《茶经》中指出，茶叶"浙东，越州上"，诸暨作为越州之地，盛产名茶，店口三面环山，大山坞、小山坞、里市坞、琴坞等生态极美，山坡上曾开垦种茶，如今荒芜，山上有野茶。时代变化，茶比起工业产品来，利润较少，但茶是内涵极深的传统产品。在实现中华民族伟大复兴的中国梦中，我们既要有气吞山河的雄壮气概，又要有宁静致远的淡泊心境；治国平天下，文武之道一张一弛，人生在世，有劳有逸，才能持之以恒。如今大企业家既搞主导产品，也搞企业衍生，如房地产、股市，若干年后也可能投资茶业，这是因为茶不仅古老而且时尚，永远不会在社会生活中消失！

2009 年夏，宁波市人民政府在瀑布泉岭上建立瀑布仙茗古茶树碑

茶让事业成功的人干得更有劲，活得有滋有味。不论是品茶的，还是送茶的，还是两者兼而有之的，总归事业有成者，和茶交往密切。当您品茶时，以一份恬淡的心境，回首历程，不会妄自菲薄，在对事业有成感到欣慰之时，更会有一种时代的使命感，从而开阔思路，深思熟虑，形成大写意、大手笔，引来大成功。

当您泡一杯绿茶，捧一本书，也会有自得其乐的境界。一位名人曾说："如果你发冷，茶会使你温暖；如果你发热，茶会使你凉快；如果你抑郁，茶会使你欢愉；如果你激动，茶会使你平静。"

太公茶事可传人！

（原载《义门陈氏第十四次宗谱·卷十九》，文字有改动）

从紫岩到店口

说起紫岩山，道是无名却有名。

清明时节，老同学到横山湖王蓉容大姐家聚会，得知村边有紫岩山，让我顿生寻山兴致。那里是宋元时代紫岩乡的缘起，又是伟人周恩来祖籍之乡的见证。

蓉容大姐和她的夫君陪我登山。一路上村人频频招呼，对二老崇敬有加。不到半小时，我们登上海拔45米多的紫岩山，只见巨岩突兀，在这平地中拔地而起，全山"紫气东来"，连片巨石，呈现一派紫色。眺望远山，会稽山余脉隐隐，近离千米的浦阳江水，迢迢远去，融入钱塘江大潮。这里为浙江省诸暨市店口镇人民政府驻地，地处诸暨市北部，西北边连接杭州市区，东北边紧依绍兴地界，今日175.2平方公里的店口镇地域，与宋元时代紫岩乡面积大体一致，南宋时，周靖隐居到紫岩。

紫岩山上说周靖，会想到这里是周恩来祖籍之一。初听匪夷所思，细究则令人信服。《周恩来家世》主编、中央文献研究室研究员李海文，同周恩来侄女周秉宜等3名副主编，历时2年半，著就34万字《周恩来家世》，考证了从北宋周敦颐开始，1000余年间的周姓33代家史。周靖，随宋高宗赵构南迁，先后转至杭州、诸暨、绍兴，最后周恩来一支落户淮安。

说到周靖，诸暨市有"三贤""三隐"之说。"三贤"即王冕、杨维祯和陈洪绶；"三隐"指宋代陈协、屠道和周靖。进士出身的周靖到临安官至国子监博士，因岳飞被害而伸张正义，呼天泣曰："忠良之殄，邦国之祸也，中原终不复矣！"于绍兴十一年（1141）携独子周亥离开临安，到有"中州风"的诸暨紫岩乡盛厚里隐居。

周靖传到周澳一代，周澳从诸暨始迁到山阴（绍兴），定居周桥。周澳为周桥始祖，其长子周德、次子完一分别为鲁迅和周恩来支系。1969年周恩来到北京饭店拜访鲁迅三弟周建人时说："建老，我已查过了。你是绍兴周氏二十世孙，我是绍兴周氏二十一世孙，你是我的长辈，我要叫你叔叔喽。"周建人忙说："你是总理，不敢当。"周恩来曾想写一部小说《房》，同他的侄儿周华章、周尔鎏多次谈及。在中华人民共和国成立初期，他在看到话剧《家》时，也曾对身边的工作人员说："巴金写了一本《家》，将来等我退休了，也要写一本《房》的书，以记述我们周家各房头的人和事。"可以想象，如果周恩来写《房》一书，势必会写到紫岩山紫岩乡，写出祖先对他一生的深刻影响。周靖是周敦颐的曾孙，由周靖可上溯到周敦颐，教育家于右任和邵力子等社会名流也认定周敦颐是周恩来的祖先。

紫岩山又名横山，这也是横山湖地名的由来。此地多有荷塘，青青荷叶，演绎着周敦颐的儒家学者人生，其精神依托《爱莲说》传承给后人："予独爱莲之出污泥而不染，濯清涟而不妖。中通外直，不蔓不枝，香远益清，亭亭净植，可远观而不可亵玩焉。"紫岩山有多处文化遗迹，紫岩庙为善男信女所向往，岩洞的故事大多十分神奇，山下有二月十二庙会的风俗，人头攒动，比肩接踵。茂密苍翠的竹林由山麓伸展到山腰，有野生动物在山中栖息。蓉蓉大姐的夫君佳贤老师讲起他家亲历的故事。30年前，山上洞里有2只獾狗，夜里误入洞口的笼子。那笼子是佳贤老师白天放的，

横山湖一隅

有巧妙机关，獾狗进笼却出不来。这2只獾狗皮毛光滑，小巧可爱，佳贤老师把它们带到家中豢养。不料数天之后，蓉容大姐食不甘味，夜不安眠，身体不适又日复一日，上医院却查不出身上有什么毛病。鉴于家中事多，佳贤老师把獾狗放回紫岩山，想不到此后蓉容大姐一身轻松、身板硬朗、神清气爽。蓉容大姐世居紫岩山麓，先人乐善好施，如今文明家庭洋溢着正道、厚道、孝道风尚。儿媳事业有成，企业闻名四方，媳妇还是省劳动模范。蓉容大姐讲及后辈孝敬老人，脸上写满幸福！紫岩山的古韵新风，让横山湖人美村更美。村中一排排别墅式的村民新居，让城里人赞叹不已。这也许仅仅是店口镇的一个侧面。店口有浙江"资本第一市场"的美誉，镇上股票上市的公司就有海亮、万安等5家。店口有多张金名片，系省级文明镇，国家级生态镇，国家级卫生镇，也是联合国开发计划署试点镇。

　　紫岩乡，见证了区域的历史和文化，演绎为今日的店口镇，正在迈开时代的步伐前进。

　　　　　　　　　　　　　　　（原载《文学月报》2017年第4期，文字有改动）

陈桂水人生纪略

陈桂水同志因病医治无效，于 2019 年 4 月 18 日在家中逝世，享年 91 岁。

1929 年 10 月，桂水同志出生在店口镇镇北社区吴家塔一户山村人家，在私塾读书 2 年后失学。他少年时，父亲因劳累困苦早去世，留下母亲、弟妹，生活非常艰难困苦。他从小给邻近地主家放牛做长工，过着饥寒交迫的生活。中华人民共和国成立后，桂水同志拥护党、跟党走，积极宣传党的路线方针，很快成了业余文工团的骨干，又先后担任民兵排长，村检察委员会主任、副大队长、大队长等职务。1959 年桂水同志光荣地加入了中国共产党，随即担任村党支部书记，直到 1979 年底，长达 20 年之久。在改革开放年代，他又奉命调往工厂企业担任党支部书记 10 年。晚年在村养老，依然为群众发挥余热，积极参与义门陈氏宗谱编纂，联络编务，带头筹款，为继承和发扬优良家规、民风，身体力行，受到社会好评。

陈桂水

桂水同志在担任党支部书记期间，遵循党的宗旨，不忘初心、牢记使命，

陈桂水在革命英雄雕像前留影

立足本单位，为改变山乡面貌，提高人们生活水平，长年奔波、不辞辛劳。尤其是在 20 世纪六七十年代，他面对"十年动乱"的复杂局面，响应党的号召，组织村民勤勤恳恳学大寨，当时的吴家塔村成了有名的"勤寨大队"，全村男女老少在山坡、溪边开垦粮田 280 多亩，开发茶山、桑园 100 多亩，建造了 3 个水库和 3 个电灌站，在横峧后畈办起养猪场，方便村民发展畜牧业。他还组织党员村民兴办机械厂、造纸厂、印刷厂等企业。其间，桂水同志领导村民，改建村办学校，在杏坞口建造了 30 多间校舍，为培养未来人才打下了坚实基础。"勤寨大队"多次被评为省、地、县先进单位。浙江省有关部门几次到"勤寨"召开现场会，在浙江省农业展览馆里，单独设立了"学勤寨"展厅，展厅内陈列的事迹生动，内容丰富，气势宏大，吸引了省内外众多人士，湖南省、广西壮族自治区也组织代表团到展厅参观。在老店口镇上专门设立了"勤寨接待站"，先后参观人数达 30 万之多，一时形成了"全国学大寨，诸暨学勤寨"的热潮。

"勤寨"的时代先进业绩，离不开全体村民吃苦耐劳、艰苦创业的奋斗精神，而组织者领导者是带头人桂水同志和以他为首的党支部的全体党员。他先后担任店口公社党委委员、湄池公社党委常委，出席过诸暨县第六届党代会，并被选为县委委员，曾出席浙江省第四次党代会，在任省党代会代表期间，还被授予农田水利基本建设先进工作者等多种荣誉。

桂水同志在特定的时代、特定的环境中，接受党和人民的重托，带领群众做出了不平凡的业绩。经过几代人的曲折奋斗，现在我们面临的形势、任务，

陈桂水与他的夫人聪爱留影

与过去有差别。在习近平新时代中国特色社会主义思想指引下，"勤寨大队"的经验仍然有深刻的现实意义。

历史是最公平的。桂水同志坚持党的领导，艰苦奋斗，服务群众的精神内涵，仍然是今天我们需要重新评价、提高认识的。

桂水同志年逾九旬，离我们而去。追思他的生平业绩，生命有涯，而精神永垂！他入党 60 年，担任党支部书记 32 年，留给后人一份十分宝贵的精神财富。

追思少年读书时

　　店口一小百年华诞，我有幸先读一批校友回忆录，这使我对母校更加思念。母校弘扬耕读传家古风，对我们恩重如山。

　　店口陈姓居多。宋室南迁，建都临安，与岳飞为友的始祖陈协，到店口定居，家学渊源，绵延耕读之风；到元代有陈志宁办店口义塾。我在 20 世纪 90 年代初参加《绍兴市教育志》会审，对此事印象尤深。教育人物传略中对于出生地好多介绍到县（市）为止，我在原始材料中得知陈志宁是店口人，提议人物介绍尽可能写到乡镇，得到主编章玉安的赞同。《绍兴市教育志·第十五卷·教育人物》有介绍陈志宁的内容。

　　店口一小在百年历程中，扬耕读之风，人才崛起，不仅使万千学子得到文化教育，重要的是涵养了刻苦耐劳的品格，孕育了坚韧不拔的精神，打造了五金管业的"硅谷"，支撑起当今新店口的发展。如今店口列为诸暨市第一强镇，是全国百强镇之一。

　　店口的地方名称具有市场特色。先人最早把"巅口"改为"店口"。曾有很长一段时间，店口邮局的邮戳上印作"巅口"，店口古称巅口，因处于三面环山的山巅之口而得名。中间一马平川，有上下金湖纵横。我家就在群峰苍翠的山坞里，地处三县交界处，一条叫甘岭，过岭就是绍兴县，一条为巧溪岭，过岭就是萧山。岭麓枫树洞下，清泉甘洌，从前萧山人过岭来店口，在洞口歇脚饮水。店口人有大山般的脊梁，有平原似的胸怀，这种品格荟萃于母校店口一小。

1955 年秋我进店口小学（一小），在进校门前，对我来说，学校充满着神秘感。校园外，两侧是长长的围墙，橘黄色的，显得庄严气派，可想象校园是何等风光！实地所见校园里有前后 2 个大操场，操场中间是两排标准教室。我从山中破庙旧庵里读完初小四年出来，感受更是非同一般。学校西侧为桥下山，有条名叫紫溪的清水间隔，不设围墙，清溪倒映山色，校园花木扶疏，在那美丽的环境里学习，时至今日，仍可追忆："校园翩翩花蝴蝶，嘉植露润月季花，心中长留冬青秀，故土百年发春华。"

店口小学的设备条件，在当时方圆二三十里内是最好的。不仅校园美，而且老师的教学水平也很高，对学生更是非常关怀。就谈我们五丙班班主任朱幼良老师吧，开学后有一天中午，眼看人家吃饭了，我却拿着饭无从下口。那时我是个午膳生，从家里自带中饭，在校用膳，却忘了带筷子。正为难时，想到班上第一次集会时，朱老师讲过，碰上困难可去找他。于是，我壮着胆子去办公室找他，全校老师都在那里用膳。朱老师得知后随即陪我到厨房向厨工师傅打招呼，从筷筒里抽出一双筷子交到我手。此事至今我记忆犹新。

老师的关心鼓舞，使我认真学习。当时我能光着脚板上山采野杨梅，走四五公里不喊累，在全校 600 名同学中却是"丑小鸭"，并不起眼。老师对学生从授之以"鱼"到教之以"渔"，促使我主动学习，期中考试后，我的成绩有了变化。从朱老师口中，我知道五年级 3 个班 150 多名同学中，我的成绩处于领先位置，一些不在五丙班任教的老师也开始注意我，向我打听学习方法。如五甲班的班主任明老师（校里多同姓老师，则以名字称呼），问我学习时怎么做笔记。新开设的地理课，大概同学们不适应，我考了 86 分是最高分了。从此我在同学中逐渐有了点知名度。

朱老师爱好书法，行书功底深厚。学校门口的校牌、同学的毕业证书和奖状，多出自他的手笔。朱老师语文课的作文命题，总是使我们有事可写，有话可说。有一次的作文题目是"拾稻穗"。因为秋收时学校有号召，大家课外活动时都到宝福寺、上下金湖一带田畈里拾稻穗，学校里稻穗聚沙成塔后，敲锣打鼓送粮站，献国家。朱老师曾把我的作文《拾稻穗》作为范文，在班上向大家讲评过。有一天早自修，少先队大队长傅玲玲送《店口少年》到班上，她在六年级乙班，很活跃。大队长衣袖上挂着三条杠杠的标志，可谓全校同学中最大的干部。她送的这张油印少先队报也刊登了这篇《拾稻穗》，班干部把它贴在教室墙上。这是我写作的最早启蒙。

我六年级时的班主任是骆子俊老师。这位灰白头发的长者学问多，教我们语文、历史，常插入几个小故事，让我们听得津津有味。我至今记得他教我们一个生字"毋"，他以字谜讲解："听听像爹，看看像娘。"又记得初夏一天，骆老师预先招呼，要我到诸暨县里开会，同学中还只有我一个人。这对一个13岁少年来说，是喜更是忧。我从未出过远门，到湄池姐姐家去看火车，也会在铁路边痴痴地看上半小时。到县城要乘火车，上车下车搞错了怎么办？忘了下火车，把我带到很远很远处怎么回得来！又问村干部，到县里开会要准备些什么，回答是要带被铺，吃饭也基本要自己解决。那是20世纪50年代初的事。我得知后，感到困难很多，开会的兴致早没了。后来骆老师知道我的心思，劝我不必担心，他跟我一起去开会，这可使我心中一块石头落了地。

骆老师和我走到湄池，上火车去县城开会。这是我第一次乘火车，讲实话，这远比我第一次乘飞机要惬意。飞机穿上云海后，行驶平稳，实在无所感觉。那乘坐的火车飞速行进，村庄、树木向后一排排退去，一切都在车厢内音乐的伴奏下变化着。火车很快过了直埠、白门两站，即到县城。感到还没坐够，就要下车了！出站后，人走在高高的石阶上，很气派，好像后来在南京中山陵下来后的感觉。开会几天内，伙食也是出奇好，仿佛在家里过年一样。

我和骆老师参加的会议叫"诸暨县中小学毕业生代表大会"。会议的内容是关于毛主席对高小毕业生务农材料的一份批示：农村是一个广阔的天地，在那里是可以大有作为的。那时，我一个山村孩子，对于上中学还是务农，并不觉得有多大差别，高小毕业也称得上知识青年了，何况老祖母总是说，书读到能记账就好了。看我堂哥陈娄20世纪40年代留学美国，最后人也没有回来。

那次会后正值毕业迎考阶段。那时考上店口中学（当时称诸暨第十初中）不容易。学校招 2 个初中班 112 人，而店口小学毕业的就有 100 多人，招生范围大到整个诸暨北部，东到阮市下木桥，南到湄池长澜，可谓竞争激烈。

1957 年诸暨县中小学毕业生代表大会紫东区代表，后排右起第三人为骆子俊老师，二排右起第二人为作者

意想不到的是我得到免试保送上中学的待遇。这消息传扬开来，使我父母下决心让我把书读上去。因为别人考不上没办法，我可直接升学是难得的。同学们也十分羡慕。小学毕业的一寸照，黑乎乎的，不知重印了几次，凡是同学向我索照的，我都一概给予。当时，我免去了复习迎考，就轻松得多、主动得多，但我依然每天到校，和大家一起复习。有位同学，他家开染坊，我还抽课余时间到他家帮助他复习功课，尤其是作文，因为作文在考试中占比分较多。那年作文的题目为"我最敬爱的人"。这位同学以我为作文内容，后得知还有一些同学也以我为写作素材。那位同学考上中学，他们全家都非常高兴，后来我家和他家竟成了世交。

回忆母校读书生涯多么美好。寄语年轻的校友，要继承故乡耕读古风，弘扬母校传统，铭记校训"勤、诚"，自强不息，日后为母校谱写更美的篇章。

（原载《摇篮情思》，中国文化出版社 2005 年版）

怀念店口中学的第一位老师

店口中学姚纯清老师

1956 年店口中学创办时的状况，如今的人们似乎很难理解。当时在诸暨北陲办这所中学，有其历史人文基础，也有时代发展原因，而追溯到当时的第一位老师姚纯清先生，在我们学生的眼里，师恩浩荡，用"伟大"一词来形容他也并不为过。

我是店口中学的第二届毕业生。因为在店口小学六年级就读时，学校分部就在四村南棠小学原址，离中学不到 500 米距离，中午也得在中学用餐，又值升中学的前一年，当时学校开办时的情形至今历历在目。学校创办第一年只有 2 位正式中学教师，一位是男老师，就是姚纯清先生，看上去 1.8 米的高个子，也许是篮球队员的关系，脸庞方长黝黑，仿佛有三四十岁的样子，看不准实际年龄，另一位是 1.5 米左右的小个子女老师王瑞懿，住在最早进入大门的右侧房里，带着一双儿女，丈夫在附近小学任教，王老师教文学和现代汉语（当时语文分两科），比较北方来的王瑞懿老师，姚纯清老师身强力壮，又是男老师，还是本县姚公埠人，自然要多承担学校日常事务，这不在话下。创办第一年，店口中学称诸暨十中，行政事务由店口小学的倪庭钏校长兼管，文理 2 门主课由 2 位中学老师任教，其余副课由在分部的南棠小学高年级老师兼任。

学校创办第一年没有新教室。时隔 50 年后重访母校旧址，那石岭庙中，戏台依旧，戏台两侧的厢房宛在，分别为首届 2 个班的教室，当时庙堂神像全无，依山而建的佛殿显得荒凉寂寞。姚纯清老师带着百余初中生，一边上课，一边还组织学生到茶亭运建房木料。第二年建的一排平房 4 间教室所用木料，当时水运到茶亭，由学生 2 人抬 1 根长七八米的杉木，现在校友们回忆起来，当时王老师因为体质，大概可以免除参加体力劳动，姚纯清老师则和同学们一起参加劳动。当时我们相邻的六年级同学也去帮运木料。本文写店口中学第一位老师姚纯清，说他是第一位，完全是从实际出发，没有一点虚张成分，他从首届学生一班班主任开始，参加创办时的实际工作，可谓艰难困苦。

1957 年秋，我作为店口中学第二届学生编入一班，适逢姚纯清老师当我们 2 班的班主任。当时我们班上的同学有应届生，还是少先队员，也有历届生，有的年龄已到了参军的要求。姚老师做班主任工作，无论是班会活动还是个别谈话，话语不多，但说话有分量，在同学们的眼里，姚老师十分威严，即使遇上十分淘气的事，他也没有严厉批评，学生总愿意听他的。因为他的内心总是充满着爱意。记得 1959 年"大跃进"年代，我们初中学生奉命参加秋收冬种，姚老师带我们到下金湖割稻，而且不分白天黑夜，有一天从晚上割到天亮，当时称为"通天晓"。大约四更时分，不知哪位守纪律的同学向姚老师报告，说"陈伟权在稻草堆中睡熟了"。可以猜想，按照当时参加劳动时宣布的纪律要求，我一定得挨批评了。我在稻草堆中虽然睡得很香，但仍在迷迷糊糊、似睡非睡的梦境中，只听到姚老师说："不要去叫醒他，让他休息好了。"

现在回想起来，姚纯清老师在教育上有人情味，最实事求是。但在那个年代，政治运动多，一会反右派斗争，一会"插红拔白"，我们学生虽然不太清楚内幕，但隐约也听到有的老师右倾挨批，遭处理。姚老师不善言辞是他的表象，他一辈子讲话谨慎，处事低调，在店口中学工作直至退休，从未有提拔，也没有遭过多大厄运。据学生所知，他是一位认真教学的普通教师，他身上体现了教师是人类灵魂工程师的伟大元素。

姚纯清老师是教体育的，学校创办前期，他是学校体育教学的顶梁柱，尤其是一年一度的校运动会，形式上是校领导出场，实际上是姚纯清老师唱主角。从首届开始，每年校运动会上，姚纯清老师就是总裁判，负责编写运动会秩序册，那是细致又烦琐的工作。教育要抓德、智、体，体育是教育的一项重要工作。其中不乏有体育健儿为姚老师所关注，但他对平时体育运动水平平平的学生照样爱护有加。我的体育成绩只有 60 多分，可以说对体育项目一无所长，每逢开运动会，我最希望一个项目也不用参加。姚纯清老师仿佛知道我的心思，干脆派我担任运动会的总记录，在运动会的秩序册上，我那总记录的名字也赫然在目。

姚纯清老师对学生的个性爱好也总是予以鼓励。他教体育也教数学，我则喜欢语文，姚老师总是给予多方鼓励，推荐我去当学校图书馆管理员。那时，学校设在山顶上的图书馆，由上面拨款建造，备有多种书籍包括中外名著，可让我在那里尽情浏览，仿佛在知识的海洋中游泳似的，在假期里我也以整理图书为名，带着中餐在山顶的图书馆里读书。我在初中一二年级时，作文也并不怎么出色，姚老师在我的成绩报告单上却写上我"爱好文学"的评语，那成绩单上的硬笔字整齐划一，看上去横平竖直，颇见风骨，这对我后来影响很大。初中三年中，开始强调教育与生产劳动相结合，大炼钢铁，抢收抢种，生产劳动过多，后来又从一个极端走向另一个极端，抓知识质量，唯一有效的指挥棒是统考。1959 年宁波地区（当时诸暨属宁波地区）和嘉兴地区联合统考，师生们迎接统考那股劲，远比组织"通天晓"割稻要起劲。店口中学当年的统考质量，在诸暨同类学校中名列前茅，据当时学校教语文的陆雷老师透露，统考语文试卷中作文满分为 50 分，我以当时新建的湄池大桥为作文题材，得了 48 分，仅因标点不当被扣了 2 分。当时仿照苏联，强调集体荣誉，个人名次不太张扬。后来我和冯文炜、周宗祥、何援军、谢神厚等考入学勉中学。当时诸暨中学以理科见长，学勉中学以文科闻名，这为我后来从事写作奠定了基础。

我自 1960 年店口中学毕业后，半个世纪中，对母校情深深，师恩萦心怀，却到 50 年后才重访母校，问及姚纯清老师近况，不甚了了。像姚纯清老师那样的个性，不计名利，在教育上默默无闻，也许不会被人了解，各类优秀教师评奖，也可能没有他的份，但是，姚纯清老师在他的学生心中，永远是为人师表的丰碑。这也正是人民教师的伟大之处，评上全国优秀教师虽然值得颂扬，但像姚纯清老师那样默默无闻地奉献于教育事业更值得后人尊敬。

（原载《店口忆·店口中学五十周年同学会纪实》）

学勉岁月琐忆

1963 届是学勉中学第三届高中生，2 个班同学度过 3 年求学的艰苦日子，至今年轻一代似乎难以置信，却又是我们这届同学亲历之事，记忆尤深，琐记一二。

共菜情深

高中部设在枫桥镇旁早年的大东乡校，三进老楼房，第一进门楼，第二进大礼堂，第三进楼下是教室，楼上是师生宿舍。当时校舍已陈旧不堪，但房屋相连，雨天不必撑伞。教室门口有水缸，由班上同学轮流挑水，供大家淘米蒸饭。吃饭时同学们在教室里总是几个同学搭伙吃菜，小菜多从家里带来，要吃上十天半月，谈不上美味佳肴，但小菜花色多了，吃起来津津有味。何援军回忆当年和蔡小海、高才林共吃一小钵头干菜，算吃得上乌干菜白米饭，也许他们边吃边聊、同学情长，数理化成绩也长进了，考上有名的北大、浙大。方则良、方仲孝和我也是共菜制，一次我的感冒咳嗽十分厉害，当时相互也不戒忌。为省一点小菜，常常临时加些酱油。方则良一天从"K字桌"抽斗里先倒了"酱油"，三人吃起来感到奇怪，怎么会有甜味。原来则良把我的咳嗽糖浆当作酱油用了，说来也是苦中作乐的逸事。

以上讲的已是高二、高三时候，生活更困难的要数 1960 年冬至 1961 年春，也就是高一阶段，教育与生产劳动结合的余波未息，大家到初中部紫阳宫方向挑粪种菜，参加不远处山下建校劳动，有时还配合枫桥的中心工作到荒芜的田里除草。回校吃的是3分钱一碗的冬瓜汤。那年冬春之交，几个同学在井台西边的房屋南墙下坐着不动晒太阳，好让薄粥在肚里慢些消化、耐饥一点。朝南墙角提早长出的绿色棉花草，我们拔来加入盛饭钵头内和米共煮，拌上家里带来的菜油炒的油盐，吃起来又耐饥又美味。记得我患支气管扩张咳血，校医指导我用井水擦颈部胸部，从初秋开始，经寒冬到翌年春上，天天在夜自修后用井水擦到发热为止，终于得以祛病健身。

小木桶之恋

饮茶有利身心健康，绿茶尤甚。但是品饮绿茶适宜没有胃病之人。我一直爱饮绿茶，肠胃健康，说来要感恩在学勉岁月中陪伴我的小木桶。

小木桶伴随我在枫桥3年。当时我要从诸暨正北端的山坞到诸暨东边的枫桥，足有60华里的路程。除了从朱家站乘渡船到陀山坞上岸，花上2角钱之外，全靠迈开双脚步行，开学时，扁担一头挑着书包行李，一头挑着小木桶里面装着大米小菜。每隔半个月由父亲送米菜一次，还有半个月由我回家去拿米菜。父母对子女总是无私的。有年冬天，父亲返程时天黑，跌入石灿头水库，好在枯水期安全无恙。我回家时，往往周六做完作业已是下午两三点钟，到家已是晚上八九点，第二天九十点钟便匆匆回校，带上母亲炒熟的六谷、番薯片，有时还带点香榧。记得有一次随身带上油沸过的高粱饼，中午我从阮家埠走到下木桥路上，边走边吃，细嚼缓咽，那味道真够美。

存放在小木桶里的，除蒸饭米外，总有炒六谷、番薯片存放着，我不图一时吃够爽快，总是有计划，做到细水长流，待到饥肠辘辘，吃上一些充饥。回想起来，至今我肠胃健康，这是好习惯有益于我。

小木桶有恩于我，还得感谢同班同学骆思云。他家在枫桥东和山区，种六谷，产香榧。他经常帮我用粮票和钱去换这些食品，使我从未断档。

小木桶是请箍桶师父定制的，高低刚能塞进睡床下面，周围用铁丝箍着，再装上铁环，可穿绳子，方便挑担。上面半个盖固定，半个盖有铁攀可加锁，显得精巧合理，父亲还请村里书法最好的益坤先生写上我的姓名。

小木桶至今陪我快 60 年了，可亲、可敬、可恋，仍留在我宁波家中。

履职小记

看到有几位同学在回忆中有"店口干校"之说。这"干校"其实不局限于学生干部，多指学习骨干。1960 年店口初中第二届有两班初中毕业生，年龄较大的多进了中专、技校，年少的读高中，考上学勉中学的比考上诸暨中学的成绩要优异，新办高中的学勉中学校长，深知招生第一关的意义。来自店口的何援军、冯文炜、周宗祥、金文苗等，后来都进了名牌大学，为母校争光。

当时的学生干部也是顺势而为。（2）班的杨尚根是学生会主席，陈湘达是班上的团支部书记，毛仕龙是班长。我们（1）班高一第一学期任觉仙任团支部书记，楼望才是班长。后来任觉仙到部队服役，楼望才休学。（1）班由来自店口的冯文炜和我，分别担任 5 个学期的团支部书记和班长。

2003 年，陈佐天同学到宁波赠我有诗，前四句为："四十年前砺妙龄，晨昏枵腹共油灯。曾冠群季领班长，堪列大贤驰甬城。"诗歌难免有夸张之辞，但"晨昏枵腹"当班长则是事实。上大学看中成绩，谁都没有刻意想当学生干部，纯粹出于为同学服务之心。当时好多同学辍学，到高三毕业时，我们（1）班只有 22 人。其他同学走上另一条奉献社会、奉献家乡之路。现在看来，也是条条大道通罗马，大家事业有成，晚年安宁，后继有人。

（原载《学勉情怀·学勉中学一百二十周年志庆》，北京理工大学出版社 2019 年版）

春晖亭记

　　人身发乎父母，养育于故乡。此恩此德，山高水长。吾乃游子，萦系心怀。于毛园父母坟茔之侧，筑亭以志。由名石之乡宁波大隐非遗石雕传承大师金星乔建造，青石来自重庆市万县，花费十万元，于二〇一四年清明建成。亭柱楹联"天高地厚青山在，恩深义长宏德存"。冀希后人，百善孝为先；以寸草之心，报三春之晖，故名春晖亭。

（原载《义门陈氏第十四次宗谱·卷十》）

春晖亭

义门陈氏第十四次宗谱序

　　店口义门陈氏宗谱（第十四次），洋洋洒洒、百帙巨著，展现陈氏族人，同根同祖，同血同脉，宗缘睦族四方，宗亲历久弥新；此乃陈氏门第精神财富，亦为地方传统文化盛事！

　　始祖陈协，曾任南宋临安门户"浙东茶盐公事"，浙东茶叶、食盐为朝廷税收的丰厚财源；他又负有监察举刺州县一级职能，其职务近于宁波、绍兴和台州三地合一的财税局长兼监察局长。陆游、朱熹也出任过"茶盐公事"。陈协累官至荆南路湖北襄阳制置使，左朝议大夫，他与岳飞交好，不与议和，又系姻亲；奸佞排挤贤臣，陈协贬官，未列当时官修国史，归隐至店口白鹤山，亦为后人记史所略。

　　店口地处诸暨、萧山和绍兴三县交会处，勾践之父越王允常建都的埠中之地。琴坞、里市坞、大山坞、小山坞、蔡家坞，山峦连亘，形成三面环山的山巅之口，山色秀丽，中有上、下金湖，势若骏马奔平川。陈协隐居店口，自宋以降，子孙繁衍，谱写店口八百余年的神奇史话。

　　陈氏族人，耕读传家；元代义塾、义庄，声播朝野，敕封"义门陈氏"；兴学遗风，创"明诚"、建"紫北"，开发店口，济济人才，筚路蓝缕，奔波于境内海外，予国予家多有建树！名宗陈祠、标志望族，史谓"店口·陈"。当代地域扩大，延至湄池、长澜及白塔湖畔，孕育着"城·店口"。

今日店口，农业崛起、工业兴旺、商贸繁荣、交通发达，此乃历史店口的发展。宗谱从世系、传记到名录等各个领域，述而不作，内容翔实，有案可查，既有当代俊才事业有成丰碑，又有异国他乡后裔寻根依据，圆"我是谁，从哪里来"的遗梦。

编纂第十四次义门陈氏宗谱，与戊子年（公元 1948 年）第十三次编纂，相隔 60 余年。承上启下，头绪纷繁，又开男女平等新风，涵盖面广。编纂人员甘坐冷板凳，默默耕耘，又迈开双脚，广泛调查，凝聚多年心血。此中甘苦，常为局外人士非解。好在陈氏后人深谙司马迁所言："人不知祖，何异禽兽。"他们崇敬列祖列宗，又对子孙后代负责，扛起了义门陈氏的大旗，有钱出钱，有力出力，也有既出钱又出力的，编纂宗谱得以成功。义门陈氏宗谱，包涵众多信息，还可资店口的历史和现状。

义门陈氏宗谱

自古至今，国家有史书，地域有方志，家族有谱牒，史、志、谱融合成优秀的传统文化。

最是文字能传神，激扬千秋儿女心。编纂义门陈氏宗谱的价值，会随岁月递增，自然与日俱升。无论是故乡族人，还是他乡游子，均会出自肺腑，向所有为编纂陈氏宗谱出力的人士致敬致谢！

是为序。

（原载《义门陈氏宗谱·卷二》，题目为作者所加）

九

附 录

春风雨露品《茶风》

——读陈伟权的茶文化新著

竹潜民

    我与陈伟权先生是上下届的老同学。当时他在浙江师院中文系是知名度比较高的学生干部，我们彼此认识。20世纪60年代末期毕业分配后失去了联系，只依稀记得他到余姚去了。1984年前后，我在外地工作，在当时全国影响很大的《新观察》杂志上连续看到几篇署名"陈伟权"的文章，记得是写余姚杨梅、茶叶的散文，从文中可看出采访很是深入，文笔细腻生动。我就在想这位"陈伟权"是不是我的那位老同学，还专门托人打听了一下，回答说是的，现在余姚从事新闻报道工作。我为老同学在新闻工作上取得的成绩感到由衷的喜悦。现在想来，那几个写余姚茶事的作品可能就是他茶文化研究的起步之作。

    80年代后期我与陈伟权相继调到宁波市工作，我们又联系上了。进入新世纪后，他开始全身心地投入茶文化研究。从市人大常委会研究室退休后，他到宁波茶文化促进会任驻会的副秘书长，主管促进会的文字工作，前后10年，为茶文化事业做了大量工作，编辑出版了27期《茶韵》。在他的鼓励、支持下，我认真读了多本茶文化著作，写了近10篇茶文化的书评和散文，也算勉强跻身于茶文化研究的行列。

    人说"十年磨一剑"，但如从80年代初期算起的话，对于伟权兄来说，可算是"三十年磨一剑"了，在多年茶文化研究的基础上，他于2013年新年之际出版了集茶文化研究之大成的散文随笔集《茶风》。看到这本封面淡雅、装帧大方，凡80篇、合6辑、20余万字的书，我首先感到的是书名起得很好，仅仅"茶风"两字，看起来简单，却显得朴实、厚重，给人联想的余地。茶风，是什么样的风？从哪里来的风？是什么样的风气、风味，抑或是什么样的风格、风韵？我不禁想用带有"风"字的成语来形容这本书，如"高节清风"，是对茶文化品质的概括；"文采风流"，是全书文风的写照；而"风土人情"则点名了这本书的内容，书中有很多记载浙东特别是余姚风土人情的篇章。但最后，我还是借用"沐雨栉风""笔底春风""余韵流风"三个成语来评价伟权兄的《茶风》。

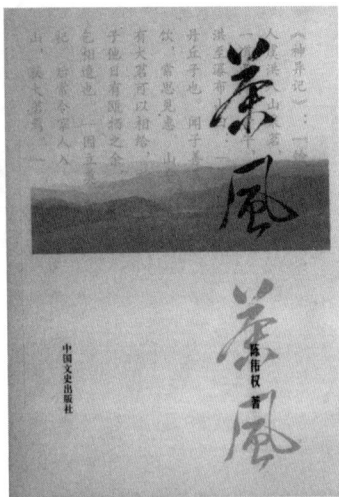

陈伟权所著的另一书《茶风》

"沐雨栉风"，意思是雨洗头、风梳发，形容旅途的劳苦，以此来描述作者采访、写作过程中的艰辛，十分贴切。

打开《茶风》，你就会发现，陈伟权的足迹踏遍了宁波的大地，有鄞州的大梅山、横溪、韩岭，奉化的尚田、黄贤、岩头，北仑的春晓镇、瑞岩寺，江北的慈城、计家山，宁海的茶山，慈溪的上林湖，等等。为了寻找天童寺附近的虎跑泉，他请导游，翻山岭，历尽曲折，甚至当地人都劝他不必再找了，但他还是不甘心，最后终于在太白山里找到了差不多已被湮没的泉涡，还在青苔石壁上依稀看到一个"虎"字。而余姚就更不必说了，他走遍了第二故乡余姚的山山水水。到河姆渡，不仅仅在河姆渡观光，还要寻觅河姆渡畔名为"黄墓渡"的茶亭和碑文，然后做出河姆渡名称来历的考证。到化安山，不仅仅是瞻仰黄宗羲墓，还要探访陪伴着伟大思想家的化安泉，研究余姚乡贤对茶文化做出的贡献。而对于以生产优质茶叶著称的四明山，伟权兄就更加娴熟于心，白水冲、仰天湖、羊额岭、升仙桥、丹山赤水、阴地龙潭，一一道来，如数家珍。"四明八百里，物色甲东南"，作者对四明山的感情溢于言表，以至于给读者的感觉就像是与四明大地拥抱在一起，在与四明大地亲吻。

"笔底春风"，意思是诗文生动，如春风到了笔下。读《茶风》一书，确乎有这样的感觉。

深入的采访和调查，为精美文字的诞生创造了条件。伟权兄的新闻通讯在 20 世纪 80 年代初期就被北京的重要刊物看好，并非偶然，注重调查、细节丰富就是重要的原因。如 1984 年发表在《新观察》上的《四明山上三十年》，写的是扎根四明山 30 年的种茶农艺师陈玉汉的事迹。这篇人物通讯一开头，写作者到了余姚梁弄区公所，林业特产局的老刘对一个老头以命令的口吻说："大老陈，快拿竹叶青待客。"作者不知道"竹叶青"为何物，只见大老陈到了里屋，半天没有出来，就觉得这个浑身土里土气的老头动作真慢，待大老陈拿出沏好的茶叶，一尝，只觉得清甜甘洌、齿颊生香，一交谈，才知道这个其貌不扬的老头是有一番来历的，是得到当代茶圣吴觉农真传的农艺师。接着作者便娓娓道来，说起陈玉汉的半生经历，赞颂他对四明山茶叶事业做出的贡献，这种"先抑后扬"的笔法给读者留下了深刻的印象。除了作者擅长的散文随笔以外，还有不少文章以严密的考证和说理的逻辑性见长，达到了一定的学术水平，如《茶圣陆羽浙东行》一文，详尽地考察了陆羽公元 8 世纪 60—70 年代在余姚一带跋山涉水的过程，并分析了陆羽为何在《茶经》中盛赞"浙东以越州上"，并在《茶经》注释中写下了原因："余姚县生瀑布泉岭曰仙茗。"这就为沉睡了多年的名茶"瀑布仙茗"重见天日奠定了史实的基础。《红楼梦写有以茶养生》一文，不仅剖解了贾母、刘姥姥、妙玉及大观园众姑娘不同的喝茶方法，贾母、刘姥姥长寿与喝茶的关系，还比较了小说中写到的龙井茶、君山眉、六安茶等名茶的异同，知识含量丰富，读了很长见识。

"余韵流风"，意思是指流传后世的韵致、风度、风格。也就是说，《茶风》一书能给读者多方面的启示。

综观陈伟权的茶文化研究，我觉得最可贵的一点是：他不仅仅是搞一点文字，而是身体力行，直接为创造名茶的品牌做出了贡献，也就是说将文化与产业结合了起来。而很多文化人是难以做到这一点的。如笔者，退休后也有一些单位请我搞一些策划，我明明白白地对他们说："让我舞文弄墨写几句也许可以，但让我打造一个品牌，直接促进企业的发展，那是绝对没有这个本领的。"而陈伟权却不是这样。80年代初，当日本客人希望能喝到陆羽《茶经》中提到过的瀑布仙茗，浙江省有关方面全力寻找这种古代名茶的时候，陈伟权直接参与了此项工作，先是研读陆羽《茶经》中引用的《神异记》传说，余姚人虞洪入山采茗，遇道士丹丘子，示"山中有大茗"。接着根据这个记载，陈伟权跑遍了四明山水的每一个角落，在大山深处考证陆羽寻访的史迹，查访到刘纲、樊云翘夫妇在四明山喝茶、修道、成仙的传说。有关方面根据陈伟权考证的材料，多方核实，最后确定四明山白水冲瀑布附近产的茶叶即是瀑布仙茗。陈伟权为名茶"瀑布仙茗"的失而复得、重出江湖做出了贡献。他到茶文化促进会工作后，也与茶界保持密切的联系，茶叶企业有什么需求，他就尽心尽力地帮助解决。他的这种行为风格，确实是值得像我这样只会"纸上谈兵"的文化人效仿、学习的。

当然，这本书也有一些不尽如人意之处，如书中夹杂了个别几篇与余姚、茶叶没有关系的篇章，处理上就有些不妥。一个作者出一本书不容易，出书时想将近些年所有的作品收集进去，这个心情可以理解，但读《茶风》的时候，读到与茶叶、余姚完全没有关系的文章，总会有一点突兀之感。其实，在编书的时候略加技术处理就可以解决这个问题，如将此类文章单独编一个"外编"附在书的后面，那么此书的纰漏就消除掉了。当然，瑕不掩瑜，阅读这本书的快意是非常明显的，从中得到的滋养也是很丰富的，所以，当书评写成，为拙文起一个题目的时候，我还是想到了一个带"风"字的成语，将书评题名为《春风雨露品〈茶风〉》，想来是再恰当不过的了。

（原载《宁波日报》2013年4月1日，《茶韵》2013年第1期，文字有改动。

竹潜民，宁波工程学院教授）

踏遍宁波四明山 深传浙东茶文化

——读甬上文化名人陈伟权《茶风》等书籍及大量散文著作

王 燏

陈伟权先生是宁波市著名的文化人。他于 1967 年毕业于浙江师院中文系，后分配在余姚长期从事文化教育工作，担任过校领导。他是浙江诸暨人，由于他长期在余姚这片土地上工作和生活，对余姚特别眷恋、热爱，加上一贯喜爱写作，在北京、杭州、宁波、余姚等地报刊

2017 年 3 月 18 日，作者在中国港口博物馆（北仑）
做海上茶路讲座

上发表了许多篇充满浓郁余姚乡土气息的散文、报道等，深受各方关注和称赞。后调入宁波市人大常委会研究室工作，任《宁波人大》（双月刊）杂志编辑部主任，在竭尽全力搞好文字编辑、出版和发行工作之余暇，仍笔耕不辍，宣传宁波，宣传余姚，在国家和地方报刊共发表了 300 余万字的文章，出版过《中国可有第二庐山》《迷人的杨梅王国》《山高水长》《茶风》等书籍。2003 年退休后转入宁波市茶文化促进会工作，并担任副秘书长、东亚茶文化研究中心的研究员，主持编辑季刊《茶韵》，至 2013 年"第二次退休"。自转入茶

文化研究会工作后，他把主要关注点和精力都投入茶文化的研究和推广上来。除了办好杂志外，他趁出差或开会之际，经常去余姚等茶叶生产地、茶文化发祥地踏勘、采访，深入调查研究，以独特的视角、缜密的思考和细腻的笔触，写出许多篇脍炙人口的有关茶文化的文章，成为介绍、宣传宁波茶文化的重要资料，在国内甚至国外如日本、韩国等都有相当的影响。

下面我重点评述一下陈伟权的新著《茶风》一书。

我的理解，书名《茶风》，寓意宁波地区的人民自古以来生性比较温和，讲究亲情、睦邻、和谐，反映在生活、生产上就是喜欢种茶、喝茶，以茶会友、待亲，这样久而久之，形成千古以来社会上的种茶和喝茶之风。"柴米油盐酱醋茶"已成为中国人日常生活不可或缺的生活资料，而喝茶饮茗已渐成为社会风习、风尚。陈伟权就是据此来写茶事文章的。

《茶风》由中国文史出版社出版，共 20 余万字。正如书中内容提要所述，从河姆渡文化系列原始文明到当代茶人的风采，从海上茶路起航地到宁波茶树传入地格鲁吉亚，所写文字充实了"茶的故乡在中国"的内涵，扩大了中华茶文化发祥地的外延。全书文化气息浓厚，读后能增强个人文化素养，懂得许多茶知识。它的出版也促进了宁波特别是余姚茶叶与世界各地的文化交流。陈伟权写茶事文章，不是就事论事地只写茶的种植情况，而是脚踏实地细致入微地考察产茶地特有的地形地貌，风土人情，搜集那里的历史典故和与茶事有关联的民间传说、古今诗文，并将其融入如何种茶、喝茶的事实描写之中，这样使写茶的文章有深厚浓重的文化气息，而且写了偏安江南一隅的这个产茶地的独特地理环境，使读者感受到江南的山清水秀和独特的风土人情，好像是跟着文章的描述和介绍去江南山乡神游了一遍，感到很过瘾。陈伟权写茶事的文章给读者留下那么深刻的印象，其缘由之一就在于此。

《茶风》全书共分 6 辑。第一辑千秋茶风，共载有 14 篇文章。作者紧扣"千秋"做文章，写了 7000 年前后新石器时代余姚河姆渡遗址已有先民种茶喝茶的遗迹和历史记载，说明那时已有人类初期的茶文化存在。《六千年古茶树根寻访记》写 2008 年 11 月一批茶学专家在余姚聚会探讨中国绿茶之源时，听闻日本金泽大学学者在余姚田螺山遗址研究报告会上传出的余姚考古发现6000年前的茶树遗存的信息。接着，作者随宁波市文物考古研究所研究员林士民先生等有关人士到田螺山寻访、考察，终于在出土的稻谷、橡子、菱角植物遗存中发现一个小陶器，有出水的小嘴口，把手和嘴口成90°直角，近似民间用的小茶壶；还有出土后一直保存在水中的块状茶树根。作者和专家们在考古发掘现场，发现茶树的地块，约10平方米，有许多枝条状的树根及根须，它们出土时全部直立，明显具有人工栽培的特征，均系山茶属的同种树木（后经日本东北大学铃木三男博士检测为山茶科中的茶属植物）。这样的文章传播的文化科学气息是何等浓重！《解读瀑布仙茗古茶碑记》记述了余姚梁弄镇道士山涧边岩滩中，至今仍生长着一株株高大的野生古茶树，具有重大的科学、文化、经济研究的价值，宁波及余姚两级政府共同出资在这一带设立了古茶树保护区，并立起了瀑布仙茗古茶碑。作者还对碑文进行了逐段诠释，"此处乃瀑布泉岭"，地名来自《茶经》，写出产好茶的独特的生态环境："溪瀑纵横"多指雨期景象，平时林木茂盛，泉流隐入茂密的树木草丛之中，多股涓涓泉水，集中到白水冲上头，形成多道水源，最后形成白水冲大瀑布，古茶碑记描述为"直卷悬崖千丈雪"。山岭上的卵石路旁、溪水边，长有野生的大茶树，印证了《茶经》所述——"上者生烂石，中者生砾壤，下者生黄土"，厚壤沃土，草木森森，滋生千古奇茗，生动地写出了瀑布仙茗独特的地理生长环境。浙江省原省长吕祖善写浙江茶的起始也是以余姚四明山瀑布泉岭的古茶历史为依据的："茶，源于中国，在浙江省有悠久的历史。早在汉代浙江就开始种茶，在漫长的历史进程中形成了丰富的茶文化，是中国茶文化传播海外的主要省份，也是当今中国的产茶大省和茶叶科研教育的重要省份。"这些文字描述，生动地反映了浙江余姚在古代就是生产名茶和中国茶文化传播的重要地区之一。

《大岚茶事碑》《茶圣陆游浙东行》《解读奉化曲毫赋》等文章无不传播浓郁的宁波茶文化气息，突出宁波茶文化自古以来就受到社会重视和文人墨客的讴颂。

《径山茶与海上茶路》《高丽王子与宁波茶禅》《日本茶祖荣西的宁波茶缘》

《格鲁吉亚和宁波茶缘》《世界茶禅文化与宁波茶会碑》等文章都有实有据地写出宁波茶叶的种植和茶文化向世界各国推广并广受推崇的情景。

第二辑茶事纵横，载有 12 篇文章。大多是写宁波多种名茶的产地种茶、产茶、销茶、说茶的文章。也有写作者和专家们一起去考察 7000 年前河姆渡新石器时代瀑布仙茗发祥地，在余姚田螺山遗址挖掘出 6000 年前的古茶树根，经日本东北大学博士铃木三男检测为山茶科中的茶属植物，后经中国农业科学院检测，其所含的茶氨酸，为茶树所独有，瀑布仙茗就出产于此。还有写"汉仙人丹丘子"发现四明山中有大茗，惠泽余姚人虞洪的故事。特别是唐代茶圣陆羽著《茶经》说余姚瀑布泉岭产茶曰仙茗，更证明了四明山古代已产瀑布仙茗，扬名天下。有篇写东汉年间，上虞县令刘纲和妻子樊云翘为赈济灾民，向县内豪富借粮到期还不出，弃官而去四明山潺湲洞修道，拜有仙术的白君为师。在白君指引下，刘纲在丹丘子植大茗之处采得大茗，每日饮之，醒脑提神，助他修道成仙。现在那里仍存有"升仙桥"等古迹。有写 70 年前四明山上大岚中共领导的茶农运动的。当时茶叶价格受茶商压制，加上乡保长称霸一方牟利，1 斤茶叶只能换得 1 斤大米，茶农难以生存，当时梁弄产茶区和大岚地区饿死的就达 2000 多人。1939 年在中共浙江省委书记刘英、宁绍特委书记杨思一、党的特派员朱之光领导下，茶农开展斗争，终于迫使国民党县政府做出让步，以 1 斤茶换 3 斤米的价格，责令茶商收购，政府帮助打开销路；拨救济粮 3 万斤，并责令梁弄区设立购粮站；山货土特产的税收酌情减免，用秤一律改作市秤。这次斗争取得胜利，大大地提高和扩展了中共在四明山地区的影响。由上述可见，陈伟权的茶事文章中古今人文气息是多么浓郁！《印雪白茶探微》《宁波贡茶盛衰记》《贡茶产地谱新篇》等文章写到实地详细考察产茶地特殊的地理环境，搜集了当地历史传闻，传神地写出宁波、余姚地区生产的另几种名茶，如印雪白茶、贡茶等的生产过程、发展轨迹和人文风貌。印雪白茶的生产基地在四明山脉的余姚、奉化和天台山余脉的宁海等地。文章称印雪白茶的发源地为余姚四明山镇大山村，他们送审的印雪白茶 2003 年由中国农业科学院检测，茶样氨基酸含量高达 13%，远超其他茶叶 4%—8% 的含量，因此三度荣获中国名优绿茶的金奖。宁波贡茶早在宋末元初已在生产，由南宋降元将军范文虎，每年向朝廷进贡，让蒙古人常喝茶以解常吃牛羊肉积淀于体内的油腻，因此贡茶名望很大。后因元、明、清朝代更迭，贡茶曾几经盛衰。20世纪末，浙江省领导到贡茶原产地车厩岙故址考察，发现那里还有曦茗（即贡茶早先的名字）在种植，便示意在此扩大曦茗的种植范围，并由中国农业科学院规划种植面积300亩，和当地茶农共同开发种植，专用农家肥和从上海定购的有机茶园肥料，绝对不施化肥、农药，终于生产出一流的曦茗茶，在全国性的名优茶的评比中获得金奖。

第三辑走近茶人，共载有12篇文章。重点写种茶人历经千辛万苦，拜师学艺，加上自己多年实践奋斗，总结种茶技艺，创制优质的宁波茶叶。奉化安岩寺所产茶叶曾6次蝉联"中绿杯"金奖，这和"胡公大帝"一生嗜茶，以茶养生、养廉并积德和惠于民生的传闻有关。北宋时期杭州刺史胡则为官清廉，一生惠及民生，后人感恩其德，尊其为神，在安岩寺立像奉拜。奉化尚田镇一带的人们世世代代受其茶风影响较深。种茶人黄善强等在安岩寺附近茶山上种出了品质优良的安岩寺白茶、滕头白茶。

《探古问茶大梅山》中作者笔扫纵横，说古谈今，介绍了古今名人梅福、严子陵、姚燮以及当今宁波名人徐季子在大梅山与种茶议茶密切相关的逸闻轶事，大大增强了茶文章的历史和文化底蕴。《叶隽煎茶诀与日本茶道》《四明山上有位平水帮茶商》《四明山上三十年》《用心制茶的鲁孟军》《欣看茶家创二代》等文章，写为创建宁波和四明山系列名茶，当地人开辟和扩大种植园地，精心栽培，用心焙茶，取得了骄人的成绩，不但使宁波和余姚一流的绿茶愈开拓愈多，而且种茶事业后继有人，国内和世界的知名度也愈益响亮。

第四辑名泉寻踪，共载有12篇文章。根据好茶必须好水配的通规，这辑文章全写的是去宁波各地的名泉寻踪。奉化溪口虽有千丈岩瀑布成为当地的美景，但根据《茶经》所述"石池漫流者上；其瀑涌湍漱，勿食之"，故千丈岩之水不宜泡茶，必须另寻佳水。雪窦山上，也有清泉缓流石上，汇成多处泉井，如入山亭旁有古井，"冬夏不涸，其味甘冽"，还有雪窦山商量岗上，有美龄泉，位于蒋介石、蒋经国父子所住的洋房别墅旁边，传说宋美龄曾用此泉水泡茶招待过吴稚晖、张学良、张治中、陈布雷等民国要人。还有龙泉山腰隐龙泉、余姚客星山"华清泉"、姚西典藏美女泉、伟人黄宗羲灵魂常伴的化安泉、余姚丹山赤水下深达2米的古泉、越国乡野计然泉、鄞江古镇好泉、大宝山藏大宝泉、育王寺妙喜泉、福泉山顶品福泉等。作者为寻找宁波等地泡茶的优质水源，跋山涉水，踏勘水源，还搜集了当地名泉的传说、典故，更彰显了这些名泉深厚的文化渊源。尤值一提的是，被称为佛教五大名刹之一的宁波天童寺，茶禅一味对日本茶道形成有直接关系。作者听闻太白处处有好泉，历史上著名的要数虎跑泉，但虎跑泉究竟在哪里，很难寻觅。作者抱着"不到长城非好汉"的心态，在曾任天童林场领导的王良衍陪伴下，攀登长有荆棘的高山，遍寻湮没已久的虎跑泉。在寻找虎跑泉的路途中，他们有的手臂被刺划伤，有的皮鞋进水，最终在天童溪旁找到"虎跑泉"，现在已成一个泉涡，周围岩石参差，泉边有一石平如板壁，依稀可辨"虎"字笔画。虎跑泉值得一看的是，它有耐人寻味的历史典故。传说鬼谷子游太白山，他不骑马，不骑驴，不坐车，用的是前虎后豹。鬼谷子的老虎有灵性，到虎跑泉近旁，双脚跪地，刨泥去石涌水。于是这里就被后人称为虎跑泉。历尽辛苦终于找到这处名泉，作者心中别提有多高兴！

第五辑且听风吟，载有15篇文章，主要写饮茗喝茶的好处。第一篇文章《漫话成功人士与茶》就说大凡事业成功的人，都与茶有缘。当今宁波著名企业家、慈善家储吉旺说："茶馆的环境大多比较清静优雅，它的气氛非常适合谈生意，尤其是双方为价格僵持不下时，喝喝茶，聊聊天就可以缓和气氛，也可以随时转换话题，因此喝茶谈生意非常适宜。"又以驰誉海内外的方太厨具公司董事长茅理翔为例。每逢为企业发展做出重大决策前，香茶便成了他最佳的伴侣，一杯茶，一支笔，一叠纸，细饮慢酌，凝神思考，在写写画画中完成了如何去办好企业、发展生产的重大决策。他还被北京、杭州、宁波多所大学聘为兼职教授。这位年逾六旬的企业家，对茶情有独钟。一天下午在清华大学讲课，一连讲了3个小时，晚上又连轴转到北京工商大学讲课，靠的就是几杯茶解渴提神，不哑嗓门。我国历代以茶待客，以茶会友，以茶养廉，以茶自省，已成风习、茶德。所以中国有理智、有文化修养之士多喜饮茶啜茗。《山居饮茶记》写到唐代卢仝、明代黄宗羲在四明山饮茶作诗的佳话。还写宁波茶漂洋过海传到朝鲜、日本及欧洲。原来英国人的主要饮料是可可、咖啡，把喝茶当作禁忌，后因凯瑟琳皇后了解到喝茶的好处，带头提倡英国皇室饮茶并推广至民间，如今英国年人均消费茶叶在 3 公斤以上。还写了《红楼梦》贾府主仆以茶养生、为乐。《红楼梦》一书中有关茶和茶事的叙述多达 263 处。从贾母、王熙凤、贾宝玉、林黛玉、妙玉以至刘姥姥，几乎都日日喝茶和谈茶，有关茶叶品种（如龙井茶、六安茶、老君眉茶、枫露茶、普洱茶等）、品质、茶具、茶的用水等无一不涉及。不同人物、不同场景的饮茶谈话取乐描写，可谓栩栩如生。茶不仅是人们的日常饮品，而且成了文学作品的写作题材，可见茶的重要性。有了茶就要有泡茶喝茶的好器具。《千古风流玉成窑》写精于经学、能诗，连光绪皇帝的老师翁同龢都很敬重的著名书法家梅调鼎在玉成窑烧制的紫砂茶壶上刻字，梅调鼎所铭诸壶现已成为中国非物质文化的国宝。

第六辑啜茗谈助，载有 15 篇文章。主要写产茶地特殊的地理地貌、风土人情，如奉化岩头村、奉化滕头村、裘村镇的黄贤村、被誉为“今日蓬莱”的奉化尚田、奉化松岙、东钱湖畔的韩岭、渔溪老茶亭，都是宁波和余姚著名的茶产地，有关茶的趣闻逸事很多，充溢着浓厚的茶文化气息。

《茶风》确实是一本了解中国茶的发源地和宁波、余姚等产名茶之地特殊的人文地理和逸闻轶事的好书，读了可以获得多方面的知识。《文化交流》《茶周刊》《茶博览》《茶世界》《新观察》《宁波晚报》《浙东文化论丛》及台湾宁波同乡会刊物《宁波同乡》都刊登过陈伟权多篇茶事文章，很能说明陈伟权茶文化文章的价值和分量。

（原载《华文月刊》2014 年 8 月号第 3 期。王嬏，作家，参加过抗美援朝，著有长篇小说《地空大战》，在《新民晚报》上连载）